国家的突变

崛起背后的经济逻辑

Mutation of Country

［日］郝一生 著

人民东方出版传媒
People's Oriental Publishing & Media
东方出版社
The Oriental Press

序言

三十年河东，三十年河西。

20世纪90年代，我和一个挚友在东京相聚，第一次来日本的他在感叹日本现代化之余，难耐内心不忿：日本有什么了不起？疆土狭小、资源匮乏，怎么就领先了中国50年？

几乎也是从那个时候开始，我抱着同样的不解和疑惑，开始研究和思考100多年来中日之间的异同点，期望从中找到背后的深层原因。

十年磨一剑。在此后的十几年中，我翻阅了大量的文献、资料、书籍和统计数据，日本东京国会议事堂背后的国会图书馆几乎成了我的书房。

然而，越往深处探寻，发现困难越多、涉及面越广、问题越复杂。不仅1840年前后的数据相当匮乏，而且历尽千辛万苦找到的数据还存在断层和衔接问题，甚至统计口径也前后不一致，例如"中国近代民族资本的投资规模""日本开国前后的进口统计"等。

万幸的是，就是在这个过程中，我慢慢发现不仅中日之间，而且人类社会进入工业化发展以来的重大疑团背后的规律都逐渐清晰起来，自己也第一次体验到久思顿悟后那一刻的快感，如拨云见日，豁然开朗。

对人类工业革命以来内在经济规律进行深入研究之后，我发现，每一个经济大国在崛起之前都有一个共同之处,即都曾面临着巨大的经济压力。我将这一压力命名为"应激压力"。应激压力作为诱发国家突变的关键因素,在历史进程中发挥了十分重要的作用,但应该说,我翻遍历史资料,这一因素并没有受到应有的关注。

综观建国前后的美国、第一次世界大战之后的德国、第二次世界大战之后的以色列,等等,都因为应激压力而发生了国家的突变,但由于篇幅有限,无法面面俱到,本书仅选取了英国工业革命、中日甲午战争、中国改革开放三个历史片段,对这一规律进行阐释。英国工业革命的重大意义毋庸置疑,它史无前例地推动人类社会进入了高速发展阶段,那么,为什么工业革命这一历史性的技术革新会萌芽于英国的纺织手工业?对于东亚来说,百年来中日两国国力的此消彼长又是什么因素决定的?这两个问题始终萦绕在我心中,而这两个问题的答案就在于应激压力这一经济规律之中。

此外,本书为了衡量不同经济体受到的经济冲击大小,即"应激压力",我认为可以使用人均进出口额和人均 GDP 这一比值,我称其为"应激压强"。而且,如同生物学概念中的应激对机体具有双重作用,适当的应激可提高机体的适应能力,过强的应激使得适应机制失效时会导致机体的功能障碍,一国经济体也面临应激强弱的问题。应该说,英、日、中就是在适度的应激压力下突变为经济大国的。

我认为对中国来说具有现实意义的分析,在于如何延续"应激突变"后的生产力发展,因为任何一个国家的突变效应都不会永远维持。当生存压力缓解后,国民性中的怠惰基因会死灰复燃,经济发展速度会慢慢放缓,资本也会流向利润率更高的地方。如此循环交替,环球同此凉热。

而且,从 2020 年新冠病毒疫情暴发以及经济趋于萧条的情形来看,全球经济格局和政治格局正在发生颠覆性的转变，中国面临更加复杂的挑战：

⊙ 以中美贸易摩擦为引爆点，中国与欧美主要发达国家的贸易冲突进入白热化。

⊙ 随着中国40多年的经济高速增长，中国在进入中等收入国家行列的同时，与东南亚、南美洲等地的发展中国家的收入差距逐渐拉大，促使低端制造业向更低收入国家转移，如越南等地。

⊙ 发达国家担心中国的继续发展给它们带来威胁，开始对中国进行尖端科技封锁，中国的科技进步和高端制造业的发展受到极大阻碍。

也就是说，中国遭遇了更多的不利因素。

我认为，分析经济放缓的相关问题，需要引用一个概念——短板效应。所谓"短板效应"，是指一个经济体的经济增长，受到投资、科技制度等多种条件的制约，但最终决定其经济增长速度的不是一个固定因素，而是取决于以上诸多因素中的"短板"。也就是说最短的那块板，或者说最弱的那个要素，最终决定这个经济体的增长速度。例如，投资不足时受制于资本，技术落后时受制于创新不足，需求不足时受制于政策环境，等等。

就当今时代全球经济格局而言，资本由于逐利并追求低成本的特性，会随着一个国家人均收入增长带来的人工成本的提高，促使制造业转移和流出，投资和资源也自然地流向那些综合成本更低的国家和地区。原来在"应激突变"中成为"优等生"的国家或地区，就会进入一个与其他同等发展水平经济体相似的平稳发展阶段。

就中国而言，改革开放以来释放的井喷效应，会随着中国综合成本的升高让位给综合成本更低的国家，如东南亚国家。问题是，与美国和日本相比，中国的科学技术和高端制造业还没有完善，许多决定命运的关键技术还没有掌握在自己手里，转折就来临了。犹如武功尚未周全，就要去独闯天下了。所以，对中国来说，维系经济增长难度将更大。

凡事预则立。2020年全球新冠病毒疫情大暴发，也许会成为中国经济增长和社会发展的一个拐点，甚至会直接影响到中国14亿多国民的财富和收入，以至于决定中国在世界民族之林中的地位和未来的发展。

拐向哪里，会走多远，代价如何？今天虽然尚未完全可知，但是有一点是确定的，中国迄今为止受益于改革开放的经济高速增长可能已经趋向结束了。疫情只是一个导火索。中国人均收入增长的成本推起、国际贸易摩擦的加剧、外汇储备下降、欧美国家对中国尖端科技的防范、低端制造业向东南亚国家的转移，以及中国自身科技创新的薄弱、国内资本不断外流造成的失血、财政收入下降、老龄化，等等，这些都可能决定，中国在尚未富裕之前就会进入一个相对平稳的减速增长时期。

对整体形势的任何过于乐观的预期，不仅有害而且将贻害久远。中国自1978年改革开放以来，在巨大生存压力下迸发的拼搏精神所创造出来的大好经济形势如何延续？"突变效应"能否继续发挥效力？民富国强、成败兴衰系牵亿万国民，不可不慎思。

背水一战的"应激突变"产生的巨大势能，造就了人类近代以来可歌可泣的壮举。然而，应激突变就像一针"强心剂"，它可以让一个国家或民族迸发出超常的能量，但这不会一劳永逸。烟花一样灿烂之后的漫长历史进程，需要栽培、浇灌、培养、育成，谁的根基更扎实、更深厚，谁才更有机会赢得未来。

本书研究的一大难点是，历史上的许多统计数据残缺不全。借此诚望各界同人，不吝提供更准确、更系统、更有依据的精确数据，以其昭昭，匡正历史。

谨此，真诚感谢日本一桥大学终身教授伍晓鹰，天津社会科学院日本研究所的吕万和、盛继勤、马黎明，以及日本新潟县立大学学长猪口孝教授（东京大学名誉教授）、东京工业大学桥爪大三郎教授的不吝赐教。

2022年春节
于东京隅田川

目录

上篇 英国：手工业者的荣耀

第一章 工业革命前奏　003

- 虐猫与天罚　005
- 黑死病（鼠疫）从天而降　007
- 欧亚商路被阻断　009
- 安汶岛屠杀：英国东印度公司另谋生路　010
- "印花布热"：重击英国纺织业　011

第二章 工业革命真正的诱因　013

- 飞梭：手工业者的绝地反击　014
- 孕育工业革命的土壤　017
- 闻风而动的资本　021
- 技术进步的真实推手　023
- 李约瑟难题的谜底　024
- 工业革命大爆发的逻辑链　025

目录

中篇　日本：开港突变中的崛起

第三章　人口大国的陷阱　029

古老大国梦碎甲午　030

清军无心应战　033

清政府的"文国主义"　034

清朝贵族的没落和职业军人的缺失　035

清军混杂的武器装备　037

军人体格差异　038

大国魔劫　039

治大国需用大器　040

为"科举"鸣冤　041

第四章　大清帝国：无奈的超穷政府　045

清末税制的症结　046

"绝对贫穷"的佃农　048

租税悖论：平等中的不平等　050

偷税漏税无底洞　053

大清"税改"　054

"诸子均分"的磨盘　055

杯水车薪：晚清工业化投资中的地主资本　056

被榨干的超穷政府　058

财富大量"失血"　059

席卷半个中国的太平天国运动　060

赔不完的款　062

天灾和人祸　065

被吞噬的财富总量　068

备战力不从心	069
买得起马，配不起鞍	072

第五章　日本崛起背后的应激压力　　075

明治维新背后的开港压强	076
日本：海啸般的开港	080
生存危机不断发酵	084
中国：平静如水的开埠	085

第六章　日本突变：东亚格局重塑　　091

走上穷兵黩武不归路	092
兵器研发和情报工作	094
颁布《征兵令》和常备军体制	095
全力扩充军备	096
在"瓜分世界"中分最后一杯羹	102
天量的军费支出	103
政府先吃螃蟹	106
工业投资：人均11倍的巨大差距	107
"制度"并不万能	113
丈量"制度"	116
躲不开的中央强权	119
后发国家经济崛起的"三驾马车"	120

下篇　"中国奇迹"的背后

第七章　中国经济腾飞的40余年　　125

路转峰回，沧海桑田	127

悲凉的起点：崛起前的中国 128
大逃港：中国改革开放背后的应激压强 130
苦涩的辉煌：中国式"重投资主义" 132
牙缝中挤出来的财富 134
星火燎原的乡镇企业 137
"北漂"和进城潮 140
国企改造"三级跳" 141
民营企业顺势崛起 145
"肉烂在锅里" 147
中国式"原始积累" 148
手机、网络、电动车 150
单向封闭中的"野蛮生长" 153
日本对华直接投资的角色 156
资本自由化和投资保护主义 162
中国的经济泡沫 169
中国还有楼市泡沫吗？ 174
中国的"凯恩斯主义失业" 177
中国经济是否会急刹车？ 179

第八章 日本经济失去的20多年 **187**

日本经济是怎么进入"冬眠"的？ 188
热钱的疯狂 191
"赌风"日盛 196
泡沫崩溃：曲终人散时 199
泡沫崩溃未必导致经济危机 202
日本政府错在哪儿？ 207
误入歧途？ 208

民主制度的陷阱	209
日本经济的三大出血口	214
投资流失量和流失率	223
日本净投资：悲剧从这里开始	224
设备陈旧、技术停滞	226
市场萎缩、物价低迷	228
奢华愈少、节俭日多	229
失业增加、人才外流	230
财政拮据、国力衰退	233
无米之炊的"安倍经济学"	234
富裕的贫穷：财富的拖累	237
泡沫崩溃后日本经济并没有衰退	238
昔人已乘黄鹤去	241
跋	247
参考文献	250
附录	255
Contents	258
Main points	264

上篇

英国:手工业者的荣耀

第一章

工业革命前奏

人类近代史上，如果要说哪件事情的影响最为重大，不容置疑的就是英国工业革命。它在200多年中创造了超过人类过去2000多年积累的全部财富，并将人类推入了伟大的工业化时代。

在近代史研究中，至今仍有一个难题没有解决，那就是"李约瑟难题"。李约瑟（Joseph Needham，1900—1995年）作为一个英国学者，他耗费毕生精力完成了15卷《中国科学技术史》的巨著后，发问："尽管中国古代对人类科技发展作出了很多重要贡献，但为什么科学和工业革命没有在近代的中国发生？"1976年美国经济学家肯尼思·博尔丁（Kenneth Boulding）将这个问题称为"李约瑟难题"，至今关于"李约瑟难题"都没有一个令人满意的答案。

作为一个当时只有约500万人口、毛纺织产量占欧洲一半的岛国，英国为什么率先发生了棉纺织工业革命？为什么拥有四大发明和无数先进科学技术的璀璨中国，却远远地落在了后面呢？为此，我翻阅了大量的历史资料，旨在透过繁杂如麻的表象，揭开"李约瑟难题"的谜底。

如果在阅读本书之前，我就告诉你，决定人类命运的英国工业革命，与800多年前欧洲的"虐猫"运动、600多年前的"黑死病"大流行相关，你会不会觉得是天方夜谭呢？

虐猫与天罚

对于猫的好恶，东西方态度截然不同。中国的十二生肖中虽然有鼠无猫，但据《许地山文选》记载，中国先人对猫还是毕恭毕敬的："从八蜡的祭礼看来，它与先啬、司啬等神同列，可见得它是相当地被尊重。"

古埃及人把猫当作神灵来膜拜。到公元前4世纪，尼罗河一带盛行"猫神"（贝斯特神）崇拜，甚至催生了"木乃伊猫"产业。

然而，欧洲人却以另外一副面孔对待狸猫。在基督教神学统治的中世纪欧洲，至高无上的人类拥有统治世间万物的特权，而偏偏猫不如狗一般驯服、忠诚。在中世纪的欧洲人看来，猫唯我独尊的傲慢姿态，简直是对人类公然的侮辱，明目张胆的挑战。猫由于这种不易被驯服的特征成为对异教徒的隐喻。

12世纪欧洲流传着一个传说，恶魔会在他的信徒面前化身成为一只黑猫，信徒跟在黑猫的后面，虔诚地亲吻黑猫的屁股。这里的信徒就指的是异教徒。

到了13世纪，教皇格列高利九世（Pope Gregory Ⅸ）特地颁布了一纸教皇诏书，把异教徒批得体无完肤，指控异教徒纵欲狂欢，甚至吃婴儿，更重要的是，他们把黑猫当作守护神。

自从罗马教皇将黑猫和异教徒、魔鬼、死神视为一类，中世纪的文学和美术作品里的女巫皆由黑猫扮演，魔鬼的背后往往有黑猫闪现。虔诚的信徒憎恶仇视狸猫迅速成为一种风潮，席卷整个欧洲。

在比利时的伊普尔，每年有一天会是猫的噩梦日，难以计数的猫被人从教堂高塔上抛落。如果这一年城市的经济发展迟缓，就会有更多的猫被扔下来，甚至对那些被抛下来却侥幸活下来的猫，人们还会继续捉拿，直到最终烧死它，绝不留一丝生机。

"屠猫"在法国盛行一时，巴黎人聚集在广场上，边唱边跳边焚猫，有时候国王也参与其中。丹麦人则把黑猫放入圆木桶，木桶悬挂在树上，人们用木棍之类的利器，不断敲打木桶，直到黑猫死掉为止。这项在冬季的"娱乐"被称为"洗涤灵魂"，预示着冬去春来。

这场在欧洲足足持续了数百年的屠猫、虐猫运动，使猫的数量锐减，于是老鼠没有了天敌，大量繁殖。它们通过大量的跳蚤把各种细菌和病毒传染给人类，引发了一场场惊天大瘟疫。

发生在欧洲大地上的屠猫运动，把欧洲约 6500 万人赤裸裸地暴露在黑死病面前，并导致近 2500 万人无辜丧生。

人类历史上经历过无数次人为破坏生物链造成灾害的案例，无不触目惊心。

1906 年，美国老罗斯福总统为了保护鹿，下"剿狼令"，派遣大量猎人进入森林猎杀，使狼的数量大大下降，森林生态失去平衡。鹿大量繁殖后严重破坏了环境，由此导致的疾病和食物短缺反而毁灭了鹿群。

20 世纪，中国的呼伦贝尔草原，牧民组织大规模的猎捕野狼活动，野狼数量锐减。但是在牛羊繁盛的同时，野兔以惊人的速度繁殖并和牛羊争食牧草，草原难以承载，草场急剧退化使草原面临迅速沙化的危险。

黑死病（鼠疫）从天而降

公元5世纪，被东汉击败的北匈奴西迁，这些扑向欧洲的匈奴人不断征伐，逼迫日耳曼人南迁并灭亡了西罗马帝国。这之后的13世纪，蒙古人的第二次长子西征的铁蹄踏遍欧洲，在欧洲大陆引起一片恐慌。

1345年，蒙古军队包围了卡法城，一群意大利商人和东罗马守军据险死守。围城一年，蒙古人也没能得手，而且因损耗巨大且暴发了鼠疫，失去了成千上万的士兵。在蒙古军队撤离后不久，疫病扩散到卡法城内的每个角落。城内外有越来越多的人头痛、发热、昏迷、呼吸衰竭，患病的人不到三天就纷纷丧命。卡法城处处都是布满恶疮和黑斑的死尸，意大利商人纷纷仓皇逃回老家西西里，然而他们不知道的是同行的还有躲在船舱中的老鼠和它们身上带菌的跳蚤。而这时，猫在欧洲几乎已经被斩尽杀绝了。一场史无前例、空前绝后的大瘟疫扑向了欧洲。

事实上，鼠疫病毒已经在亚洲戈壁沙漠中存在了数百乃至上千年，它们借助老鼠身上跳蚤的血液四处传播，沿着商队贸易路线传到中亚以及土耳其。很多蒙古人和土耳其人的身体中已经具有一定的黑死病抗体，据记载，越靠近亚洲地区对这种鼠疫的免疫力越强。但是更重要的是土耳其没有像中世纪的欧洲人那样疯狂地"虐猫"，所以老鼠的数量被控制在一定的范围内。当欧洲黑死病大暴发之后，土耳其人受到打击和摧毁的程度小得多。

猫和老鼠的生态逆转，改变了罗马对土耳其千年以来的绝对优势，天平开始倒向土耳其人。黑死病在东罗马帝国最大的贸易城市君士坦丁堡暴发之后，蔓延至整个欧洲大陆，最终成为欧洲社会崩溃的一大重要因素。

此后大规模鼠疫连续暴发了四次，直到17世纪瘟疫还时常零星暴发。黑死病先后造成欧洲2500万人死亡,死亡人数超过当时欧洲人口的1/3。在1894年科学家发现黑死病的鼠疫杆菌之前,人们并不知道灾难是如何传播、蔓延的,他们试图求助神父、修女,然而最终这些神的代言人却一个接一个地倒在了街头。绝望的人们开始殴打、折磨他们,神职人员离开后,灾难继续着它的脚步。图1-1描绘的就是瘟疫暴发期间伦敦出现的集体埋葬。

黑死病过后欧洲社会开始了痛苦的蜕变,教会的专制地位被打破,《十日谈》所开启的享乐主义、文艺复兴、宗教改革、启蒙运动等悄然兴起。

图1-1 伦敦瘟疫期间的集体埋葬

图片来源:视觉中国。

欧亚商路被阻断

1453年，土耳其苏丹穆罕默德二世亲率10倍于东罗马的8万大军，以损失近半的代价攻占君士坦丁堡，将东罗马帝国送进了坟墓。土耳其奥斯曼帝国对欧亚贸易的货物大举加征关税，导致欧洲市场东印度香料的价格上涨8倍，从此中亚商路实际上就被土耳其人阻断了。而这时欧洲人的舌尖已经离不开黑胡椒和丁香了，于是商人们不得不绕开君士坦丁堡和中亚寻找新的商路，这也就把欧洲逼上了开辟海上商道的"大航海时代"。

欧洲进入大航海时代后的1623年，荷兰和英国成为东印度香料贸易的两大巨头。荷兰能够迅速崛起成为当时海上第一霸主，是因为它港口背后的丘陵有茂密的森林，可以为3天造出一艘快船提供丰富的原材料，此外当时荷兰还拥有3000艘左右的远洋运输战船，海上战力实际相当于英国的一倍。

17世纪中期，荷兰东印度公司成为有史以来世界上最富有的公司，拥有150条商船、40条战舰、50 000名员工和10 000人的私人武装。17世纪晚期，荷兰成为欧洲经济最发达的国家，人均收入比英国高出50%。

当时被称为"黑色黄金"的胡椒以及桂皮、丁香等利润高达800%，但是后期英国的加入，让荷兰人的香料收购成本大幅上涨。于是，荷兰人开始动起了歪脑筋。

安汶岛屠杀：英国东印度公司另谋生路

大航海时代从一开始就是弱肉强食的海上丛林。1600年前后，英国人和荷兰人几乎同时开始从事大规模的东印度香料贸易，还分别成立了各自的东印度公司。英国根据与荷兰的协定在安汶岛（Amboyna）设有商馆并可从事贸易。

安汶岛1512年被葡萄牙占领，1607年荷兰从葡萄牙手中夺得该岛，这个在地图上几乎找不到的面积仅为761平方公里的小岛，因盛产丁香而成为大航海时代商家的必争之地。1623年，荷兰人以"发现英国商馆的日籍雇佣兵来荷兰商馆探察可疑"为借口，逮捕了英国商馆的20人（其中英国人10名、日本雇佣兵9名、葡萄牙人1名），通过严刑拷问"证实"他们"准备袭击荷兰商馆"后，这20人全部被荷兰人杀害了，这一事件史称"安汶岛屠杀"。31年后的1654年，荷兰为此向英方赔偿了30万英镑。

"安汶岛"，请记住这个名字，在这里发生的屠杀，彻底改变了人类的命运。

英、荷冲突公开化之后，英国人的东印度公司实际上被赶出了东印度香料市场。已经拿了包括英国女王在内的贵族们投资的英国东印度公司，不得不转营印度印花布这种荷兰人因货重价廉而不愿意做的生意。在此后的70年中，廉价、轻薄、柔软、颜色鲜艳、染色方便、用途广泛的印度印花布大量被运往英国乃至欧洲，成了整个欧洲不可或缺的进口纺织品。

"印花布热"：重击英国纺织业

英国在 17 世纪之前，特别是上流社会以使用毛纺织品为荣。到了 18 世纪，随着人们收入的增加，用于服装的消费上升 10% ~ 15%，上流社会的穿着方式和花样开始在民间流行，人们开始喜欢穿着带有各种纽扣、花边的复杂裙式，于是花色鲜艳、轻薄透气、价格便宜的印花布逐渐受到追捧。慢慢地，上流社会的女性也开始在夏季穿上了 80 号超细印度棉线织出的轻薄的裙子。之后，幔帐、窗帘、桌布、衬垫、床单、被罩，甚至围裙、手套、围巾和工作服（如牛仔裤用的厚卡其布）也开始大量使用棉布。

"印花布热"在欧洲势不可当的重要原因是印花布对百姓而言不仅物美而且价廉。从价格看，印花布只是爱尔兰和德国麻纺织品价格的 1/3，这样低廉的价格更是让毛纺织品望尘莫及。而且，在夏季，印花布完全可以取代昂贵无比的丝绸。于是，棉布逐渐成为主流。

甘蔗没有两头甜，英国东印度公司的商船带来物美价廉的印花布的同时，却对英国纺织手工业造成了致命的冲击。

1664—1682 年，英国自东印度的进口额从 141 333 英镑增加到 382 322 英镑，增加至 2.7 倍，年均增长约 6%。其中棉纺织品的比重从 29% 增加到 77%。英国从东印度进口的棉纺织品在这 18 年中从 40 986 英镑增加到 294 387 英镑，增加至 7.2 倍。

尤其 1697 年后的三年，英国的印度印花布进口量突然成倍数增长，终于让英国毛纺织业者感到了事关生死的威胁，他们的愤怒和忍耐也达到了极限。

第二章

工业革命真正的诱因

飞梭：手工业者的绝地反击

15世纪下半叶，英国纺织业的税收就高达3万英镑，几乎是英国财政税收的核心产业。直到1750年，英国92%的毛纺织品供出口欧洲市场，甚至一半英国人的生计与毛纺织业紧密相关。毛纺织业一旦被挤垮，就意味着整个英国经济的崩溃。

由于印度印花布的冲击，愤怒的毛纺织工人走上伦敦街头游行示威，他们推倒了东印度公司的围栏，掀掉了该公司办公楼的屋顶，日本学者浅田实形容示威人群像"决了堤的洪水"。

英国国会迫于压力，于1700年通过了《印花布进口禁止法》。然而没想到该法颁布后，根据英国贸易殖民委员会1702年的报告：为了给英国东印度公司留下活路，仍然允许未染色棉布的进口许可，这反而极大地刺激了英国国内棉布染色行业的增长。

无奈，1720年英国国会不得不再一次通过了《印花布法案》，以强行限制印度印花布的使用和进口。根据此法，不仅不能进口，而且不准穿棉布服装或使用棉布制品。穿一件0.5英镑的印花布裙子，会被罚款200英镑。该法虽然没能挡住印度印花布涌入英国的浪潮，却把印花布的进口量压低到平均每年72万匹的水平，没有进一步暴增。

禁止法虽然暂时限制了印花布在英国国内的脚步，却阻挡不了在欧洲市场乃至全球市场的迅猛势头，印花布对英国纺织业造成全面冲击，国民也深感切肤之痛。这一压力水平如何？如图2-1所示，1688—1697年间英国的应激压强始终保持在0.2以下，1697年后迅速飙升至0.7以上。

第二章 工业革命真正的诱因

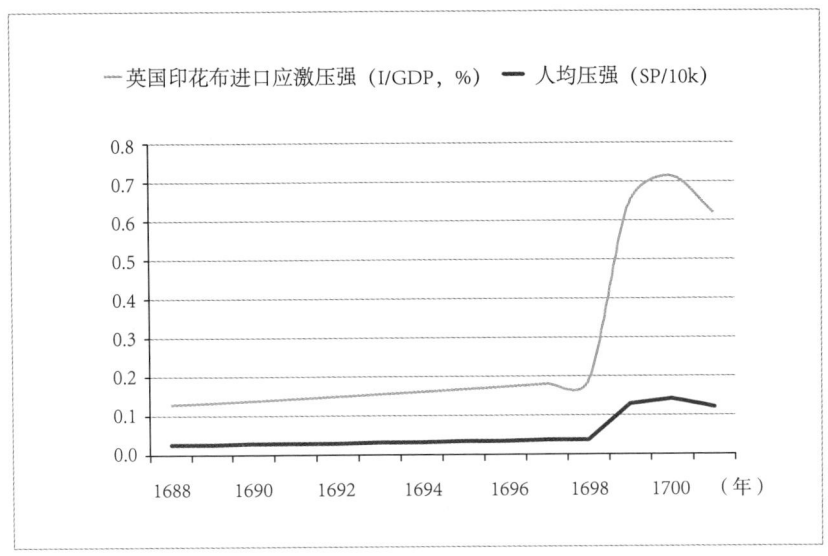

图 2-1 英国工业革命前的应激压强

数据来源：[日]金子俊夫：《近代英国商业发展的历史》（近代イギリス商業発展の歴史），白桃书房 2003 年版，第 104 页。

当一国经济受到外力的巨大冲击，国民在巨大压力的持续影响下，会爆发出超常的能量，英国就是在应激压强迅速飙升的条件下，率先开启了工业革命文明的大门的。

如图 2-2 所示，印度印花布进口量不断攀升，对英国纺织手工业者来说只有改进纺织设备，提高效率，才能突破困境。在长达 33 年的漫长岁月里，无数人绞尽脑汁、潜心琢磨，终于在 1733 年，飞梭——这一彻底改变人类文明史的先进技术问世了。

此后所发生的一切，大家已经耳熟能详：飞梭将织布机的速度提高了 10 倍以上，于是很快就出现了"纱荒"；织布速度快了，棉线不够用了。

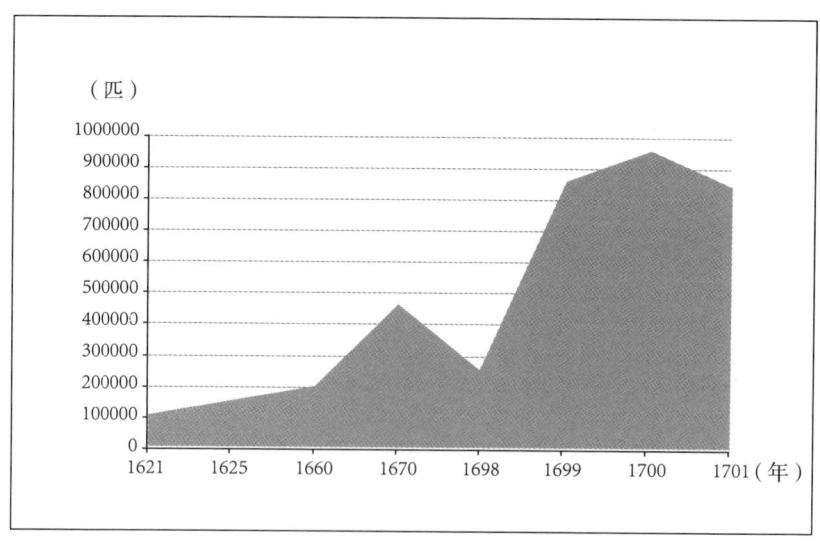

图 2-2　英国印花布进口量

数据来源：[日] 金子俊夫：《近代英国商业发展的历史》（近代イギリス商業発展の歴史），白桃书房 2003 年版，第 104 页。

政府采取各种措施鼓励技术创新，1761 年英国艺术与工业奖励协会两次悬赏 5000 英镑征集纺纱机的发明。纺织手工业者火力全开，1764 年英国兰开郡纺织工詹姆斯·哈格里夫斯的珍妮纺纱机终于问世，纺纱的速度提高了几十倍。随之，"纺"纱与"织"布的竞赛开始互动共舞，使得纺织业的生产效率不断提高。

卷轴纺纱机（理查德·阿克莱特，1769 年）、水利纺纱机（1771 年）、骡机（毛纺织工场童工出身的塞缪尔·克隆普顿发明走锭精纺机，1779 年）、水利织布机（牧师卡特赖特发明，1785 年）、蒸汽纺织机（瓦特，1785 年）等接踵问世。自动化机器生产让纺织工业的劳动生产率提高了几百倍，整个世界为此天翻地覆。

英国工业革命的本质是自动化机器取代手工机器生产，而不是所谓大机器取代手工机器生产。

"纺"与"织"效率的互动提升，使纺织业呈爆炸式增长，引发和带动了动力、传动、钢铁、机械、冶金，以及船舶、火车、飞机、电气、瓦斯、石油等一系列相关产业的交错拉动和螺旋式上升。整个工业革命，相对于之前的人类社会物质生产，可以说出现了一次几何数量级的"核裂变"。

随后，自动化生产工业不像纺织业那样以棉花、麻或蚕丝为原料，摆脱了土地，就像脱了缰绳的野马一样一路高歌猛进：金属加工、机械、工程设备、陶瓷、砖瓦、玻璃重工业，以及精密仪器、汽车、船舶、公路、铁路、电子产品等行业都快速发展了起来。在仅仅200多年的时间里，人类创造了2000多年文明史以来的全部财富，据推算工业革命后的劳动生产率和收入水平至少提高了300倍。

孕育工业革命的土壤

迄今学术界的许多人把阿姆斯特丹银行（1609年）、债券（1602年荷兰东印度公司发行）、股票（1609年荷兰东印度公司发行）视为英国工业革命的重要前提，认为没有金融业的发展就没有英国的工业革命。

实际上恰恰相反，欧洲的金融业在1733年飞梭问世之前，几乎没有向英国的毛纺织手工业投资过一分钱。英国进入工业革命阶段后，积累率（净投资增长率）才开始迅速提高，从1740年的1.97%到1780年的6.47%，再到1790年的7.82%，1820年进一步提高到11.35%（如图2-3）。这样的积累率，对于恩格尔系数77%的英国（1787—1796年）而言意义非凡。资本只是在嗅到了高额利润的味道后，才开始大量向棉纺织工业和相关产业倾斜。

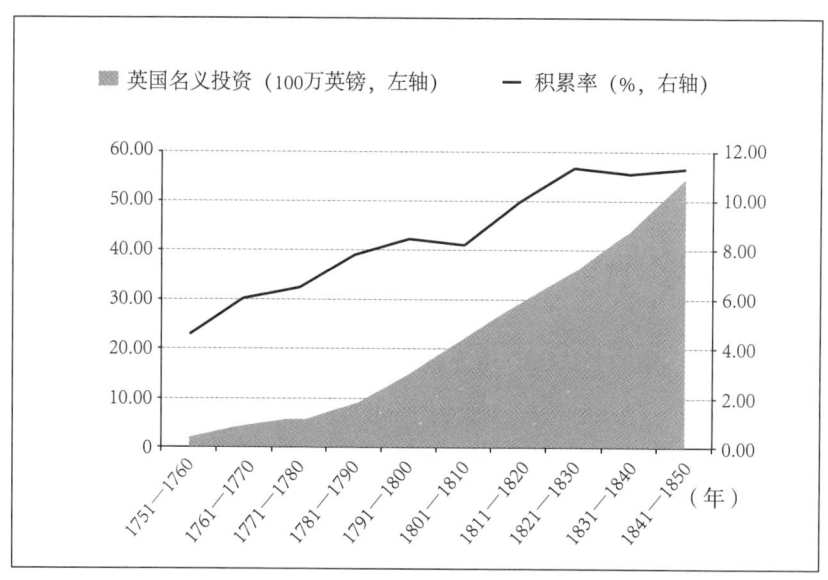

图 2-3　英国早期工业投资

数据来源：Elise S. Brezis, 1995；Patrick O'Brien；Trevor Griffiths；Philip Hunt, 1991。

英国进入工业革命后，国内几乎全部的储蓄都进入了工业投资，工业投资总额始终高于储蓄总额。就是说工业革命早期投资资本有一部分是来自国外的。据可查资料，在 1771—1780 年之间，工业投资中有 510 万英镑来自海外，占投资总额的 34.4%。

高积累支撑下的工业革命让 1821 年英国 GDP 增长到 29 100 万英镑，比 1688 年的 5540 万英镑增加了 4.2 倍；把荷兰 GDP 的 12 120 万英镑远远甩在了后面。

工业革命前的 1600—1700 年，荷兰的 GDP 从 2052（100 万 1990 年国际元[1]，下同）增加到 4009，增长了近一倍；而英国从 6007 仅增加

---

[1] 国际元又称吉尔里—哈米斯元，在特定时间与美元有相同购买力的假设通货单位。1990 年常作为基准，与其他年份做比较。

到 10 709，增长了约 78%，荷兰的速度明显快于英国。

但是到了工业革命期间的 1700—1820 年，荷兰仅增加到 4228，而英国则从 10 709 增加到 36 232，增长了约 2.38 倍。再也没有人能够阻挡英国迈向"日不落帝国"的步伐。

不仅金融业，学术界归纳的几乎所有英国工业革命诞生的土壤：圈地运动完成的原始积累、劳动力的增多、手工工场的增加、行会的壮大、资产阶级的形成、资本主义生产方式的出现、启蒙运动、宪章运动和科学（教会研究院）的进步，甚至煤炭能源的出现、造船和航海技术的进步、手表工业的发展等，这些都不是英国工业革命爆发的始因，仅仅是工业革命爆发后，将工业革命的成果推向全世界的助手。

实际上，英国自身条件并不利于工业革命的萌芽，甚至成为工业革命爆发的桎梏，一度极大地限制了工业革命的诞生和发展。理由如下：

1. 英国并不是产棉国，英国的丘陵地貌，仅有利于畜牧业，即便种棉花也无法和印度及美国南部的棉花竞争。

2. 对欧洲大陆纺织品的出口，英国比荷兰至少在运输成本上是处于劣势的。

3. 资本绝不会流向英国马上就要破产的毛纺织手工作坊。

4. 英国的资本主义经济制度（银行、股份制及资本市场、信用、保险等）并不比荷兰更早、更进步。

5. 由于毛纺织品手工业的发展，英国的工资水平一直处于欧洲较高位势，与印度等低收入国家棉纺织手工业相比没有竞争优势。17 世纪法国的一位玻璃制造商，深信英国人在提供廉价劳动力方面无法与法国人竞争。因为"英国人很有钱，经常可以吃肉、喝啤酒；法国人只能以汤、蔬菜果腹，渴了也只能喝些水"。

图 2-4 《大英百科全书》第六卷中的珍妮纺纱机插图
图片来源：视觉中国。

6. 英国被荷兰赶出东印度香料市场后，财富和资本的积累远落后于荷兰。如果问到当时欧洲的学者：如果爆发工业革命，会是欧洲哪一个国家？他们一定会说是荷兰。荷兰在各方面都领先于英国。

7. 英国异常强大的毛纺织业行会抵制纺织业技术进步。在手工工场中，技术工人靠手艺吃饭，他们的技能（纺线的速度、均匀度等）是自己的饭碗和炫耀的资本，因此对设备的改良等并不关心，甚至会进行抵制。行会为了维系自身权威，实现对手工工场工匠的控制，极力反对任何技术进步。甚至如果有人使用铁制梳子取代木质梳子，都会被行会开除出工场。飞梭、珍妮纺纱机（如图 2-4）等纺织机械诞生后，很快就被行会带领的工匠们捣毁、焚烧了，甚至连发明人的房子都被怀有恐惧和愤怒的纺织工人付之一炬。

工业革命是史无前例的，它的爆发一定与史无前例的事件和要素相关，否则工业革命随时随地都可能发生。不难看出，印度印花布的大量进口和给英国纺织业造成的冲击，在英国引爆应激突变，才是英国爆发工业革命的初始动因。

闻风而动的资本

学术界一般认为，资本主义是工业革命爆发的重要前提。但正如前文所说，资本主义不仅不会催生工业革命，反而在很大程度上遏制了工业革命的爆发。以钱生钱，在资本的周转中获取最大利润，是资本的本性。所以，资本主义只会锦上添花，不会雪中送炭。

在 17 世纪末至 18 世纪初，英国毛纺织业面临印度印花布的挑战，苦苦挣扎。在英国毛纺织手工作坊面临大批倒闭的时候，没有任何一个资本家（包括民间金融机构）伸出援手援助毛纺织工场和那些即将破产的工场主；也没有人提供资金，帮助那些岌岌可危的毛纺织业者通过技术革新，战胜印度印花布。因为当时资本所能看到的只是风险，而不是利润。

当时的社会财富和资本大量流向商业和贸易，几乎没有多少钱流入实体工业，因为后者无法带来高额的利润。远洋或过境贸易所带来的巨额利润，吸引几乎所有资本流向探险和国际贸易。

所以，史学界才会将工业革命前的英国称为"大英重商主义帝国"。大航海时代，威尼斯的房地产总价值达 1000 万杜卡特[①]，租金收入为 50 万杜卡特（约 5%）；而同期贸易资金为 1000 万杜卡特，获利可达 400

---

① 意大利威尼斯铸造的金币，由于其便于铸造、携带、整理，价值又高，在中世纪欧洲大受欢迎。

万杜卡特。就是说贸易利润是房地产收益的 8 倍。

工业革命早期的原始积累，是在那些濒临绝境、孤立无援的纺织工场主自己手里积攒完成的，前无向导、后无援军。英国最早（1769—1800 年）的 110 个工场企业中，有 40 个来自手工作坊主，"他们是勤劳、积极、有远见的手工业者"。

如果有人劝说商业资本家：你投资一个炼钢厂和煤矿，再加上一个机械制造厂和一个棉纺厂，就可能出现工业革命，一定可以赚到大钱，那些有钱人会说你脑子有毛病，是在骗他的钱；而制造商也会告诉你，他们没有那么多钱来做这件事。

虽然周围环境极端恶劣，英国的纺织业者仍然像一根根柔弱的野草，在岩缝中顽强地挣扎、发芽、成长，终于通过技术进步创造出了人类历史上无比灿烂的巨大的工业物质文明。

英国纺织业小工场的孤军奋战，很像中国改革开放初期的中小企业。正是英国纺织业那些锲而不舍的技术工人和工场主，在巨大的生存压力下不断努力，才有了人类工业文明的今天。

工业革命不是资本主义土壤滋生的必然结果，而是在工业革命的关键技术已经实现突破，飞梭和珍妮纺纱机已经提高了数百倍的劳动生产率之后，资本才开始蜂拥而入的。因此，资本主义并不是英国工业革命的助产士，倒像是袖手旁观的路人。而且，在工业革命之前，世界还不存在严格意义上的资本主义生产方式。

在工业革命无比耀眼的聚光灯下，资本主义的致命弱点被一一掩盖了起来。历史的吊诡之处在于唯利是图和见死不救的资本被粉饰成了推动工业革命的助产士。

第二章　工业革命真正的诱因

技术进步的真实推手

在英国工业革命前整整 700 多年的人类历史上，不论手工工场，还是各种技术进步，都像蜗牛一样缓慢地爬行，没有过任何"突变"的迹象。从新石器时代起，人类就开始使用纺坠，直到公元前 73—公元前 49 年，中国河北巨鹿陈宝光妻将其简化为 120 经 120 蹑的提花机。在数千年的遥遥岁月中，不论纺纱还是织布，人类在纺织机械和技术方面的进步都极为缓慢。

对于工业革命前的英国而言，技术突破的核心动能是毛纺织业面临的长期生存危机，它极大地激发了英国毛纺织业者超常的创造力（如图 2-5）。飞梭诞生在毛纺织手工工场，这一点成为帮助我们理解其重要性的钥匙。离此，对英国工业革命爆发的原因的理解都是舍本求末。

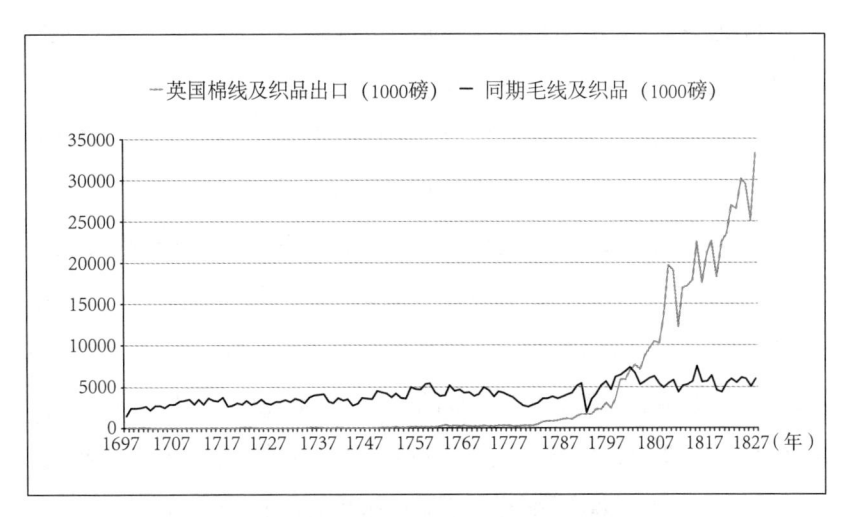

图 2-5　英国工业革命前后棉、毛纺织品的增长

数据来源：[英] B.R. 米切尔编：《英国历史统计》(*British Historical Statistics*)，[日] 中村寿男译，原书房 1995 年版。

钟表、风车、水力磨坊、手动纺纱机、曲轴等人类传统技术的存在和进步，都只是在原来的发展轨迹上"渐进地延伸"。焦炭冶炼法和坩埚制钢法的推广也相当缓慢，它们只在发明人的家庭和朋友圈中被使用。包括瓦特的蒸汽机，问世当初售价只有500～800英镑，非常便宜，但很少有人使用。如果没有工业革命在动力方面的需求，蒸汽机可能至今还睡在博物馆里。

就是说这些技术发明再伟大，如果没有纺织技术突破后生产规模迅速扩大的动力需求，其应用也没有用武之地，都会被大大推迟。

李约瑟难题的谜底

国家也会出现应激反应，就像人体在受到病菌攻击后白细胞突然大量增加的道理一样。由于外界刺激的压力的强弱和压力时间的长短以及压强升高的速率不同，会出现不同的反应——"良性应激"或"劣性应激"。良性应激会调动创造力和工作能力，使其超常发挥，创造奇迹；劣性应激则会因压力过大过快而导致受压主体崩溃。

这很像人造钻石的制作过程。石墨会在一定的高温高压条件下变成钻石，温度和压力过强石墨就会变为气体；过弱则变不成钻石。由此推断，即便面对同样的应激源，主体受到的刺激和压力过小，就不会产生特异性应激反应，如鸦片战争时期的中国就没能在列强的压力之下，产生巨大变化。相反，如果应激压力过强，则会导致受压主体无法承受其重，自行崩溃，如200多年前几乎被灭绝的美洲的印第安人。

这种对于外界威胁突发的应激能力，汉语中有"兔子急了咬人"，日语中有"火事场の糞力"（火场出蛮劲），英语中有"A dog will leap over a wall in desperation"（狗急跳墙）等语言表现。

18世纪初，在印度印花布大量进口的巨大生存压力下，英国毛纺织手工业工人迸发出来的能量就类似这种应激超能量，英国工业革命就是在这种超能量作用下发生的"应激突变"。

"偶然性是多种必然的交叉点"（普列汉诺夫）。"突变"看似是一种小概率事件，本质上却是一种必然。只要具备了同等条件，突变就一定会发生。只要"毛纺织业成为国民经济命脉""持续数十年的棉纺织品进口的生存压力""有一个和稀泥的民主立宪议会"等条件具备后，无论荷兰、西班牙，还是中国、日本，都会爆发工业革命。

至此，"李约瑟难题"也就迎刃而解：中国在1730年前后没有遭遇英国纺织手工业那样强烈的生存危机，也就没有可能爆发在技术上完成飞跃的突变，也就无法开启工业革命。甚至在1793年英国的马戛尔尼使团已经将蒸汽机、洋枪洋炮等当时最先进的几乎所有科技成果送到了82岁的乾隆皇帝面前，也被他的一句"机器一动，人心不古"而拒之门外。八国联军打进北京，发现这些礼物还在皇宫的仓库里，连封条都没有打开。

改变人类历史进程的天平就是这样倒向了英国一边。

工业革命大爆发的逻辑链

综上，彻底改变人类命运的英国工业革命的因果关系跃然纸上。在人类近代史这堆乱麻中，从"虐猫"到"大瘟疫"流行，再到英国工业革命爆发的来龙去脉渐渐清晰起来：

→ 1200年以后，从教皇格列高利九世开始，欧洲仇猫、虐猫，使猫的数量锐减、老鼠横行，为黑死病大流行埋下伏笔。

→ 1353 年，欧洲因黑死病死伤数千万人，东罗马走向衰落。

→ 1453 年，土耳其人借势崛起，攻占君士坦丁堡，东罗马灭亡，土耳其控制了整个东西方传统商路，对过往商品征收重税，使运抵西欧的货物比原价高 8～10 倍。

→ 1488 年，被逼开辟新航路的欧洲人第一次绕过好望角，1499 年 9 月达·伽马率领满载香料、宝石的船队回到里斯本，航行所得纯利润为航行费用的 60 倍，东印度新航路开通。

→ 1623 年年初，荷兰驻安汶岛总督处决了 20 名英国商馆人员，没收了英国人设在安汶岛的工场，将英国商人赶出了东印度香料市场；英国东印度公司为了生存不得不开始经营印度印花布，然而印花布进口的迅猛增长给英国毛纺织业者造成极大的生存压力，把英国纺织业者逼上了不千方百计改进设备和技术、不打败印度印花布就会死无葬身之地的绝路。

→ 1720 年，英国《印花布法案》颁布。1733 年，飞梭问世并导致纱荒；1764 年，珍妮纺纱机问世，技术进步使纺织业生产率提高了几百倍。

由飞梭和珍妮纺纱机敲开的工业革命的大门，从此再也不可能关上了。今天，也许我们可以说，没有屠猫和黑死病的伏笔，没有印度印花布给英国纺织手工业者带来的生存危机，就没有英国工业革命的应激突变。人类历史的万花筒，就是这样神奇般旋转，勾画出五彩缤纷的世界。如果没有 600 多年前黑死病那样一场世纪大瘟疫的蝴蝶翅膀的震动，人类在科技进步的重大突破上不知道还要匍匐多少年。

工业革命的大门轰然开启，棉纺织工业的发展引发钢铁工业、运输、机械以及煤炭和电力等能源领域大发展的超蝴蝶效应，一发而不可收。

中篇

日本：
开港突变中的崛起

第三章

人口大国的陷阱

一个半世纪以前，中国和日本的大门几乎是被工业革命武装起来的西方列强同时打开的，中国还是一条酣睡的巨龙，日本只是个小邻居。然而，日本在明治维新之后不到30年的时间里奇迹般地一跃而起，竟然在甲午一战中击败了看起来更为强大的大清帝国，让世界为之震惊。

　　无数专家学者试图从各个角度解释中日两国的巨大反差，本章则重点从人口大国的基因和中日两国开埠通商受到的"应激压力"角度进行分析，找出背后的原因。

古老大国梦碎甲午

　　1894年，是清光绪二十年，也是日本明治二十七年，以7月25日丰岛海战为开端，经9月17日黄海海战，至1895年3月9日田庄台被日军攻陷，清政府百余营六万多大军在辽河东岸全线溃败，历时227天的甲午中日战争终于告停。结果北洋水师全军覆没，清政府陆军全线崩溃（如图3-1）。

　　120多年前甲午战争中国的惨败，成了中国人心里抹不掉的创伤。每每翻开这一页，总会打翻中国人心底的坛坛罐罐。19世纪40年代，中国人均GDP略强于日本，意味着彼时中国的GDP总量至少是日本的10倍；1894年清政府号称63万人的陆军相当于日军的26倍；北洋水师在各项数据上都略优于日本联合舰队。

图 3-1 被摧毁的岸炮阵地

图片来源：日本《每日新闻》社图片。

甲午战前，如果你问一个熟悉东亚情势的旁观者：中日一旦开战，哪一方会获胜？他们多数会告诉你：是中国。

所以，无论那些在历史的边边角角搜寻中国不该战败理由的专家学者，还是耿耿于怀的平民百姓，内心深处都有一种惋惜：如果没有那些蹊跷和偶然，如果不是慈禧太后动用军费修建颐和园，如果李鸿章的指挥更为得当、北洋水师击中敌舰的炮弹全部可以爆炸、黄海海战北洋水师的编队不出问题、海军的洋教练更为得力，等等，大清可能不会输掉那场战争。而且，如果没有甲午战败，也许中国不会有后来一个接一个的厄运。

但是，历史背后的逻辑并没有想象得那么简单。我们需要客观地重新审视那一段历史。

1894年7月25日，日本军舰在丰岛海域偷袭济远、广乙两艘运兵船，不宣而战。9月17日，阴云密布，中日海军在黄海相遇，北洋舰队提督（总司令）丁汝昌下令向日本舰队开炮，之后上演了富有戏剧性的一幕，北洋海军旗舰定远号30.5厘米巨炮的首发炮弹射出后，爆发出震耳欲聋的巨大轰鸣，然而炮弹不仅没有击中敌舰，反而震塌了我方的飞桥指挥塔。英国教官当场昏迷，提督丁汝昌腰部受到严重撞击。

很明显，包括定远舰在内的北洋水师在相当长一段时间内没有进行过实弹演习，而且军舰的飞桥和其他设备年久失修，不仅没有定期点检，就连老化的舱门胶圈都迟迟得不到更换。

原本北洋舰队的军舰数、总排水量、舰炮数量等，还是可与日本海军抗衡的。北洋水师战列舰 2 艘、巡洋舰 10 艘、鱼雷艇 12 艘，总吨位 41 200 吨。日本海军联合舰队炮舰 28 艘、吨位 57 631 吨，水雷艇 24 艘、吨位 1475 吨，合计舰艇 52 艘，总吨位 59 106 吨。

暂且不说，人类战争史上以少胜多的战例不计其数，大多都是势弱一方付出惨重代价，最终取得了胜利。如公元前 480 年，古希腊在温泉关以 300 壮士全体阵亡为代价，挡住了 20 万波斯大军的进攻；还有历史上我们耳熟能详的，曹操一胜一负的官渡之战和赤壁之战也是如此。

况且，甲午一战中方并不弱势，单看陆战，虽然 60 多万大军中有 75% 是临时招募的新兵，但是至少 12 万的常备军尚可与 17 万参战日军一决高下。清军的野战火炮和要塞大炮达 1000 门以上，且口径巨大，是日本陆军师团炮力的 10～20 倍。但结果是清陆军落得惨败。

更加令人不解的是，日军阵亡率甚至低于冷兵器时代，如果按照伤亡总数来看，远不及日俄战争时日军伤亡人数。而且，甲午战争中，清军死伤 35 000 人（死亡人数不详），不到日俄战争时俄方死伤人数的 19%（俄方死伤 188 660 人，其中病死 11 170 人）。

日军在甲午战争中出于各种原因死亡 1 万余人，住院治疗超过 10 万人，战斗负外伤 6818 人，冻伤 7839 人。其中日军参战主力近卫师团出于各种原因死亡 2645 人，日本第一师团死亡 2059 人，第二师团死亡 3075 人，第三师团死亡 2149 人，第四师团死亡 1718 人，第五师团死亡 2808 人。这样的伤亡数字，与当时决定中日两国命运的甲午战争完全不相匹配。

从规模和装备来看，似乎清政府不该输得这么惨，那么问题出在哪里？

清军无心应战

在平壤战役爆发前，清军准备对日军发动进攻的前夜内部因恐慌发生了 20 死、88 伤的互殴事件，进攻因此被取消。此后的平壤交火从早上 8 : 00 开始，到下午 4 : 40 即告结束。清军溃败之后一路逃到鸭绿江边 300 公里外，再未做任何抵抗。

鸭绿江江防之役，日军不费一枪一弹占领了九连城和安东县（今丹东）。不到 3 天，近 3 万清军重兵驻守的鸭绿江防线全线失守。

旅顺口在开战之前陷入了监守自盗的内乱。镇守旅顺口的道台尚未见到日军的影子，就携家眷逃走了，守军黄仕林、赵怀业、卫汝成也相继逃离。下属士兵公然打开银库掠夺官银，造船所的官、军、民盗走贵重机材从海上跑路，旅顺口到处可见被丢弃的"兵""勇"军服。

金旅之战持续不到一个月，旅顺口陷落。日军仅阵亡 40 人，伤 241 人。

日军第二军 25 000 人选择在旅顺后路上的花园口登陆，3 天后，李鸿章就获得了情报，但在日军整整 14 天的登陆行动中，未受到任何攻击。日军仅用 1 天即攻占了要塞旅顺口，攻占威海卫的战斗也只用了 3 天。

在朝鲜的成欢、平壤及九连城溃败中，清军丢弃大量军粮和炮械，为敌军提供了冬季难得的后勤补给。仅平壤一战，清军丢弃粮米 2900

石、杂谷 2500 石，足够日军 14 000 人一个月的口粮。日军山县第一军正因尚未取得制海权、运输未通出现军需补给困难而发愁，这些粮草对于日军来说如获至宝。据战后日军参谋本部统计，共缴获清军粮秣：精米 7000 石、玄米 2000 石、杂谷 6000 石。

我们不禁要问，为何清军会如此不堪一击？

清政府的"文国主义"

中国历朝历代的统治者对军人造反的戒备从来没有放下过，所谓"文国主义"源于 4 亿人口超级大国的基因。清政府也未能改变这一局面，唯恐将领拥兵自重，虽然设立文官和武官两重管理制度，武官的权力却不断被削弱。最终清政府由庞大的文官系统实际掌权，军人成为附庸，处于从属地位。如北洋水师的最高指挥官丁汝昌是提督（全称为提督军务总兵官，始于明万历），虽为军职，但他们或由巡抚等兼任，或不受兵部的指挥和领导，还要听命于更高阶的巡抚、总督等文官。所以，大清帝国具有专业经验和知识的职业军人很少，后期聘请的洋教官也多成为摆设。

清军实行的是佣兵制度，服役大多是为了获得军饷，大多数士卒、兵、勇来自贫困人家，从军不过是穷人解决温饱的一种特殊"职业"，将士不会追求太强的实战能力。佣兵制度下的军队没有明确的服役年限，军中老年、壮年、青年混杂，经验参差不齐，士兵身份可以父子相传，却难以承担相同的军事任务。在长期和平的环境下，清军还滋生了不良风气。

光绪三十年（1904 年），清军才开始吸取甲午战败的教训，仿照外国兵制进行改革，分常备兵、续备兵、后备兵，但本质上沿袭的仍然是饷银佣兵制。

清朝贵族的没落和职业军人的缺失

冷兵器时代战争受军人素质影响很大，甲午战争时期这一影响仍在延续。现代职业军人应具有贵族精神，不仅作战英勇、视死如归，还需具备基本素养——交战不杀来使、不虐待俘虏、不攻击战场红十字救助、不使用化学武器等。

而且自古以来，不论哪一个国家，战士都来自那些随时可以用身躯来保卫国家和民族的男性精英，战争中幸存的勇士才无可争议地获得贵族的财富、地位并受到尊重。中世纪的欧洲国家不设军队，如遇对外战争，就召集各领地贵族的重骑兵临时组成军队。虽然已经开始出现贵族通过缴纳盾牌金逃避参战的情况，但是一旦国家面临重大战争，他们以及他们的子弟仍然会毅然地成为国家军队的一员。中国古代将军的"自刎"、日本武士的"剖腹"、英国贵族的"决斗"，这些贵族精神实际上是军人精神的一种体现。

直到第一次世界大战，英国士兵的死亡率约为12%，军官的死亡率约为17%，伊顿公学毕业生的死亡率约为20%。英国贵族子弟大多担任军官，冲锋在前、撤退在后，他们的使命就是"武死战"。第二次世界大战登陆诺曼底时，牺牲的英国贵族子弟不计其数。在日本，"一族全部战死"是武士家族的荣幸，也是自己最好的归宿。

清兵入关时，八旗子弟推翻明朝，打遍大江南北，靠的也是骁勇善战和视死如归的精神。然而，长年的和平环境让清朝贵族完全堕落。到清朝末年，八旗子弟大多堕落为养尊处优、吃喝玩乐、贪生怕死之辈。待遇优厚使得八旗不堪战守，连康雍乾皇帝每年必赴承德走马围猎、围场演兵的传统都不复存在。

甲午战争期间，执掌清军指挥权的恰恰是这样一群既不懂军事战略又贪生怕死的没落贵族，他们不是临阵脱逃，就是畏敌不前。据坊间传闻，甲午陆战前，许多军官早就穿好"兵""民"两套服装，见势不妙，脱掉军装就逃跑。

中国临战招募的参战陆军的出征队伍几乎是丑态百出：在部队行进的两侧，家属们抱着孩子哭天抢地；行军队伍中有人提着鸟笼子，有人身穿便服，有人甚至夹着大烟枪。约占75%的新募兵，其中绝大多数上阵前没有接受过正式训练，甚至连枪都没摸过。清政府所谓"征天下之饷，练一省之兵"虽然使北洋六镇迅速成军，也恰恰反映出清末的一省之饷实无法练就一省之兵。

甲午海战失利后，丁汝昌为了不把战舰留给敌人，命令停泊在威海的各舰沉船。而他手下的将领却因惧怕日本人报复，居然没有人服从沉船命令，军舰全部留给了日军。甚至，还有官兵为请降集体造反。据杨松的《中国近代史资料选编》记载："刘公岛兵士水手聚党噪出，鸣枪过市，声言向提督觅生路，众洋员皆请降（北洋海军副提督英国人马格禄和顾问美国人浩威等，联手威海营务处提调牛昶等，唆使士兵、水手哗变，胁迫丁汝昌投降）"，"军士露刃挟汝昌，汝昌入舱仰药死"。

更荒唐的是，耗费巨资570万两白银打造的旅顺、威海卫两大基地和大沽船坞根本没有御敌的迹象。战前的威海岸炮阵地，军官居然拿炮台官兵的粪便做起了生意，"干大粪百斤，东戈五百文，银货二十四钱"①，买卖兴隆弄得炮台成了一大粪场，臭气熏天，无法靠近。北洋水师自将领以下的不少军官长期在基地刘公岛开设店铺出租，如鸦片烟馆、妓院，甚至还参与走私。

清军混杂的武器装备

中日双方在甲午战争爆发之前都千方百计地从西方购买枪炮、军舰、弹药和装备。但清末各地总督各自为政（购买军火的背后各有算盘）、缺少章法，通过多种渠道从欧美购入的西式武器种类繁多，且新旧混杂，导致清军普遍存在枪械种类繁杂、弹药各异、操作复杂的弊端，给战斗作业、弹药补给、枪械维修带来极大困难。

1861年，曾国藩建立安庆内军械所，专门生产洋枪洋炮，但汉阳造步枪因工厂失火在甲午战争之后才开始小量生产。清朝各兵工厂仿造生产的枪炮器械五花八门，生产出来的武器不仅质量差，枪炮无法安全射击、自制弹丸也不够规范；且生产速度慢，往往是尚未定型投入使用国际上就出现了性能好、价格适宜的新式武器和装备。

由于工艺落后，工业基础差，产生的浪费惊人，中国的军工产量少、质量低劣，而且价格昂贵，汽船仿造的情形也大体类似，自制数艘舰船成本高昂、速度缓慢、燃料消耗过大。

从日本在平壤、九连城、缸瓦寨、辽阳、海城、牛庄、营口、田庄台等处的战斗中缴获的清军武器弹药统计可见，清军装备混乱状况十分严重。

安徽廪生朱照给张之洞的《上张香涛制府条陈平倭事宜书》中指

---

① 宗泽亚：《清日战争》，世界图书出版社2012年版，第267页。

出:"炮则有格林、阿姆斯脱郎、克虏伯、田鸡炮、开花炮等种,枪则有新旧毛瑟、林明敦并中国自制之快利枪,名色繁多,殆难指屈。夫枪炮一种有一种之弹药,即一种有一种之施放之法。弹药或误,则与枪炮格格不入,或大或小,或长或短,或松或紧,皆不适于用,则有器与无器等。中国海军兵轮所用之炮,如格林、克虏伯等,一艘必有数种,此炮之弹或误入他炮,则必不能开放;重新取易,愈觉劳费,迟误稽延,多由于此。陆营兵士或持毛瑟,或持林明敦,或持快利等枪,临阵往往有枪与弹不合之弊。盖由常兵入伍者多系椎野粗鲁之夫,不能一一辨认;况种类繁多,即营官、哨弁尚有不能尽识者哉……军内配备之马梯尼枪弹丸有四五种规格之多,制造局内尚存二十年前旧弹丸八十万粒,毛瑟枪弹丸六十六万粒,不合膛或失效弹丸高达百分之七十以上。"

军人体格差异

日本军人身体素质并不比清军优越,甲午战前甚至普遍认为日军因身材矮小而弱于清军。然而,明治维新26年后,日本随着人均收入和军队给养水平的提高,士兵的伙食、营养、医疗、疾病预防等多方面有所改善,对士兵的体格产生了正面影响。

1894年12月,日本野战卫生部曾对俘虏的敌兵进行了体格状况调查,野战卫生部长官石黑忠德向全军通报了一份《日清兵体格比较》的研究报告,指出:以往日军士兵普遍认为清国军人体格高大、强健,身体素质优于日军。体格检查统计对照显示,日清两国选兵采用的身体检查卫生学标准存在较大差异(日军采用欧美军队提出的卫生学标准)。

从77名战俘与14 218名日兵体格检查的结果比较来看:清兵年龄

高于日兵，平均差值高出 8 岁 5 个月；清兵的平均身高超过日兵 1.8 厘米，胸围超过日兵 4.6 厘米；清兵平均体重低于日兵 6.5 公斤；日兵的身体肌肉量高于清兵，平均握力超过清兵 10 公斤（日兵在战场上手臂动作能力优于清兵）；日兵肺功能优于清兵，肺活量超过清兵 502 毫升。日本士兵的战场运动机能及情绪稳定能力也优于清兵。《日清兵体格比较》得出的研究结论是：日兵拥有体格上的综合优势。

如此看来，"如果当时清朝能再坚持两三年，日本就会败得一塌糊涂"（宫川俊彦教授）的说法有些牵强。恰恰相反，如果清朝再坚持两三年，清军的失败会更为惨重，甚至整个清王朝会直接彻底瓦解。《马关条约》签订前，日本的主战派、自由党系青年小山丰太郎试图刺杀李鸿章以阻止签约进程，就是希望通过战争继续扩大战果，他坚信继续战争会让大清败得更惨。

大国魔劫

论及中国清朝末年的基本国情，必须从人口超级大国的基因入手。

历史摆在中华民族面前的就是这样一幅"清末衰败图"：当人口膨胀到一定程度后，必然形成高度中央集权的政治制度，并由科举制度、官僚任免等最终形成金字塔形庞大的官僚体系，以保障整个帝国不会分崩离析。

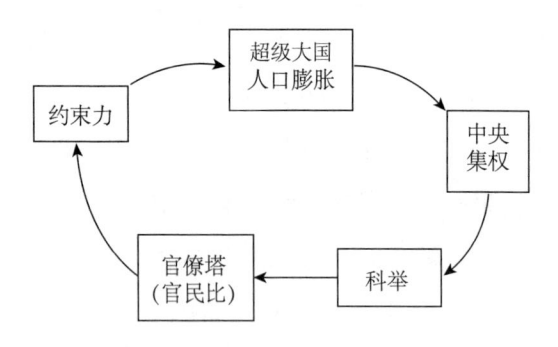

图 3-2 超级大国人口膨胀形成机制示意图

这个统治体系越庞大、越缜密，人口大国的约束力才会越强。于是，生产力的发展和社会安定又会让人口进一步增加。如此循环往复，国家的人口规模越来越大（如图3-2）。当生存空间不断被挤压的贫苦民众揭竿造反，又催生了"添丁永不增赋"等超低税收的绥靖政策导致国家越来越穷。到清朝末年，大清国的财力和国力一步步萎缩到了随时可能断裂的边缘。

所以我认为，近代中国的百年积弱，与这个古老文明帝国的历史文化、社会传统、哲学宗教以及知识精英和国民大众的觉悟程度等基本无关。

治大国需用大器

国家越大，官僚系统的结构越复杂、越庞大。脱离这样一个官僚系统，中央集权的大国无法维系统治，如近代史上的中国和俄国；为避免重负而不采用这样官僚系统的国家，如英国和日本。

当受到同等能量的外来冲击和挑战时，对人口超级大国而言，每个国民受到的单位压力就会较轻,甚至毫无感觉。而对日本这样的中等人口岛国的人均压强,远远大于像中国这样的人口超级大国。

道家讲"治大国,若烹小鲜",即强调治理国家如炒小菜,调料、火候、搅动都须恰到好处。但夏商人口不足千万,与清末的4亿人口不可同日而语;曾在世界五大洲建立殖民地的"日不落"大英帝国,包括印度等全球殖民地在内的人口总数最多时也不过3亿,仅相当于清末人口的75%。

治理人口超级大国和治理人口小国根本的区别在于:治理大国需要数倍于治理小国的"人均治国成本",该成本的增加呈非线性,与人口的增长不成正比。大国庞大的官僚和统治机构,决定了小国无法比拟的官民比例。例如,假定治理一个4000万人的省,其成本为100,那么治理有10个省的4亿人口的国家,成本并非1000,而是1000加中央政府成本。

这意味着"治大国烹小鲜"需用大器。仅以"小锅小灶"的成本无法管束一个人口超级大国。

君主立宪制可能在1700年管好一个600万人口的英国,也可能在1868年管好人口3000多万的日本,但同样方式却不大可能在1910年管好4亿人口的中国。

为"科举"鸣冤

在苦寻中国与日本的区别和差异时,许多学者都会强调中国"科举"的危害,如《日本论》作者戴季陶先生、《中国人史纲》作者柏杨先生、《中国科技史》作者英国学者李约瑟先生等。他们主要指责科举大兴八股，制造了官僚主义和僵化、古板、迂腐的文化，甚至导致贪污腐化，最终让中国远离现代"科学"。

但是，笔者认为近代中国的百病缠身与科举制度并无太大干系。同理，明治维新的成功也与日本没有采用科举制度无关。

日本从隋唐时期全面效仿并引进中国先进文明，唯独没有采纳中国的科举制度。这不是因为科举有什么弊端和缺陷，也并非科举制度会招致平庸和腐败，而是对封建制度下的人口小国而言，科举成本太高、政府不堪重负。杀鸡焉用牛刀，250多个大名各分治自己10万人口的日本完全没有必要实行科举。

科举制度不过是人口超级大国中央集权体系的一个副产品。没有科举，庞大的官僚体系无法有效地定期遴选人才、维系统治。

日本没有科举，主要是因为明治维新以前日本是一个由200多个大名分别管理的典型的封建制国家，每个大名平均掌管大约10万人口，没有必要点灯耗油地建立中国式烦琐庞大的金字塔形官僚体系。

而且，作为封建国家的日本也无力负担科举和管理体系的成本重负。法国路易十四1661年开始执政时，身边只有自己指定的6位大臣，因为当时的法国人口不过1500万人，相当于中国的一个省。1648年组建的德意志神圣罗马帝国，由314个邦国构成，按照约1000万人口计算，每个邦国的平均人口只有3万人，这样的人口规模不过相当于中国一个大地主级别的庄园。

英国13世纪60年代召开第一次国会，扩大的是封建领主（庄园主）的势力和话语权，这对于一个规模不过500万人口的国家而言是可行的。所谓的议会和宪政管理模式，从规模上来讲，相当于是在治理中国的一个县。

直到1500年（明弘治年间）英国的人口不过200多万，仅相当于同期中国1亿人口的2%。而太平天国运动后，中国社会上光举人就有150万人、秀才300万人，加上现役的官和吏，总数几乎已经超过工业革命前英国的总人口（英国总面积24.4万平方公里，仅相当于中国领土的约1/40；1760年英国人口610万）。

笔者认为让中国封建社会"官本位"经久不衰的正是中国超级庞大的人口规模。只有科举和金字塔形的庞大官僚管理系统，才可能维系这样一个"人类智慧不能想出比中国政治还要优良的组织"（马戛尔尼1792年语），其背后自然少不了暴力和强权。

官僚的腐败源于权力，而权力又会随着官僚体系的庞大而同步增强。当权力可与金钱交换时，买官卖官、考试作弊、行贿受贿等腐败也就会大量滋生。但官僚主义并非中国的特产，有官僚的地方都有官僚主义。效率低下、拖拉敷衍、铺张浪费、唯命是从等是官僚制度的普遍现象，并非科举之过。清政府的问题不是官僚主义，而是官本位。

中国官僚体系的特征，是它的超大规模化。同时，官僚系统的规模又与人口总量密切相关。中国人口从公元前230年战国末期的0.3亿人（公元前200年世界人口约1.9亿），发展到清末1820年的3.8亿人，增加了约12.6倍。其中约74%的2.8亿人口是从1685年康熙以后的200年里增长起来的。

中国历代官民比例和人口规模的关系密不可分：西汉（高祖）1650万人口时期的官民比1:7945；唐（玄宗）5291万人口时期的官民比1:2927；元朝（1351年）8758万人口时期的官民比1:2613；明朝（成化年间）7500万人口时期的官民比1:2299；清朝（1764年）2亿人口时期的官民比1:911。

就是说，官民比率并不是随着人口变化等比例增加，而是会出现加速增大的趋势。笔者认为，这很可能是由人口超级大国增强约束力的特殊规律决定的。

科举和金字塔形官僚体系对人口超级大国来说必不可少。蒙古人入主中原以后，实行过很多大手笔的政治制度变革，如行省管辖制度就一直延续至今；清初的制度变革也是从军民合一的八旗制度向效仿明朝的中央集权制度转变。而且，蒙古族和满族在入主中原之前，原本都没有科举制度，掌权之后完全有可能废除自公元605年隋朝以来的科举。但后来科举制度还是被原封保留下来，足以证明其不可或缺。

科举制度产生并形成了中国的士大夫阶层，每一个士大夫都拥有自己的土地和寄生性家族。至少在形式上，只有农民子弟才能参试的科举，给百姓以机会均等的感觉，让下层平民存有一线期盼和上升通道，这对地主阶级政权的稳定和农耕社会的国家稳定相当有利。

中国人对于最高权力以及机构权力的更迭具有极强的敏感性，由于统治与被统治都不具有永久性，因此维持统治手段极为残酷，包括亲兄弟之间手足相残的争权夺利也屡见不鲜。于是，相对于权力而言，财富的稳定性就变得相当脆弱，即便能够成为富可敌国的"和珅"，也会在一夜间被抄家，万贯家财化为乌有。

反过来看，庞大臃肿的官僚体系所带来的腐败、低效和官本位等弊端，可能都是保持人口超级大国完整性的成本之一。官僚体系本身存在的弊端并不会造成国家或政权的崩溃。中国历史上也从来没有发生过因科举制度造成的王权崩溃。反之，放弃科举和官僚制度，中国的封建国家政权就很可能马上土崩瓦解。

事实上，虽然清政府的腐败和无能有着不可推卸的责任，但是，真正决定清政府败于日本的另有其他原因。

第四章

大清帝国：无奈的超穷政府

大清帝国的赋税到底是轻了，还是重了？至今史学界一直存在争论。如果说清末的赋税轻了，就很难解释：赋税既然这么轻，为什么还会发生如太平天国那般造成千万人丧生的超大规模的农民运动？如果说中国仅仅5%的赋税重了，那同期日本在30%～35%的高税率下百姓是怎么活下来的呢？

1834年（道光十四年），中国人口总数4.01亿人，GDP相当于28.03亿两（人均产值6.99两），中央岁入1.2亿两，地方税收0.6亿两，赋税总计1.8亿两，总税率约6.42%，人均纳税约0.45两。耕地面积7.56亿亩（咸丰元年），亩产217.3斤，粮价0.0166两/斤（道光年间大米价格），税收平均约0.039两/亩，税率约1.1%。

清末税制的症结

1712年（康熙五十一年）康熙皇帝宣布以康熙五十年丁册为准，"滋生人丁，永不加赋"，此后"勿增勿减，永为定额"。此举奠定了"摊丁入亩"（将人头税"丁银"按亩分摊到田赋征收）的基础，体现了康熙"民为邦本，勤恤为先"的仁厚治国理念，也促进了人口增长和垦荒。

此后的中国人口翻了一番，人均耕地和农民人均收入锐减。在1868年以前的100年中，人口从2亿增长到4亿，人均耕地从1685年（康熙二十四年）的 7.25 亩/人，到 1766 年（乾隆三十一年）减少为 4.53 亩/人，1834 年（道光十四年）进一步降至 2.84 亩/人。清末人口增长速度之快，使得在大规模国内战争（太平天国）和饥荒使人口大量下降之后，湖北应山等县仍然会出现"家有旷夫，地无闲田"（同治《应山县志》卷十五）。

"摊丁入亩"看起来是向土地所有者征税，却埋下了无地农民不得不向地主缴纳高额地租以及地主偷税漏税的巨大伏笔。最终导致占农户 1/3 的佃户要向地主缴纳 50% 的地租，而地主却只向国家缴纳 5% 的赋税。或者说，占农户总数 1/3 的无地农户收入的 45% 这样一笔巨额财富，被截留进了地主的口袋。而且，地主士绅还同时利用与官府千丝万缕的瓜葛，千方百计通过如包税、协议地租等方式逃税避税。

清末的几乎所有社会问题都可以从这里找到源头。

日本在 1873 年《地税改正法》颁布之前，地租情况与中国相似。即便在明治维新初期（1883—1884 年），日本无地农民的比例并不比中国低太多，佃耕土地的面积占耕地面积的 35.5%；佃户在总农户中的比例约 20.9%。

到了工业革命完成后的 1908 年，这一比例反而有所上升，佃耕土地的面积占耕地面积的 45.5%；佃户在总农户中的比例约为 27.2%。

但与中国相比，日本社会矛盾和贫富差距没有被拉大到极端程度的一个重要原因是 1873 年开始实行的"地价地租"，使佃耕土地和地租的比例处于相对合理的水平，且地主较难作弊逃税（相当于总税率超过 30%）。于是，明治末期日本的大地主和小农户同时逐渐减少；而中等农户不断增加，成为维持社会安定的重要因素。

"绝对贫穷"的佃农

清末最重大的经济和社会问题就是无地农民的"绝对贫穷"。同时，晚清政府长期容忍无地农民的数量不断增加，甚至达到 1/3 以上的较高水平，成为最终引发社会动荡和革命的根源之一。

佃农（或贫雇农）的基本生活状况到底窘迫到何种程度，迄今为止似乎还没有人从宏观的角度进行过权威的"度量"，因为这个问题过于复杂，也缺少统计数据。但不弄清这一点，几乎就无法对清末的社会状况进行最基本的判断。

据估算，清末的人均基础代谢量（维持生存最低消耗：口粮、生产成本、衣着、赋税等）折合粮食约为 516 斤/年·人。同期欧洲的粮食消费量约 335 升/年·人；日本约 3 合/天·人、10 石/年·人（1 升 = 10 合；1 石 =100 合）。如果按照中国 1887 年 GDP 总量 33.28 亿两、人均 GDP 8.32 两计算，只要无地农户租种地主的土地还是按照 5∶5 分成交租的话，无地农民每人到手的粮食只有 250 斤/年。

即便按照清朝中期人均成品粮 350 斤计算，平均每个家庭收支也有 -5.8% 的缺口。大部分无地农户"汗珠子砸脚面"辛辛苦苦一年下来，最多只能获得半年的口粮。所以，无地农户一直处于半饥饿或负债累累（反复借入口粮）的半破产状态。

中国佃户的比例是一个非常关键的指标，它代表着中国农村绝对贫困人口的规模，租佃土地占 30% 以上这个数字应该说是比较保守的估算。1581 年（明万历九年），某地登记的 500 垧田地中，仅有 34.4% 是自耕；1676 年（清康熙十五年），某地清册 668 垧田地，仅 24.7% 是自耕。

除以上记载外，还有 1930 年金陵大学和国民政府的土地委员会对河北、江苏、湖北、四川、广东、云南、宁夏等21个地区的调查。金陵大学统计全国平均租佃耕地面积大约占28.7%，国民政府土地委员会统计为30.7%。而且，民国时期自耕农的比例高于明清时期。

按无地农户1/3（佃农或贫雇农）计算，中国清末就至少有约33%的农村人口，即1.32亿人，处于这种饥寒交迫的状态。所以，只要李自成、洪秀全揭竿而起，至少会有1/3的贫雇农冒死响应，因为他们反正也是常年处于生死一线的状态。

这里所谓"绝对贫困"，是指中国的无地农户（佃农或贫雇农）一直处于半饥饿的无法解决温饱问题的状态，甚至无法维持基础新陈代谢的状态。他们不得不向地主不断借贷举债。20世纪20年代初期，江苏地区收支亏空的农户比率约为47.9%，之后又必须用高利贷来偿还。这样会使他们的口粮进一步减少，并形成恶性循环。最终，甚至连基础代谢量的一半都维持不了，使得他们衣不遮体、食不果腹，甚至卖儿卖女。

在明末清初以前的中国，自耕农是人口的绝大多数，无地农户和大地主都是极少数。这主要是由两个因素造成的：一是此前的耕地尚可养活约1亿以下的国家人口；二是"诸子均分"的继承制度，决定了辛辛苦苦积累起来财富和土地的地主，很快被儿子们"分家"，之后便所剩无几了。因此，当时中国形成土地高度垄断的情况几乎是不可能的。

但是，清末人口总数从2亿迅速膨胀到4亿，耕地面积仅增加10%，这说明在资源总量的限制下，无地农户无法再通过垦荒、造田或更多租种地主土地的方式来改变这种绝对贫困状态。所以，20世纪30年代中国共产党在延安地区提出农民迁入后可以自主开荒的政策后，立即得到贫苦农民的大力拥护，吸引了周边无地农户的迁入。

极度的贫穷，甚至使清末广东沿海的个别贫民哄抢英国使团从船上扔到海里的死猪死禽，"洗干净后腌在盐里"；黄河下游贫农的日常食物还掺入野菜，甚至树皮。而令人感到讽刺的是，"中国官员对于吃饭真是过于奢侈了。他们每天吃几顿饭，每顿都有荤菜许多道"（约翰·巴罗《我看乾隆盛世》）。

那么，清末自耕农的情况如何呢？按照自耕农一家5口计算（耕地2.9亩/人），平均每年总收成也不过2713斤，扣除赋税每人约25斤，所余人均517斤，达到了维持基础代谢量每人516斤的标准。就是说农民即便自己有地，也仅能够勉强糊口，绝无购买进口洋布或吸食鸦片的奢侈。

问题在于，在聚集了半个中国人口的江南等主要省份，人均耕地远远达不到2.9亩的水平。如果按照实际人均1.9亩计算，这就意味着大部分自耕农也处于温饱水平上下，可能会有25%～35%的基础代谢缺口。

自耕农的这种勉强维持生存的状态，意味着不能碰到任何歉收和灾害，稍有连年风不调、雨不顺，就会因借债而失去土地，沦为无地农民。而中国1840—1910年各种自然灾害多达2000次。破产后的自耕农不断变为新的佃户，他们失去的土地，又会被纳为地主阶层新的财富。

租税悖论：平等中的不平等

中国约占总人口2%的地主士绅阶层通过租赁土地获取了45%的"租税差"（50%地租-5%赋税），积聚了相当于国家税收2.7倍的巨大财富。如按照1834年（道光十四年）GDP的28.03亿两，政府总税收1.8亿两（中央税1.2亿两+地方税0.6亿两），总税率6.42%计算，地主阶层截留的税收至少有4.86亿两之巨。这是怎么造成的呢？

地租定价权。从明朝中期开始，土地兼并、官田比例提高、人口增加等因素使人多地少。晚清全国虽然人均耕地约 2.9 亩，但主要产粮区的江南主要省份的人均耕地面积都远小于这一水平：江苏 1.90 亩/人、安徽 1.21 亩/人、浙江 1.77 亩/人、江西 1.90 亩/人、福建 0.98 亩/人、广东 1.67 亩/人，等等。当人多地少的情形愈演愈烈时，地租定价权自然落在了地主手里。所以才有《暴风骤雨》中赵玉林"辛辛苦苦干一年，到头来还欠地主一百元"的哭诉。

相反，前文提到的地价地租成为日本明治维新成功的重要保障，日本早在明治政府成立 5 年后的 1873 年就颁布了《地税改正法》，将地税税率定为"土地价格的 3%"。地价地税虽然不能彻底解决地主与佃户的贫富差距，也不能完全改善佃户的收入和窘境，却可以确保国家高额税收的长期稳定，保障了富国强兵的财政来源。只要土地丈量和所有权明确，当地的地价行情就是秃子脑袋上的虱子——明摆着的，只要按照地价 3% 收税，就可以基本确保国家税收。

日本历史上的税率一直不低，大化改新后实行租、庸、调（徭）制："租"是要缴税约 3%（得到口分田的农民每年缴纳田租每段土地稻二束二把，大约相当于收获量的 3%）；"庸"为每年到京城服役 10 天；"调"是征收一定数量的地方土特产品，例如丝绸、生丝、棉布、海产品等，"徭"是每年服役 60 天。加总计算税率应不少于 25%。高税率实际上意味着一大部分财富留在了大名（相当于地方政府）手中，所以才有后来"萨长土肥"等强藩壮大的可能。对百姓而言，所谓的税制改革不过是税被谁拿走了而已，只要总纳税水平不变就不会过于不满。所以对明治维新后的高税率，日本百姓并没有觉得离谱到了非得揭竿而起的程度。

再看大清甲午战前的 1894 年，按照 GDP 约 42.49 亿两、总税收 3.04 亿两（中央 2.17 亿两 + 地方 0.87 亿两），即总税率 7.15% 计算，地主阶层截留的税收高达8.2亿两。仅此一年即便打50%的折扣，也可以购买120艘北洋水师的旗舰定远号铁甲舰（造价620万马克＝340万两白银）。这还仅仅是1894年一年的国税减收，如果计算平定太平天国后的1864年到1894年这30年税收总体减收的钱，这笔钱不应少于45亿两（增收1.5亿两/年），至少可以组建75支北洋水师。

即便这些钱全部作为赋税，按照1864年（平定太平天国后）至1894年30年间中国GDP总量约951亿两计算，也仅会让1864—1894年的税率提高3.5%~4.5%，清末的总体税率也不会超过10%~11%。就是说，即便税率如此提高，也比同期的日本税率低很多。如果中国清末的实际税率能够达到同期日本约30%的水平，清政府的岁入也将是一个天文数字。

而且，按照中国清末耕地8亿亩，地价平均10两/亩［河北束鹿嘉庆二十年（1815年）地价28~34两/亩（306平方米）；山西晋中地区6~17两/亩］，即便按税率为地价的2.5%计算，嘉庆二十年清政府岁入也不应少于2亿两，而不是实际岁入0.8亿两（洋务运动初期的同治年间的税收甚至略低于这一水平）。

由此看来，清末（甲午战前）5%的税率不仅低了，而且是超低！如果清政府的税率从5%提高到同日本一样的30%，仅1893年一年税收就可以增加5000万两，可为北洋水师补充弹药、维修舰船、增设速射炮，剩下的钱还够再建一支北洋水师。

为什么晚清政府不敢提高税率呢？因为在晚清几乎所有最高统治者的脑子里，都担心提高税率会进一步增加农民负担，导致官逼民反。但如今看来，这其实是清政府的误判。

明治维新以后，日本总体税率一直保持在30%以上，而明治早期最大的一次农民暴动，人数不过5000人（相当于人口总数的1.7‰），区域仅限于一个县。这与跨越 17 个省、攻占 600 余城和半个大清的太平军相比，简直不足挂齿。这也许可以作为旁证，证明清末农民问题的根源不在于税率水平过高。

席卷半个中国的太平天国运动，让清廷闻风丧胆。于是，清政府陷入了恶性循环的无底黑洞："超低税率—政府虚弱—对外战败—对内萎缩—税制改革停摆……"事实上，清末农民之所以舍命造反，并非国家的税率太高，而是被地主盘剥得太重。

偷税漏税无底洞

清末赋税方面的不均现象相当严重。实际上地主阶层向国家缴纳的赋税，远远低于 5% 的水平。如冯桂芬在《均赋议》中所述："今苏属完漕之法，以贵贱强弱为多寡，不唯绅民不一律，即绅与绅亦不一律，民与民亦不一律……绅以力免，民以贿免，而其为不完则同。"① 就是说，越是有钱有势的地主、绅士，就有可能享受更低的赋税，而既没有实力又没钱行贿的平民百姓赋税会更重。这与英国中世纪，地位越高赋税越重的等级税制，形成鲜明对照。

可以说造成清末税收枯竭和官场腐败的另一个重要根源就是清末官吏的"收礼合法化"制度。因为这一做法意味着，只要纳税大户给地方官吏"送礼"的钱，超过这些官吏集体抽取国家税收 25% 作为合法收入的数额，就可能出现官吏和地主联手逃税的情况。

地方官吏的额外收入与中央税收挂钩本来是为了保障国税的征缴，而"收礼合法化"却导致结果完全背离这一初衷。例如，只要某地主

---

① 参见 1853 年《校邠庐抗议》，第 229 页。

愿意以"送礼"的形式，给知县相当于应缴国税 50% 的贿赂，就至少可以少缴 50% 的国税，该知县的个人收入也会比原来的相当于国税的 25% 的水平增加一倍，而国家税收却要损失 100%。

大清"税改"

与日本隔海相望的大清朝，至少在 1873—1894 年期间许多方面都在借鉴和效仿日本，为什么唯独没有接纳日本的地价税制改革呢？

清朝的高级官僚阶层几乎全部来自大地主或士绅，出身贫寒者凤毛麟角。在没有义务教育的时代，普通百姓的孩子不可能像富家子弟那样，高薪聘请名师单独教授，或进入学费昂贵的私塾。其结果，科举高中者多为富家子弟——大地主的后代。

于是，在官僚决策层与地主阶层之间就存在着割不断的脐带关系。这就决定了直到 1912 年孙中山提出实行"地价税"以前，清政府几乎没有哪一个大地主阶层的孝子贤孙会在地税改革方面损害自己宗族的根本利益。

问题在于，如果这些地主阶层手中聚集的财富能够转向工业化投资，也是中国人不幸中的万幸。遗憾的是，中国地主阶层的眼睛一直盯着土地，向工业化投资者寥寥无几。

相反，日本明治维新后能够迅速为地价地租制度改革立法，主要是因为那些刚刚掌握实权的中下级武士，他们与地主阶层并没有那么深的利益瓜葛，包括西乡隆盛这些最早主持改革政策的日本政治家，几乎都是武士出身的中下级军人，对地主阶层利益的维护动机远低于对国家税收增加的渴望。

1871年11月至1873年9月，岩仓使节团出访欧美（大使：岩仓具视；副使：木户孝允、大久保利通、伊藤博文、山口尚芳等）的近两年时间里，西乡主持"留守内阁"期间完成了如下重大制度变革：1.府县整合（200多个大名最终并为3府72县）；2.陆军省和海军省的设置；3.学制制定；4.公布国立银行条例；5.采用阳历；6.布告《征兵令》；7.解禁基督教；8.颁布《地租改正条例》。这些在闭塞的环境条件下，没有出国考察和学习经验，并不具有丰富变革经验的日本军人政权的政治家，完成了多项决定日本前途和命运的重大变革，令人惊叹。

"诸子均分"的磨盘

除了税收因素外，"诸子均分（分户）继承制"也像一个巨大的磨盘，将中国的社会财富不断分解后再重新组合。那些在地主手中积攒起来的社会财富，在中国的社会结构中不断被碾碎。它在让佃农变得越来越贫穷的同时，又不断将大地主切割成小地主。就是说，即便地主阶层有心投资工业化，他们手里也没有那么多闲钱，因为地主虽然比自耕农有钱，但他们仍然会为了子孙后代不致沦为佃户而不断积攒。由此循环往复，中国的家族财富总是在三代之内灰飞烟灭，资本原始积累也就随之化整为零了。

宋朝以后的"诸子均分"继承制至今仍然是华人家族企业无法做大的重要原因：据20世纪华人富豪榜福布斯报道，包括李嘉诚、王永庆、郭鹤年等在内的华人家族的总资产为323.2亿美元，还不如韩国三星集团一家的480亿美元多。在世界企业排名中的12家亚洲财阀，有8家是韩国企业，总资产达1464亿美元，是亚洲华人财阀资产总额的4.5倍。

诸子均分继承制成为中国大企业规模扩张的屠宰场。

相反，学习了中国唐朝以前"长子继承制"的日本，至今拥有百年老店企业22 219家，其中1000年以上历史企业7家，超过500年的39家，超过300年的605家。在全世界200年以上的5586家企业中，日本的3146家占了近60%，远多于第二位的德国837家。

同时，大型企业集团有很多也是家族企业。这对加快资本积累速度，扩大并维系积累规模相当重要。

杯水车薪：晚清工业化投资中的地主资本

大量财富集中在地主阶层手中，中国特有的"唯土地价值观"被清朝中期以后人口的迅速膨胀无限强化，导致财富的绝大部分不是投向工业和商业，而是被束缚在了土地上。

早在18世纪，中国登记土地的92%属私人所有，土地交易基本良性，中国的私有制和资本主义经济其实有着坚实的基础。这决定了中国国力和财富的绝大部分不会转向工业资本原始积累和实体经济投资。

集中到地主手里的财富，主要会被用于新的土地买卖和兼并。即便不为自己，也要为应付儿女分家不得不去获取更多土地。于是，中国的主要社会财富就会黏着于土地的买卖、兼并、分割（分家）的搅拌中，不断在膨胀与收缩、周转与停滞中循环。即便有工业化投资的机会出现，只要工业化投资的收益率还没有大大超过土地投资，投资工商业者就会寥寥无几。

清末，中国地主阶级用于实业投资的钱大约有多少呢？这是理解1840年以后中国落后于日本的非常重要的一环。

在 1913 年以前中国早期工业化投资的总体格局中，来自地主阶级的投资约占一半（55.9%），另外一半是商人阶层（买办占 24.8%、商人占 18.3%）。应该说，甲午战前除了地主和商人，没有人有钱去投资。

到辛亥革命后 1914 年至 1920 年期间，随着商人阶层在开放市场经济中盈利规模的扩大，商人和买办在投资者结构中的比率迅速上升：商人占 53.7%，买办 9.1%，而地主阶级的比重则下降到 22.3%。

随着中国工业化投资规模的扩大，地主阶级在总投资中的比重在不断下降。或者说，与商人阶层相比，地主阶层的工业投资意向更加谨慎。即便看着商人阶层在工业化投资中有利可图，他们也无动于衷。几千年的经验告诉他们，没有什么是比不断购买和扩大土地更重要的事情，土地少了就不够儿子们分家的。

1840—1918 年，中国民间总投资约 1.43 亿两（约 8976 万美元；汇率：1893 年 = 1.25 两 /1 美元，1900 年 = 1.65 两 /1 美元）。其中，地主阶层的总投资仅约 0.69 亿两（约占 48.3%）。而 1868—1910 年的地主阶层的总收入却不应少于 387.8 亿两（计算依据：1887 年 33.28 亿两、总赋税 2.93 亿两；1894 年 42.49 亿两、总赋税 2.93 亿两；1903 年 58.15 亿两、总赋税 3.04 亿两；1908 年 69.23 亿两、总赋税 4.54 亿两）。

1913 年以前，地主阶层在中国民间工业资本投资中的比重约占 55.9%，但地主阶层总收入却大约相当于财政收入的 2.7 倍！

1895 年以前中国地主阶层的投资倾向变得至关重要。要命的是，清末中国地主阶层的积累率仅约 0.37%，还不到 2012 年中国积累率 52% 的 1/140。地主阶层投资工商业欲望之微弱，成为中国工业化投资的重要制约因素。

被榨干的超穷政府

仅 5% 左右的超低税率，决定了清朝中央政府的财政永远处于极度拮据的状态。这直接导致晚清政府没有力量，也拿不出更多的钱，像日本明治政府那样推动早期工业投资和资本原始积累，当然也就没有足够的钱扩充军备、巩固国防。

19 世纪 60 年代太平天国刚刚被平定，清政府由于实在没钱就急忙裁撤湘、淮军等勇营军队，而裁军以后依然大面积欠饷，足见财政之拮据。

工业化投资的弱势让中国的现代化财富积累大大减速，国家财政收入也随之枯萎，形成了恶性循环。再加上国防和军队贪腐盛行，让清政府在对外战争中一再战败，接二连三地赔款——晚清政权就这样跌入了"集权弱化"的泥潭。

在晚清财政的总盘子中，连为慈禧太后过生日的 200 万两白银都拿不出来，已经足以反映晚清政府财政的极度紧张。先不用说慈禧太后是否动用过北洋水师军费修建颐和园来庆生，即便她动用了这 200 万两，也不过是财政收入的 1% 左右，对国防和军备的影响也是相当有限的。

一个国家的军事实力取决于国力——经济实力和政府财力。因此，每个国家的国防力量会有一个不可突破的天花板。清军的战斗力，不论是北洋水师还是新式陆军，最终都与日常军费开支的规模紧密相关。虽然大清帝国当初也拼尽国力购买洋枪洋炮，凑齐了北洋水师和新式陆军，但最后还是"买得起马，配不起鞍"。到头来，不要说实弹演习，就连军舰舱门的密封胶圈老化都更换不起。

1888 年以后，清政府对北洋水师的拨款骤减，让北洋水师连维持良好战备状态的钱都没有，远洋航行和实弹演习基本缺失，以致在黄海海战中日舰火炮命中率高出北洋舰队9倍以上。

大清帝国的财富就算被地主截留,也并没有蒸发,到底这些财富是怎么流失的呢?

财富大量"失血"

奕䜣等人因国库空虚提出要暂停颐和园工程时,慈禧太后的一句"今日令吾不欢者,吾亦将令彼终生不欢",成为后人谴责她挪用北洋水师军费修颐和园的证据。然而,却很少有人发问:大清帝国怎么穷到这份儿上了?

日本皇室经费每年300万日元(相当于218万两),同期清廷皇室经费即便按照日本的2倍计算,也应当有436万两,而乾隆三十一年(1766年)仅为82万两。

辛亥革命后,日本的国民人均皇室费用0.06两,是清末人均皇室费用0.01两的6倍。

即便慈禧从德国银行的500万两借款中拿出200万两修颐和园,也不到财政岁入的1%,怎么会惹来如此猛烈的指责?

1840年以前,中国的人均GDP几乎与日本不相上下,经济发展水平基本相当。那么,大清帝国5%的税收与日本30%税收之间的巨大财政收入差额跑哪去了呢?笔者认为,在税制方面至少以下两个因素导致了财富的流失。

第一,大清帝国的税收实行地方官员提成制度,使得大量岁入流入地方官员的口袋,如知县的基本俸禄年仅1900两,仅占总收入的1/16。也就是说,县太爷的实际收入为基本工资加提成。通俗地说,这种税制是人口和疆域都庞大的帝国不二选择。没有这种让地方官吏先吃饱的税收制度，中央财政的税收就别想收上来。

第二，地方税收的议税制，使得地方官员与地方纳税大户相互串通，压低议税税率或包干金额，再通过收礼等途径共同瓜分其余隐瞒起来的应缴税款。

总之，大清税制导致民间大量的税收流入地主和地方官员的口袋。造成"两头穷、中间富"，即肥了官员和富户却穷了百姓和朝廷。比起吏部、户部、刑部、礼部等京官，地方的总督更容易积累财富。据称两江总督一年能挣到 30 万两银子，足够给 158 个七品知县发 1 年俸禄。如《红楼梦》描写的富贵显赫的荣宁二府，从作者曹雪芹的曾祖父曹玺开始的曹家三代四人世袭江宁织造，便可见一斑。

此外，中国清末工业投资资源的流失还存在"三大黑洞"：第一，常年内战和农民暴动造成的破坏；第二，频繁的大型自然灾害；第三，巨额对外战争赔款。

席卷半个中国的太平天国运动

巡抚郑祖琛统治下的广西，遭遇连年旱灾，饿殍遍地，饥民遍野。仅 1850 年，广西就发生了 9 次农民运动（每次 1000～8000 人）。洪秀全起兵于广西桂平县金田村，各路饥民一并聚齐，成就了太平军。

太平天国农民运动前后蔓延近 14 年，中国人口在此期间大量减少。相反，日本江户幕府时期的农民起义总计 1500 次以上，其中 1801 年至 1867 年间就发生了 505 次。1615 年的"纪伊一揆"有 13 万农民参加。城市也频繁地发生"打毁运动"，贫苦市民与商人和政府发生直接暴力冲突。但是到了明治维新前后，最大规模农民暴动的人数不过5000人，而且在暴乱中的死亡人数寥寥无几。

太平天国农民运动是"马尔萨斯陷阱"式人口被动调整的典型案例，"当我们不能期待土地的产出，能够彻底满足人口增长的食品需求时，我们只能让人口的增长适应农业产出的增长"。如果人类没有经历工业革命生产力的超常飞跃，马尔萨斯这一规律和效应到今天恐怕在中国依然会反复上演。

在太平天国运动的十数年间，清政府的南方半壁河山以及主要粮食产区和纳税大省几乎"颗粒无收"。即便有能力纳税的南方省份，也会以"戡乱经费"为由拒缴赋税，使清政府本来就相当有限的财政岁入折损过半。而且，误认为农民运动是因赋税过重，就越发没人再敢提高税率，导致清中央政府的财力越来越捉襟见肘。这就是清政府从中央强权转为中央弱权的一大因素。

近代史上的清末中国并不是"弱小"，而是"弱大"，在人口膨胀、政治腐朽、岁入递减的怪圈中不断螺旋式下沉。所谓的"大"实际上只是"浮肿"而已，是虚弱的象征。

对于后发国家而言，当外来压力不足以唤起应激突变，没能调动起国人背水一战的巨大潜能，跟上工业革命的时代潮流时，被动挨打也就在所难免了。

如果鸦片战争爆发时间提前100年，发生在乾隆初年（18世纪30年代），清政府还有可能迅速动员整个国家，大步迈向工业化和近代化（如明治维新后的日本），因为那时中国仍然拥有不可动摇的中央强权和世界1/3的GDP。

在腐朽没落的清政府晚期，仅仅从政治上解决体制问题——建立君主立宪制度等，反而有可能弱化中央集权。那样，在工业化的投资规模上，洋务运动更加无法与明治维新比肩。

清末若实行君主立宪，税率改革反而会受到国会的更多干预（民国初年的国会议员就代表了绝大多数士绅地主阶层的利益），更加无法解决超低税率问题，对加大投资规模和加速工业化进程可能越发不利。

太平天国"均贫富"的《天朝田亩制度》并没有保障太平天国江山万代，这足以说明单纯通过暴力均分地主和富人的土地和财产不可能彻底解决经济发展、生产力提高和社会安定等一系列根本问题。到头来还是会回到富者甲第连云，贫者无立锥之地的状态。

以财政税收"平均不足旧额的十分之四五"粗略估算，1850年至1863年清政府每年镇压太平天国运动净损失财政收入2500万～3000万两，14年间财政岁入合计减少3.5亿～4.2亿两白银，仅此一项收入的缩水就可以营建价值6000万两的北洋水师6～7支。

清政府看起来"仁慈"的超低税率就像一剂泻药，最终拖垮了国家财政，到头来让国家穷得连税制改革的基本财力都没有。

赔不完的款

说起来，没有比战争赔款更让人窝火上头的了。

中国从1840年鸦片战争到1901年庚子赔款、1906年拉萨事件赔款，赔款总计8次，总金额约7.36亿两白银。赔款总计库平银9.56亿两，合13.26亿两银元，相当于1901年清政府财政收入的11倍，相当于平均每个中国人3.3两。

1.《广州和约》（第一次鸦片战争赔款）赎城费600万银元，英国商馆损失费62 372银元；中英《南京条约》鸦片烟价600万银元、商欠

300万银元、军费1200万银元。

2. 第二次鸦片战争赔款1600万两（含《北京条约》中规定的英军军费银600万两、商亏银200万两；中法《北京条约》中规定的法军军费银700万两、商亏及抚恤费银100万两）。

3. 1874年琉球、台湾事件对日赔款50万两（含中日《北京专条》中规定的日本修道筑房费40万两、抚恤费10万两）。

4. 1876年马嘉理事件赔款20万两（含中英《烟台条约》中规定的军费、商欠、抚恤费）。

5. 1881年伊犁事件赔款900万银卢布（含中俄《改订条约》中规定的军费、商亏、抚恤费）。

6. 甲午战争赔款23 150万两（含中日《马关条约》中规定的军费2亿两、威海卫驻军费150万两；《辽南条约》中规定的赎辽费3000万两）。

7. 1901年庚子赔款（含《辛丑各国和约》中规定的偿付诸国赔款关平银4.5亿两；地方赔款16 886 708两）。

8. 1906年拉萨事件赔款（含中英《续订藏印条约》中规定的250万银卢比）。

其中，最伤筋动骨的还是《马关条约》的2.3亿两赔款（图4-1）。此笔巨额赔款，将中国的财政拖入了深渊，清政府财政本来就揭不开锅了，翁同龢等人还为了提前付清赔款而大举向外国银行借贷，最后形成了利滚利后的巨大亏空。

甲午战争借款0.28亿两；1895年向俄法借款计4亿法郎，合银0.99亿两，年息4厘，分36年还清；1896年再向英德借款计1600万英镑，合银0.98亿两，年息5厘，分36年还清；1898年英德续借款计1600万英镑，年息4.5厘，分45年还清。以上三笔债款，相当于甲午战争前中国所借外债总和的7倍。庚子赔款实际支付的关平银6.68亿两，其中除日、俄两国外，美、英、法等国的款项多为支付文化交流等项下的还款。

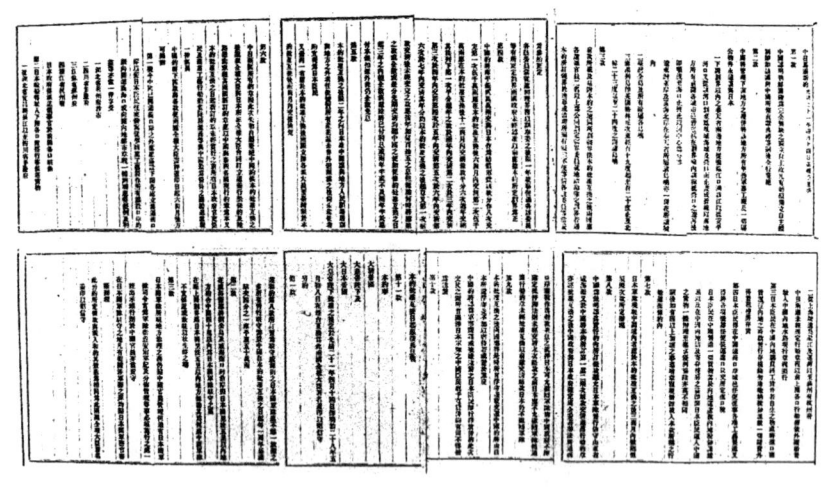

图 4-1 1895年日本帝国威逼中国清政府签订的《马关条约》正文
图片来源：新华社。

提前偿还赔款实际上为日本加速扩充军备提供了帮助。甲午赔款帮助日本进一步扩展了工业基础，如建造了当时日本最大的八幡制铁所，大大提高了日本的钢铁产量，加强了日本军备的基础。如果没有甲午提前赔款，日本是否能打赢10年后的日俄战争还是个疑问。

即便按照中国在甲午战争以前的赔款实际支付为1.3亿两计算，这笔钱至少可以组建2支北洋水师。

羊毛出在羊身上，战争赔款无疑最终是由中国百姓负担的。为偿还赔款，清末各种苛捐杂税林立，在原有地丁、杂赋、租息、粮料、耗羡、盐课、常税之上，又新开征厘金、洋税、节扣、续完、粮捐、盐捐、官捐、杂捐、节省和赔款捐等新税种，大大加重了普通百姓的负担，而对地主阶层的影响却相对较小,这就使民间可能用于工业投资的本钱越来越少。

结果,清政府与普通百姓同时被洗劫得"一贫如洗"后,中国近代工业化的资本来源也就被压榨到了可怜的境地。不论政府还是普通百姓,都不可能成为工业化原始积累的主体。

从中国近代工业化的投资结构看,在对外开放中获益的买办、商人阶层以及地主阶级中富有远见的开明志士,成为后来工业投资的主体。但让人感到悲哀的是,买办阶层的工业投资仅仅是他们收入的大约1.5%,而地主阶层拿出投资工业化的真金白银也不到他们收入的0.3%。当时中国的工业化怎么可能与日本同日而语、一争高下呢?

天灾和人祸

电影《一九四二》震撼了几乎所有中国人的心。那些没有经历过凶悍自然灾害的国家,很难理解"没想活着,就想死得离家近点"的心境。

拍摄前,导演实地采访河南一位曾经历过那场大旱灾的老太太:"大娘,您还记得那次饿死很多人的逃荒吗?"老人片刻后茫然地反问:"你说的是哪一次?"

在1840年后长达半个多世纪的时间里,中国共发生旱灾、水灾、霜灾、雪灾、雹灾、冻害、蝗灾、海啸、瘟疫等各种载入历史文献的大型自然灾害约2000次。在1876年至1879年间发生在黄河流域的特大旱灾,即丁戊奇荒中,饿死、病死1300余万人。灾情之惨烈,不仅清代,就是在人类几千年的灾害史上也极为罕见。

每次天灾，饿殍遍野、饥民塞路的大饥荒和一次次"人相食"的惨绝人寰的大逃荒之后，中国平民百姓的所有财富都被洗劫殆尽，就像他们身上被地租榨干的肌肉和脂肪。

从1810年开始，中国的洪涝灾害范围逐渐增大，至1840年达到一个峰值。晚清自嘉道以来，全国各主要流域的洪涝灾害即相继进入加速期。1859—1873年，江淮地区竟发生了连续15年的洪水，有的学者认为这是我国历史上洪水年持续时间最长的一次。1861年至1895年间黄河发生较大决口计56次。仅山东一省大小决口总数达263次，平均每年决口4.7次，相当于黄河改道前的16倍。决口成灾面积计966县次，年均17.3县次，为改道前的7倍。道光辛卯（道光十一年）、癸巳（道光十三年）大水过后，"始无岁不荒，无县不缓，以国家蠲减旷典遂为年例，夫癸巳以前，一二十年而一歉；癸巳以后，则无年不歉"（《清史稿》卷121志96）。

从1861年到1895年的35年间，中国各地（除今新疆、西藏和内蒙古自治区）共有17 278县次发生一种或数种灾害，年均达493县次。按全国省区当时县级行政区划（包括县、散州、散厅等）的总数1606个计算（包括台湾的11个县及光绪、宣统后增置的55个县，但不包括土州、土府、土县及土司），即每年约有31%的国土笼罩在各种自然灾害的阴霾之下。

相反，日本的自然灾害主要以地震、海啸、台风、暴雨等为主。戏剧性的是，在8—10世纪日本每3年发生一次、11—15世纪每5年发生一次自然灾荒。此后，16—18世纪每4年一次、19世纪每9年一次，进入20世纪后灾害发生得很少。就是说，日本近代的自然灾害总的来说是在年年减少。

就连当时中国的地震灾害，甚至也不比地震国日本轻。1840年到

1912 年，中国共发生 7 级以上大地震 14 次、死亡千人以上的地震 11 次、死亡万人以上的地震 2 次。其中，1879 年 7 月 1 日甘肃阶州（今武都）发生的里氏 8.0 级大地震，仅震中的阶州、文县有数据可查的就有 4 万余人被压毙或被洪水吞没。波及范围"东至西安以东，南过成都以南，纵横两千里"，甘肃、山西、陕西、河南、四川、湖北等地至少有 144 个县州受到程度不同的破坏和影响。

更糟的是，中国这些破坏性巨大的自然灾害爆发时间都集中在了清朝晚期。从 1840 年到 1911 年的 72 年中，此类重大自然灾害计 48 次，遇难 1727 万人。而公元前 180 年至 1839 年的 2000 多年间，这种大型自然灾害也不过 161 次，死亡人数只有 994 万人。

就是说，特大灾害的 56% 和死亡人数的 91% 都集中在了洋务运动时期。

跟着自然灾害一起到来的是形形色色的趁火打劫、落井下石、贪污腐败。政府的救灾粮款不断被瓜分或克扣。每次天灾的降临，都会成为发国难财的"天赐"良机，至少贪官污吏们有了克扣赈灾款粮、少缴中央赋税的借口。穷途末路的灾民会像蝗虫一样抢劫大户人家的粮仓，军队会以战争的名义把灾民留给敌人，或利用灾民对一口粮食的渴望建立自己的统治。

本来就夺人性命的天灾，再加上肆无忌惮的人祸，把中国百姓推入绝境的同时，也埋葬了中国工业化的前程。

中国自然灾害造成的财产损失几乎无法定量计算，但是仅以丧生的 1700 多万人口占全国 4 亿人口的 4.3% 粗计，直接经济损失应不少于每年 GDP 的 3%（1843 年至 1894 年 GDP 合计 1500 亿两），那么在甲午战前的半个世纪中，中国自然灾害造成的财富损失应有 45 亿两，是 1894 年中国清政府财政总收入 0.8 亿两的约 56 倍。

被吞噬的财富总量

以上三大"黑洞"一共吞噬了清末多少财富呢？

战争赔款1.3亿两；太平天国运动等造成的损失大约相当于1851—1864年清政府岁入累计的35%，约3.6亿两；自然灾害造成的损失45亿两。以上三项合计49.9亿两，相当于1840—1894年中国实际工业化投资总量0.88亿两的约56倍。

在此之上，由于超低税率，清政府1868年以后的30年间税收流失约110.9亿两，按照1868—1894年中国GDP总量831亿两，且清末税率可以提高到相当于日本同期30%税率的一半的15%，实际税收13.8亿两计算。就是说，仅税率造成的税收流失一项，就是三大"黑洞"财富损失总量的约2.2倍。

难怪清末被誉为"近代中国走向世界第一人"的黄遵宪先生，在走遍海外诸国后感叹："四海之外未有如我大清之轻赋者。"所以，或许可以说人口超级大国的超低税率，是中国甲午惨败和近代百年积弱的主因。

如此规模巨大的财富和赋税流失，让清政府变成了一个严重失血的病人。财政规模、扩充军备、救济灾民、国防力量，处处捉襟见肘。曾国藩、李鸿章、张之洞、左宗棠、袁世凯等洋务运动的重臣如何神通广大也无力补天，因为他们没有女娲手中的补天石。

近代中国一直是在这样一个大环境中跌宕起伏，螺旋式下沉的：

人口超级大国的统治成本（维系人口大国的成本越来越大）→超低赋税→"两头穷、中间富"的分配格局→财政岁入拮据→庞大官僚制度的弱化→军备财源不足→对外战败和贫苦民众暴动→中央财政进一步恶化……

备战力不从心

甲午战前，中国和日本在各方面都极为相似。1853年以前，日本锁国230年，中国封海240年，同样是长期对外封闭的国家。日本在锁国时代，有一个因海难而漂流到俄国的日本渔民，15年后回到日本按律当斩，但因为他从西方学到许多科技知识并熟通外语获得了特赦；中国自明末严格实行"片板不得下海"的海禁政策，同时明令"禁革双桅大船"，有违禁者查出后，不仅船、货一并没收，主犯还要被处以极刑、全家发配充军，从犯也要被体罚。

1850—1895年，近半个世纪，中国推行了自上而下的"自强（洋务）运动"；日本实践了"明治维新"。1861年前中国被迫开放了11个港口通商，1861年后自主开放5个通商港口。日本自1853年始开放了长崎、函馆等3个通商港口。

在先进技术方面，不论是电报、电线、邮政、铁路、轮船航运的建设，还是煤、铁、铜矿的冶炼；在工业化生产方面，大到纺织厂、兵工厂，小到火柴厂、纽扣厂；在教育方面，兴办洋学堂废除八股，兴办洋学和军校，开放女学；在行政管理方面，设置总理衙门主管外事，聘请外国军事顾问，建立警察制度；在文化和经济方面，准许报刊发行，建立货币体系、银行和储蓄制度；在社会层面，准许着洋装、讲外语，引进电灯、电话、自行车；等等。在效仿西方方面，很难找到日本做了而中国没做的事情。

清政府为"强兵"也曾竭尽全力：1860年设立总理各国事务衙门——外交部、外事部；将对外贸易海关税收的30%作为洋务运动的经费；海陆军总理各国事务衙门统一协调军队建设、后勤保障、军事院校、军事工业、炮台要塞的管理、新军的训练、武器购买和配置等。洋务运动中，如矿产开发、铁路建设、轮船制造、国内和海外航线的开通、工厂和工业的发展和建设等，都是为了"强兵"。

清军和日军一样，自 19 世纪 60 年代开始购买洋枪洋炮、聘请洋人作军事教官，1866 年在福州设立第一所海军军事学校福州船政学堂；1880 年北洋水师学堂在天津开校；至甲午战争前，江南操炮学堂、天津武备学堂、黄埔水师学堂等 15 所军事院校先后落成。1875—1895 年，清政府派往英、美、法等国的军事留学生超过 100 人。同时翻译英、美、法、德、俄等军事强国的兵制、军队训练、海防配置、军费开支、临阵用兵、兵器制造、战斗操法等 70 余种军事著作。北洋水师 20 余艘舰船皆任用有留洋经历的人才担任管带，形成有西方海军特征的清国海军；留学英国的定远旗舰管带刘步蟾撰写的《北洋水师章程》，曾受到欧美海军界的关注和赞赏。

尤其清政府在清法战争海战的失败中备受刺激，加速筹建和扩充海军，最可称道的是北洋水师。1885 年，清政府增设总理海军事务衙门，制定优先发展北洋水师战略。花费巨资购买最精锐的战舰和大炮，派遣人才留洋深造，培训大量专业技术人才，设附属工厂。李鸿章的原则是："凡筹饷、练将、修船、制器、铸造军火、置设天线，以及储备械具煤斤，无一而非急务。是以地方设清讼、发审、保甲、水利、筹款、车船、厘金、征信等局。海防则有设练饷、支应、军械、机器、制造、电报、船坞、工程等局，并分设营务，建立水师、武备学堂及医院、煤厂，均专职专责以免贻误。"[①]

1888 年《北洋海军章程》颁布，明确水师各部职责：船械局专管维修舰船的船坞和兵船一切器具的添置购买，天津海防支应局专管海军

---

① 李鸿章：《会筹分别遣留各军折》，《李鸿章全集》第 13 册，安徽教育出版社 2008 年版，第 340 页。

的军俸饷，天津军械局专管水陆各军军火的收发，威海卫水师养病院专管海军将兵战伤救治。

1888年包括后勤保障在内的北洋水师"樯橹如云、旌旗蔽空"，堪称东亚一雄。北洋水师旗舰定远号被称为东亚第一战舰。当时，日本民间很受男孩喜欢的一个游戏就取名"击沉定远"，足见其威慑。定远舰的姐妹舰——镇远舰，见图4-2。

但是，真正的历史藏在细节之中，不可忽略的一个细节是，1875年升任两江总督的南洋大臣沈葆桢主动向李鸿章提出：400万两分建两军分散太少，故将组建南洋水师的200万两全数解北洋。这才有了后来规模的北洋水师，由此清政府在扩军备战时经费的严重紧缺可见一斑（200万两白银仅能购买定远战舰半艘）。

图4-2 甲午海战中被日舰击伤的镇远舰
图片来源：新华社。

仅黄海一战，北洋水师沉没舰船有：定远、来远、威远、靖远、宝筏、附属2号鱼雷艇、二樯帆船7艘。受降战舰：镇远、济远、平远、广丙、镇北、镇中、镇南、镇东、镇西、镇边等计10艘；从港湾西口突围逃走的9艘鱼雷艇，除左队1号逃走外，其余包括福龙号在内的8艘鱼雷艇均触礁被俘。

日方除3艘鱼雷艇损毁沉没外，主战舰无一艘沉没。从战争的结果来看，北洋水师的实战能力落后日方一大截。

那么，在冷兵器时代历次与日军交锋都占据上风的中国军队，如公元663年8月的白江口之战，公元1592年明朝援助朝鲜的对丰臣秀吉之战（日本称庆长·文禄之役）等，到了清末的甲午年间怎么会败得如此彻底？

买得起马，配不起鞍

中日军事实力的差距，是在1885年以后的10年中迅速拉大的。如前所述，由于财政吃紧，清政府从1888年以后削减对北洋水师每年200万两的拨款，全国军费亦有减无增，清政府派定的海防款项常被地方督抚以种种理由拖欠、截留。如户部在甲午战争后承认："查光绪十七年（1891年）四月间，臣等因部库空虚，海疆无事，奏明将南北洋购买枪炮、船只、机器暂停两年，借资弥补。"（《清史稿·志一百十一》）据统计，北洋海军经费从未解足份额，每年实际收入100万两左右，仅占国库收入的1%。

这并不是说晚清政府舍不得拿钱扩军备战，甲午战争前清政府军费开支长期保持在财政总支出的50%左右，已经竭尽全力了。"越穷越吃亏"说的就是这个道理，话又说回来，政府穷到这个地步，还能把"洋务"办起来，也是难能可贵了。

黄海海战的前6个月，北洋舰队申请紧急换装部分速射炮并补充弹药，得到的圣旨却是"停购船械"，李鸿章不得不因国库拮据而停办。大战前，定远、镇远两舰主炮的实战用弹仅存3枚，唯练习弹"库藏尚丰"。一年前李鸿章已知此事，当即"令制巨弹，备战斗舰用"，却未能落实，这导致黄海海战爆发时，击中日舰的竟然是法国产陆上要塞炮用弹，根本没有爆炸。

自光绪元年（1875年）到光绪二十年（1894年），购置船炮军火的总开支仅800万两白银，居各项开支之首；军港及防务设施建设共花费240万两白银。这两项开支占军费开支的一半以上。

大清帝国财政吃紧的结果是：（1）清军没有钱筹备状态完好的常备军。（2）北洋水师的舰船和装备年久失修，长期得不到维护；长年没钱进行实弹演习，舰队缺乏训练和战斗经验，甚至连远洋航行都很少。（3）陆军的武器装备混杂，几乎没有大的"拉练"和演习，清军单兵平均射出的子弹数量很高，但命中率却极低，仅为日军的1/9。

第五章

日本崛起背后的应激压力

通过前面的介绍，我们看到了清政府治理人口大国的无奈，这是清政府甲午战败的内因，接下来本章要讲的是清政府甲午战败的外因。日本迅速领先于几乎同时起步的中国的背后，是否也发生了应激突变呢？中国和日本在开港之初，各自受到的外来冲击如何？

明治维新背后的开港压强

封闭经济体系突然被开放后，本国经济会受到巨大冲击，不仅经济结构、产业结构、消费习惯，甚至风俗传统都会发生根本性的变化。

开港通商后，日本所做的努力中国几乎都做过，而且有些还比日本的时间更早。但关键是，中国开埠后承受的压力与日本有着天壤之别。如前文所述，通过比较中日两国的应激压强这一指标，可以直观地看到两国的压力水平。

从图 5-1 日本和中国开港通商的应激压强数据比较来看：1859 年日本的进口 SP（应激压强 = 人均进口额 / 人均 GDP）只有 0.14%；1863 年达到 1.56%，增长了 10 倍多；1867 年达到 6.59%，比 1863 年又增加约 4.2 倍。日本开港后的应激压强在 8 年中扩大了约 47 倍。

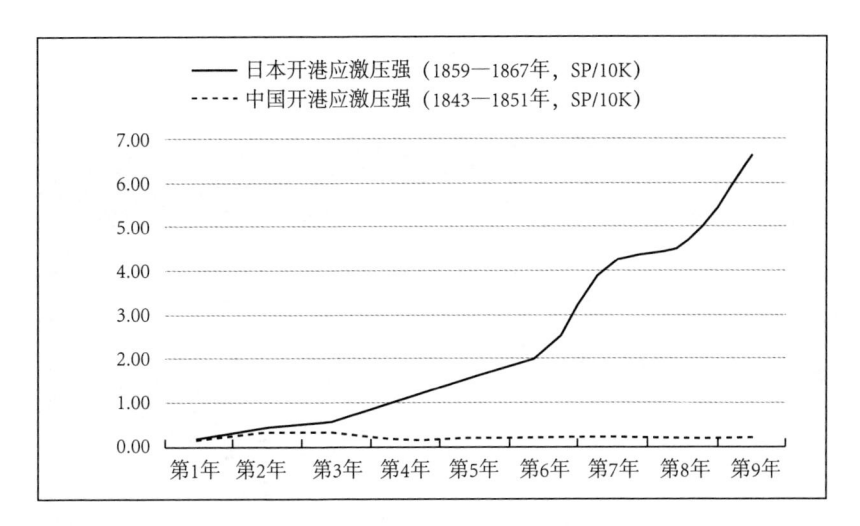

图 5-1 中日开埠后的进口应激压强比较

数据来源：日本经济新报社编：《明治大正国势总览》，1975 年版；[日] 安藤平：《贸易实务摘要》(貿易実務ダイジャスト)，2009 年 6 月刊；[美] 西·甫·里默：《中国对外贸易》，生活·读书·新知三联书店 1958 年版；李康华等编著：《中国对外贸易史简论》，对外贸易出版社 1981 年版。

相反，中国 1843 年"五口通商"后，开港应激压强从当年的 0.1% 增加到 1845 年的 0.28%，仅增加了 1.8 倍。1846 年以后，中国进口总额反而呈下降趋势，直到 1858 年才又回到 1845 年的水平。这意味着在这 15 年中，中国开港后进口增加所形成的压力几乎没有明显地增加。

这意味着，日本（1867 年）开港通商后的应激压强为中国（1858 年）的 23.5 倍。

也就是说，对当时中国的百姓来说，"虎门销烟"、"鸦片战争"、《南京条约》（如图 5-2）和"五口通商"等今天看来无比重大的历史事件，对数千年来男耕女织的传统生活来说影响和冲击并不大。

如果把拥有庞大人口基数的中国比作体形硕大的恐龙，那么这些磕绊，对它的躯体来说几乎无关痛痒。因此，对当时的中国百姓来说，所谓列强压境、被迫通商、洋货引进都只是遥远天边的一个传说。地还照种，土布照织，洋布再好也用不起。

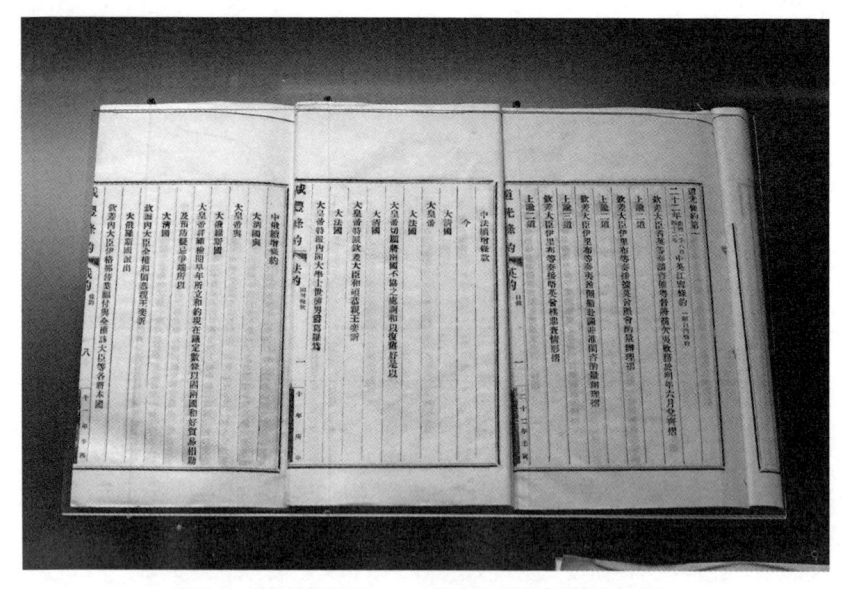

图 5-2　首都博物馆文物——中英《南京条约》(《江宁条约》)
来源：视觉中国。

我认为，中国百年积弱的根本原因在于开港之初的应激压强太小，如图 5-3 所示，百姓在对外开放中受到的生存压力相当微弱，即便洋务派大臣们"压力山大"，但是只要多数百姓无动于衷，洋务运动也依然难成大气候。

清末，虽因人口膨胀、人均耕地和人均口粮迅速下降，人均收入长期在原地踏步，并且有 1/3 的人口食不果腹、衣衫褴褛，但还没有到不破釜沉舟就无法生存的地步。

这曾让 1816 年英国使团大为震惊："人口如此庞大的国家，乞丐如此之少令人惊异，对生活必需品的满意和享有，说明政府不可能是糟糕的。旧的阶层的中国人看来比同一阶层的人和欧洲人都更整洁，破衣、脏衣甚至旧衣服都不常见，所有兵站都用石灰粉刷、涂上颜色，十分整洁，而且维修良好，农民住的都是整齐的砖砌房屋而非泥舍，寺庙美观而且很多。"

事实上，这种状态一直持续到1895年的甲午战败。

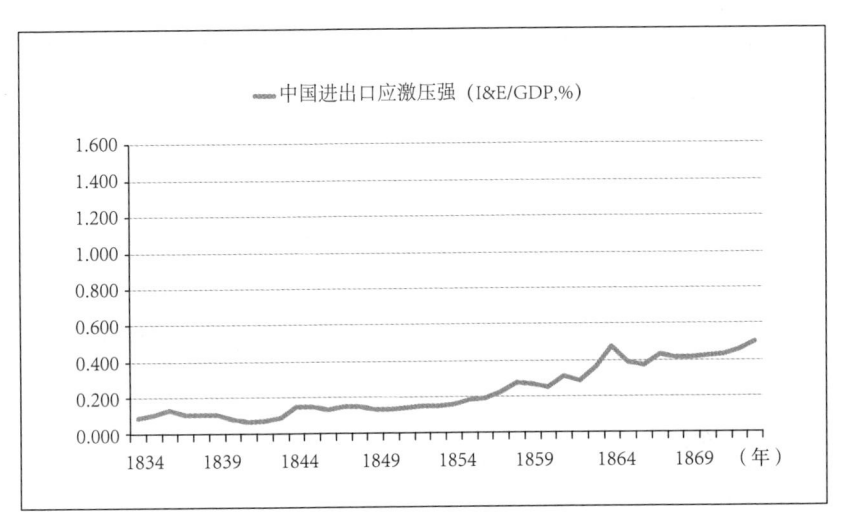

图5-3 中国签订《南京条约》后的应激压强

数据来源：[美]西·甫·里默：《中国对外贸易》，生活·读书·新知三联书店1958年版；李康华等编著：《中国对外贸易史简论》，对外贸易出版社1981年版。

于是，像创办复旦大学的马相伯先生所说："我是一只狗，叫了一百年，还没有把中国叫醒。"不是中国人不愿意醒来，而是绝大多数中国人并未感到像英国毛纺织业和日本全国纺织业破产那样的生存危机。清末中国的知识阶层和上层精英虽然已经觉醒，除了身体力行还大声疾呼喊破了喉咙，但就中国社会整体而言还在昏昏欲睡之中，没有切肤之痛和生存压力，突变也就不可能发生。

这一点充分反映在《南京条约》签订后中国工业化投资结构上。中国早期工业化的投资结构，总的来说是两个"三七开"。1840—1914 年的 70 多年中，在中国工业化投资总额的 4.7 亿美元中，外商投资 3.2 亿美元，占比约为 68.1%。就是说当时工业投资约 2/3 主要来自国外，国内资本（特别是地主的财富）几乎没有作为。

同时，在 1894 年以前的国内投资资本中，官商投资 4148 万美元，占 2/3；民间投资 1389 万美元，仅占 1/3。即在同期清末的总体投资结构中，国内民间资本占比少得可怜。

日本：海啸般的开港

日本在开港后的相当长一段时间里，开港应激压强始终保持在高于中国 23.5 倍左右的水平。

近代以来，日本的对外交流可以追溯到 1792 年俄国使节拉克斯曼乘船来到虾夷地（北海道）的根室，随船带回了大黑屋光太夫等 3 名漂流民，并带来了俄国女皇叶卡捷琳娜二世的亲笔信，欲借引渡日本漂流民之机与日本通商。幕府向拉克斯曼颁发了长崎港的入港许可证。

1808 年的菲顿事件，英国军舰费顿号闯入日本长崎港绑架了荷兰人，并要求日方提供食物和燃料，导致以长崎奉行为首的松平康英共多位官员自尽身亡。

1837 年浦贺（今神奈川县）奉命对美国莫里森号进行炮击，逼迫其离开。后来，莫里森号又出现在九州的萨摩湾，也遭到了萨摩藩的炮击。不久后幕府才尴尬地得知，莫里森号是来送还日本漂流难民的。在外强突然来临的巨大压力之下，日本幕府就像一只惊弓之鸟，足见幕府对外界的警戒心。

鉴于中国在鸦片战争中完败，日本于 1842 年废止《异国船驱逐令》（水野忠邦），颁布《薪水给予令》，同意向外国船只提供燃料和食物，以求相安无事。

外强的不断骚扰，让一些势力渐强的藩主绕开束手无策的幕府，独自引进冶金、枪炮制造等西方先进技术。

1829 年，德川齐昭就任水户藩藩主，开始向虾夷地派遣调查船，在藩内铸造火枪和大炮。1830 年佐贺藩建成了日本第一座反射炉，为铸造大炮提供精炼冶金。1851 年，萨摩藩学习佐贺藩，致力于殖产兴业，在萨摩藩内建成藩营工场集成馆，除生产火枪、大炮等武器之外，还生产玻璃工艺品、火药和化学药品。

1854 年，依据《神奈川条约》，封闭了 200 多年的日本国门终于被打开。进出口贸易立即如狂风骤雨般彻底冲垮了日本经济的堤坝，打乱了日本社会的平静和经济生活的安宁。

作为日本邻居的中国，1864—1894 年的 30 年间，进出口贸易总额从 0.95 亿两增加到 2.90 亿两，30 年仅增长了约 2 倍。

然而，1867 年日本的出口额达到 1209 万美元，是 1859 年 255 万美元的 4.7 倍多。同期日本的进口商品却从 1859 年的 60 万美元增加到 1867 年的 2167 万美元，增加了 36.1 倍多。

在 1859—1867 年的 8 年中，被"开港"对日本人来说如同海啸，这些进出口数据表面上只是一些冰冷的数字，而在当时却是脆弱的平民百姓的不堪之难。

日本著名经济史学家安藤良雄先生，把上述这种摧毁日本幕末封建体制的外贸压力称为"经济炸弹"。它所造成的冲击，对于日本来说，用灭顶之灾来形容也不过分。日本民族面临着两种选择：要么拼命游出进口商品的惊涛骇浪，要么等着被开港的海啸淹没。因为日本列岛四周环海，无处可逃，也没有避风港。

日本1853年以后的国门几乎无遮无拦。1859—1862年的3年中，进出口几乎每年增长一倍。仅1860年一年进出口总额637.2万美元，比1859年的149.5万美元增长了约3.2倍，1862年达到1220.8万美元。到明治维新前的1867年进出口总额3379.7万美元。

当时日本的出口商品主要是生丝（75%）、蚕纸（3.9%）和茶叶（16%），进口商品主要是棉纺织品、毛纺织品以及军舰等军火。

日本外贸在1859—1866年一直保持黑字，1867年是一个重要的转折点，日本贸易盈余转为赤字，而且高达954.9万美元，几乎是日本1863年以来贸易盈余的总和。

日本开港后，最大的外贸港口也是历史最久的贸易港——长崎，直到1859年进出口总额占比为56.5%，横滨港仅占36.8%，但到了1860年，横滨港的进出口额攀升到76.9%，1865年横滨港甚至占比高达91%。

我们先来看出口，出口的迅速增长，导致日本国内固有的经济结构发生急剧变化，物价急剧攀升。特别是在欧洲蚕虫受灾导致蚕丝价格飞涨到日本本土的8倍后，日本的生丝出口占比最高到99%。1865年日本蚕纸出口72万美元，到1867年猛增到230万美元，增加到了近3.2倍。从数量上看每年约有300万张出口，最高时可有40倍的暴利。

几家欢喜几家愁。生丝和茶叶的生产迅速增加，让日本部分农户成为富农（富裕蚕农的家庭收入增加了10倍）的同时，生丝的大量出口造成日本国内丝织业产量锐减，甚至停产，导致6年时间里丝织业的重要产地京都西阵地区发生了两次织工暴动。而在1878年以前的35年中，日本没有爆发过一次有文字记载的工人罢工。

较低的出口税率（5%），是日本出口迅猛增长的一个重要因素。而且，正常情况下，日本出口蚕丝的价格仅相当于欧洲市场价格的一半（1861年横滨离岸价格31法郎/里昂73法郎；1867年横滨离岸价格63法郎/里昂104法郎）。

出口的大量增加使日本出口商品量迅速超过了GDP的5%。商品大量出口导致生产环节跟不上，于是商人一再提高购买价格，日本国内物价持续上涨（外商购买日本黄金套利导致大量白银流入），包括稻米、水油（菜籽油和灯油）、蚕丝、丝织品等许多商品甚至不再流向江户。与1859年相比，1867年日本国内茶叶的价格上涨了100%；同期生丝的价格上涨了200%。此外，大米上涨了3.6倍，大豆上涨了5.2倍，菜籽油上涨了4.6倍。

情急之下，德川幕府不得不颁布《五品江户迴转令》，要求生丝、杂谷、水油、蜡烛、和服这五种商品必须先满足江户城的供给，再行出口。这受到商人和洋人以"政府垄断妨碍自由贸易"为由的强烈反对，最终未能实施。

物价飞涨导致日本国内民怨沸腾，这也成为此后民众拥戴"倒幕攘夷"运动的重要社会基础。

进口方面，韧性好、物美价廉的印度棉花使得日本的棉花种植业几乎全军覆没，这给在日本占农业人口1/3的棉农造成毁灭性打击。许多人沦为流浪者、佃农或雇工。其中有11.5%以上的贫苦农民进入城市成为廉价劳动力，使开港后的工人工资几乎降低了一半。也许可以算是日本开港初期大量农民失业换来的"人口红利"。

英国进口洋布的大量增加，让日本国产棉布的产量下降了约50%（开港前=100；1867年=59），织布业开始转向购买物美价廉的进口棉纱（1874年进口纱 = 29.7日元/100公斤；日本国产纱 = 42.7日元/100公斤）。纺织业为了生存开始引进英国先进的纺织机械，各地棉纺织厂相继开业。这一做法避免了日本像中国和印度那样,在英国洋布的冲击下,民族纺织工业迟迟成长不起来。

在当时的日本,最初使用进口纱做经线织出的布称"半唐",全部使用进口纱的棉布称为"丸唐"。在进口产生的巨大压力下,日本较早地走上了自主发展纺织工业的道路。进入明治(1868年)时代以后,使用进口纱的日本国产棉布量已经开始超过进口棉布。

封闭了多年之后的突然开港,日本民众不知道对外贸易的猛增会导致什么结果,也不知道明天会发生什么。但是每一个日本人都深刻体会到:开港前平静的生活已经一去不复返了。

生存危机不断发酵

高压之下,日本社会的生存危机在迅速发酵。

第一,日本的富国强兵不仅是国家领袖集团和知识精英先知先觉的启蒙运动,而且成为一场全民参与的救亡求生总动员。黑船压境带来的外部压力以及中国因在鸦片战争中失败被迫开港通商的前车之鉴,让日本自知无路可退。生存危机让日本人的每一根神经、每一块肌肉、每一个脑细胞都被最大限度地调动了起来。

第二,开港通商还使日本社会迅速两极分化,在开放中受益最大的是商人阶层,他们不仅在外商的贸易中充当"买办",收取不少于15%的佣金,同时还是金银差价买卖中的受益者。那些唯利是图的商人冒着触犯重刑的危险,把金币(大判、小判)装到和服的长袖里,偷偷送到洋人的居住地或船上交换白银,于是日本的财富被外商大量吞噬。外国商人用金银差价交易中成倍赚得的白银,从日本买走丝绸、大米和陶瓷器，再卖往国外，几乎是一本万利。但是，日本因祸得福，在开港中迅速积累财富的日本商人，后来成为工业化的重要投资来源，而三井、三菱、住友、伊藤忠等十大商社，至今依然是日本经济发展的商业支柱。

第三，在1868—1905年这一长达30多年的工业化过程中，日本人均积累规模高出中国110倍，这并非一蹴而就的朝夕之功，而是近半个世纪以来3500万民众夜以继日地拼命工作勒紧裤带攒下来的积蓄，创造出来的财富又被不断地集聚、组合、优化。他们很像1979年以后崛地而起的8亿中国大众。

中国：平静如水的开埠

我们再来详细看一看中国在开埠后的情况。鸦片战争前的1837年，从英国JM商会的对中贸易统计数据看，中国的进口有不断增长的趋势。根据《南京条约》1843年广州、厦门、福州、宁波、上海五个口岸开港通商后，最初两年蚕丝和丝织品（约占30%）、茶叶（约占50%）的出口量有所增加，但1845年以后，被视为洪水猛兽的鸦片以及英国洋布的进口增长速度反而有所放缓。

这主要由于中国国内土产鸦片数量迅速增加，以及中国百姓基本用不到英国洋布。英国曼彻斯特的机织棉布，从1786年就开始向中国出口，但并非大受欢迎。1840年前后，中国进口的英国棉纺织品才开始超过中国棉纺织品的出口。直到1870年，棉纺织品才占到中国进口总额的31%，还不如铅、锡、水银等五金矿产品的地位重要。

开埠早期，中国的进口不升反降的另一个重要原因，是走私（特别是鸦片）的猖獗。据英国领事雷顿（T. H. Layton）估计，1846年仅厦门一地走私就占约13%；广州港正常缴纳关税的比例仅占1/4～1/3。

所以，英国人下决心，即便流血牺牲也要用武力砸开中国的大门。

1851年英国对中国出口棉花4.3百万包、棉布114.9百万码（1码=0.9144米）；1860年棉花8.7百万包（比1851年年均增长8.1%）、棉布222.9百万码（年均增长7.6%）。棉花进口的增长率高于棉布进口。1870年棉花11.6百万包（比1860年年均增加2.9%）、棉布396.9百万码（年均增加5.9%）。相比于1860年以前的10年，1860—1870年不论棉花还是棉布的进口增长率都在下降，其中棉花的下降速度更为显著。

这让英国政府和商界大惑不解。JM商会通过兴泰、同顺、广利、孚泰等18家商行，对中国总进出口额约1322万西元（西班牙元，11.49西元/1英镑），其中中国进口棉花214万西元（26%）、棉纺织品82万西元（10%）、鸦片528万西元（64%），总计824万西元（约71.7万英镑）；出口茶叶274万西元（55%）、生丝224万西元（45%），总计498万西元。贸易赤字326万西元，如果不含鸦片，中国贸易黑字202万西元。

在被开港前的最后5年，中国蚕丝年均出口量约4314担，1850年增加到16 000担，增长了约4倍；到1860年进一步增长到60 000担，又增长了约4倍。1870年生丝出口2100万海关两（1海关两=1.114上海两），丝织品约200万两。在西方各国的商人眼里，他们从中国购买大量商品，却找不到可以让中国人离不开的外国商品，于是鸦片就成了打开中国大门的首选。洋人是实在拿不出中国人需要的东西可以换回中国的丝绸、茶叶、陶瓷了。

1847年，英国政府议会设置的专门委员会提出一份研究报告，就提出了这一问题。1852年香港总督般含提出的一份报告书也称：英国向中国的棉布出口数量，一直比人口少于中国一半而棉纺织业曾经异常发达的印度少 50% 的主因，是中国人的棉布长年自给自足，且价格比英国机织棉布便宜。这份报告在 7 年以后的 1859 年才送到英国议会手中。

《南京条约》后中国的进口不振，除了中国土布相当便宜以外，以下两大因素并没有引起英国人的注意：

第一，始于 1851 年的太平天国运动，使中国南方六省的半壁河山陷入战乱，导致流通、运输渠道不畅。从数据来看，1850 年中国进口总额刚刚有所抬头，但是太平天国运动爆发之后的 1851—1854 年，进口就转为萎缩态势。

第二，太平天国这样超大规模的农民运动使此前中国农村的贫困问题愈演愈烈。进口洋布的主要受众是普通百姓，官宦和有钱人家还是以绸缎为主，而清末因战乱愈加贫困的中国百姓，只要自己织的土布可以遮体，绝无高价购买洋布之念头。也就是说，对于洋布，有钱人不买，没钱的买不起。

令人感到诧异的是，熟悉中国情况的 JM 商会代表却在英国国会作证："贸易受到限制，主要是由于政治方面的障碍"，表达了"为商人开道、保驾护航是政府的责任"的典型"重商帝国主义"的政府立场，敦促英国以"中国政府不续约《南京条约》"，以及"亚罗号事件"、广西"西林教案"（马神甫事件）为契机和借口扫除政治障碍，于是英法联军于 1856 年发动了第二次鸦片战争。

1864 年以后，英国对中国出口比之前确实有所增加，但那既不是诉诸武力的结果，也不是因为英国的洋布比以前更结实、更便宜，而是由于太平天国运动被镇压后中国市场本身有了一定的恢复。

欧洲列强对中国的总方针是"打开中国"，而不是"挤垮中国、取而代之"。因为中国既不像美洲印第安人那样原始蒙昧、一盘散沙，也不像越南、菲律宾那样可以一口吃掉。在炮舰垄断大航海的时代，荷兰几乎征服了半个世界，却被郑成功打得丢盔弃甲，不得不放弃中国台湾。看上去，洋人是要强行和中国人做生意，而不是奴役中国人。

1844年开港一年后，中国的进口依旧以棉花为主，为683万美元，棉布577万美元，这两项约占英国全部对华出口总额1925万英镑的65.5%。英国的对华出口，约占中国总进口额2376万美元的81%；法国对华出口总额244.59万美元，约占10.3%。英法合计约占91.3%。中国的棉花进口远多于棉纺织品的进口，表明英国工业革命的核心成果——洋布，并不比中国人进口棉花自己织布便宜。

影响进出口贸易的另一个重要因素是关税。中国自清康雍乾时代以来的进出口税率一直很低，但背后各地方海关在国家关税（正税）之外，每每随意增加杂税和手续费。如英国商人在1843年1月13日的信件中诉苦：广东海关官吏和地方官吏征缴的正税以外的手续费和杂税累计相当于正税的平均2~3倍；其中以茶叶的增缴为最甚，一担茶叶正税2钱，但其他附加税则高达1两2钱4分，加上地方公所的杂税，会高达2.5~8.5两，是正税的44倍。这也是英国等列强在《南京条约》后，一定要监管中国海关的一个重要原因。

于是，曾经创造过灿烂物质和精神文明的中国，虽然同样直面汹涌澎湃的工业革命大潮，却远没有像日本那样体感到剧烈的"阵痛"。广州人照常在烟塌上吐着烟圈；京城人依然喝着大碗茶，吃着炸酱面；慈禧太后张罗着过生日；地主乡绅忙着兼并土地。

悠悠帝国，直到园子被洋人付之一炬之后，才如梦初醒，而日本已经在1905年前后快马加鞭地完成了工业革命。中日两国有着如此天壤之别的动力机制，甲午战争中国怎么可能打赢呢？

而且，中国百姓可以"闯关东""走西口"；慈禧太后可以逃到承德和西安。而日本的背后只有太平洋和日本海。中国和日本虽然同时面对外国列强的开港通商,但是人口超级大国基因决定了中国所受到的生存"体感压力"只有日本的约 1/24,因此就没能激发出中国人的巨大潜能,工业化投资规模比日本低了 11 倍,也就没能像英国和日本那样爆发"突变"。

我认为,中日两国在 120 多年前之所以出现如此巨大的落差,其深层逻辑就在于此。

第六章

日本突变：东亚格局重塑

走上穷兵黩武不归路

为了彰显军人和军队的地位和作用,让更多旧式军人(中下级武士)不致失业,日本不断推动海外扩张,其野心随军事实力的提高和对外战争收益的增大日趋膨胀。

但是,说日本是在明治维新以后逐步走向军国主义并不准确。军国主义的基本前提是,军人实际掌握国家权力。从这个意义上讲,日本从明治维新前600多年的幕府时代开始就一直是军国主义了,天皇在这期间被排挤并成为附庸。

明治维新实质是一群中下级武士掌控的地方强藩(长州、萨摩、土佐、肥前),因对武士"半失业"状态和社会地位的急剧下降不满而揭竿而起。最初的明治政府,不过是新的武士政权取代了腐朽的将军幕府。所谓民主宪政不过是一件外套,军国主义的本质并没有改变。

百姓走投无路会暴动,武士失业自然就会想到政变。明治政府成立前,中下级武士发动的所谓"尊王攘夷"运动,本质上就是他们不愿放弃职业军人生涯和生活来源的一次武装起义。原武士阶层在"倒幕"胜利后实际掌握政权,是日本走上穷兵黩武道路的一个重要因素。

西乡隆盛、大久保利通等著名维新志士几乎都是中下级武士,伊藤博文、山县有朋甚至是还不及武士的步卒。在樱田门外事变、寺田屋事变的"过激行动派"22人中,5人是中层武士、11人相当于中层(中下层)武士、6人为下层或相当于下层武士;在偏向变革的西乡、大久保派中,3人为上层武士或相当于上层武士、9人为中层武士、8人相当于中层武士、2人为下层武士。

日本开港后,各大名财政实力下降,甚至到了无以支付武士阶层报酬的地步,不得不削减武士的俸禄,或不再支付武士"全禄",加上外贸扩大、白银大量流入造成的物价上涨,劣币的出现和流行,导致武士阶层经济状况越来越恶化。旧武士总数约40万人,包括家属在内相当于人口总数的约1/10。每年收入100石的中层武士,差不多相当于富农;普通武士的平均收入35石以下,也就相当于一般农民的收入。

幕府在逮捕反幕活动家下层武士梅田云滨时,发现他家徒四壁。甚至有些公卿不得不靠贴伞纸、做牙签或筷子维持家计。"讨幕"核心人物之一的岩仓具视把家里一部分房屋租给人家开赌场为生。

如果按照"尊王攘夷"的宗旨和方向继续走下去,日本与清政府后来的结局不会有什么区别。但是,完成倒幕的日本武士精英审时度势,迅速从"尊王攘夷"转向"尊王仿夷",才有了日本的"维新"。

此外,明治初年政府岁入6000万日元中,家禄支出为1804万日元,达30%。日本在组建政府常备军过程中,由于断了一部分士族和藩兵的生计,引起强烈不满,明治政府便以"四民平等"和"改善财政"为原则改革(处分)"家禄"制度。

1876年(明治九年)8月日本政府断然颁布《废刀令》,彻底废除士族家禄的同时,发行"金禄公债"。所有武士(旧军人)和士族以"债券"方式得到一笔抵偿金(虽然后来很多人因经营不善而破产,沦为平民或普通劳动者),实际上等于买断了大名和武士阶层,这对稳定明治初期政治格局具有决定性意义。

明治政府对大名和武士阶层的赎买政策,相对于光绪皇帝在戊戌维新中突然废除八旗贵族权益的做法更加理智。光绪皇帝的决策背后实际上是慈禧太后的一意孤行,仅此一个细节就基本上葬送了戊戌变法。当八旗子弟群起反抗跑到慈禧面前逼宫时，高估了自己实力的慈禧也只好作罢，并扼杀了戊戌变法。

日本士族特别是中下层武士丧失了收入和物质上的特权后，期望着在向海外的军事扩张中，拾回旧日的地位和辉煌，于是便千方百计地挑起事端，为扩军备战造势。当时，能像被称为"日本企业之父"的涩泽荣一那样，弃武经商，另求生路固然很好，但生意不是所有人都做得来的。战场更适合这些善于拼杀的"失业"武士。于是，明治政府推行现代兵役制后，留在日本军队中的都是除了战死沙场别无出路的亡命徒。在失业和战争的抉择中，武士阶层选择了后者。

兵器研发和情报工作

日本甲午战前在兵器的自主研发方面不断加快步伐。明治十三年（1880年），东京兵工厂的村田经芳少佐，参考法国1874格拉斯步枪和荷兰M1871博蒙特步枪的综合性能，制造出日本式步兵枪，称为村田枪，又称十三年式步枪。改良版步枪减少了重量和长度，全长1275毫米，重量4098克；1894年在村田单发步枪的基础上研制连发步枪成功，量产后装备近卫师团和第四师团，在对清军作战中投入使用。村田因功晋升少将，后成为贵族院议员。

日本火炮的发展也较为迅速。1885年日产7厘米青铜铸造山炮诞生，1886年交付使用，日军完成了全部野战炮兵部队的装备更新。大阪炮兵工厂先后生产出9厘米臼炮、9厘米加农炮、12厘米加农炮、15厘米臼炮等炮械。在意大利技师古利劳少佐的指导下，又相继研发生产出铸铁制19厘米加农炮、24厘米加农炮、28厘米榴弹炮，并且装备了意大利式的炮用测远器。1904年日俄战争中，日本自主研发的"下濑火药"（可产生3000摄氏度以上高温冲击波，瞬间分解3000片以上弹片）投入实战，为毁灭俄国波罗的海舰队立下卓越功绩。下濑火药虽然在甲午战前就已经被研发了出来，但在1894年的甲午海战中还没有装备舰队。

此外，甲午战争前后，日军通过常驻中国境内的间谍大量获取各类情报。通过截取电报获得重要的军事情报，如同太平洋战争中美军破译日军电报一般，直接影响了战争的进程。直到1929年，中国每年仅收发400万份电报，数量只是日本6477万份的约1/16。

颁布《征兵令》和常备军体制

日本军界长老、维新名士山县有朋倡导并推行了"全民皆兵"的方针。1873年（明治六年）1月10日天皇颁布《征兵令》，改造了以旧藩阀为不同轴心的门客体制，组建国家军队。政府设置兵部省（国防部），采用法国式军制改编军队，扶植军校体制，严格接受西方军事训练，兴建陆军屯兵营地、海陆军士官培养军校、兵器弹药制作所、军队专属医院等。日本自古传承的尚武精神与近代军人意识相融合，实现了适合现代战争的军队国家化、专业化。

日本同时确立了"四民平等"原则，即男性公民不论贫富贵贱、地位高低都有为国服兵役的义务。甲午战争期间，日本皇室与国民无异，符合服兵役条件的皇室成员多人入伍参战。日本武士原本就是职业军人，虽然属于地方私人武装，但是明治政府一号召组建国家军队，他们就立即响应。

为避免降低作战部队的战斗力，日军起用传统的"军夫"①负责输送辎重、弹药、粮草、救护等后勤保障任务。军夫的雇用采取军方和民间契约的承包制，在马匹车辆不能到达的地方，军夫用"驮马队"或"背负队"（靠人力扛、背），完成特殊艰难地段的运输业务，军夫薪水收入远高于正规军的津贴。

曾国藩也曾于1854年在湘军首创"长夫制"，长夫即临时雇用的随军人员，承担军中杂务，不属于军队正式编制。长夫制规定营官及帮办配给长夫48人，军需搬运配备长夫30人，500人一营的编制配备各种职能的长夫180人，相当于每100兵勇拥有长夫36人。

全力扩充军备

日本和中国几乎是同时起步走上奋发图强、富国强兵的道路的。日本刚刚眼看着中国在鸦片战争中失败，被迫签署《南京条约》、开埠通商，1853年就遭遇了"黑船来袭"，日本幕府进退维谷，中下层武士明知不能却硬撑着提出了"攘夷"口号，誓死与洋人一战决雌雄。

萨英战争和下关之战就是日本武士两次试图赶走洋人的尝试，几乎和大清第一次和第二次鸦片战争的性质相仿，战争规模虽然不大，但英、法、美等国通过这两次战役，在军事上带给日本武士毁灭性的打击，其破坏力远远超过两次鸦片战争。萨英、下关两役战败后，日本人知道了西方列强工业化的厉害，也明白了没有经济实力和军事实力，"攘夷"就是一个笑话（如图6-1）。所以，认为日本没有像中国一

---

① 古代日本军队出征如同旅行，军中后勤、运输等花钱请军夫承担，民间娼妓会自愿随军前行，在军营附近安营扎寨，自谋营生。

样经过对外战争的失败就自觉走向开港通商的说法（加藤祐三教授），并不准确。

弱肉强食是那个野蛮时代的逻辑。取下西班牙女王皇冠上的钻石作为经费的探险家克里斯托弗·哥伦布、葡萄牙的达·伽马、英国女王亲准的私掠海盗弗朗西斯·德雷克，以及逼迫日本开港通商的美国的马修·佩里都是那个时代的代表人物。

那时，国家的地位和势力范围几乎都由军备决定，而军备又是由工业化水平决定的。英国能够成为日不落帝国，靠的就是工业基础和坚船利炮，才能最终打败世界上最强大的荷兰舰队，横跨半个地球发动鸦片战争。

图 6-1　下关之战：日本"攘夷"的惨败
图片来源：日本《每日新闻》社图片。

工业革命之后，英国 GDP（1688—1815 年）增长了 3 倍，财政收入则增长了 14 倍，税收占 GDP 的比例从 10% 上升到超过 20%，其中约 80% 用于军事开支和偿还国家债务（国家欠债也主要是因为战争），仅 1792 年一年的国债就相当于 GDP 的 1.5 倍。

在强大的英国等西方列强面前，日本与中国显得弱不禁风，但是，义和团毫无悬念地败给八国联军之后，大清帝国的慈禧和光绪皇帝逃往了中国西北，而身处岛国的日本天皇和将军却无处可逃，据说听到美国"黑船"的炮声，天皇竟被吓得尿了裤子。这一传闻生动地说明，从受到的外来压力来看，日本比中国的抗压耐受力更差——岛国地理决定了日本没有任何回旋的余地。

早在开港前 60 年的 1791 年，虽然有些有识之士如林子平（1738—1793 年）自筹经费雕版印刷出版了《海国兵谈》，成为日本近代最早参考西洋兵书的军事政策，为日本近代军事理论的确立奠定了基础，但从荷兰船大炮的草图来看，日本对西方列强军事装备的了解还处于相当粗鄙的状态。

"黑船事件"（如图 6-2）之后，面对西方列强的军事威胁，日本幕府和各强藩开始全力"强兵"：1855 年设立长崎海军传习所（海军学校），1862 年设立幕府陆军（国家军队），并参照欧洲军事教材，聘请法国军事顾问团开始正式训练（1867 年始）；1865 年从美国购买了南北战争结束后剩余的大量武器，仅恩菲尔德步枪就进口了 5 万支；幕府的关口制造所和萨摩藩的集成馆进口了炮身切削用机床，自制"四斤山炮"。

明治政府成立以前，幕府还进口了 64 艘（各藩合计 127 艘）洋式舰船，同时建造了国产蒸汽军舰千代田形，并从美国和荷兰订制了富士山丸、开阳丸两艘军舰。值得一提的是，2590 吨的开阳丸是照着美国恐吓日本并敲开日本大门的"黑船"(黑色铁甲舰)原样订购的。

图 6-2　日本"黑船(美国武装商船)事件"
图片来源：日本《每日新闻》社图片。

明治维新前的所谓日本工业，几乎都与军备有关，如佐贺藩的三重津海军所、幕府的长崎制铁所，以及更大规模的横须贺造船所等。甲午海战中，被称为日本海军军舰"三景舰"(松岛、严岛、桥立的舰名取自日本三大自然景点)之一最大的桥立号护卫巡洋舰，1894年竣工，吨位4217吨，就是在横须贺造船所建造的。

明治维新后，明治政府于1872年第二次引进法国军事顾问团，1873年从英国引进道格拉斯教官团，1883年开始实行《扩军八年计划》，国家预算的20%以上(最高年份超过35%)用于扩军备战。日本拼尽全力扩充军备，因此财政状况也一直相当吃紧，以至于日本海军从

1870年就提出的"建造200艘战舰"计划一再推迟(如图6-3)。

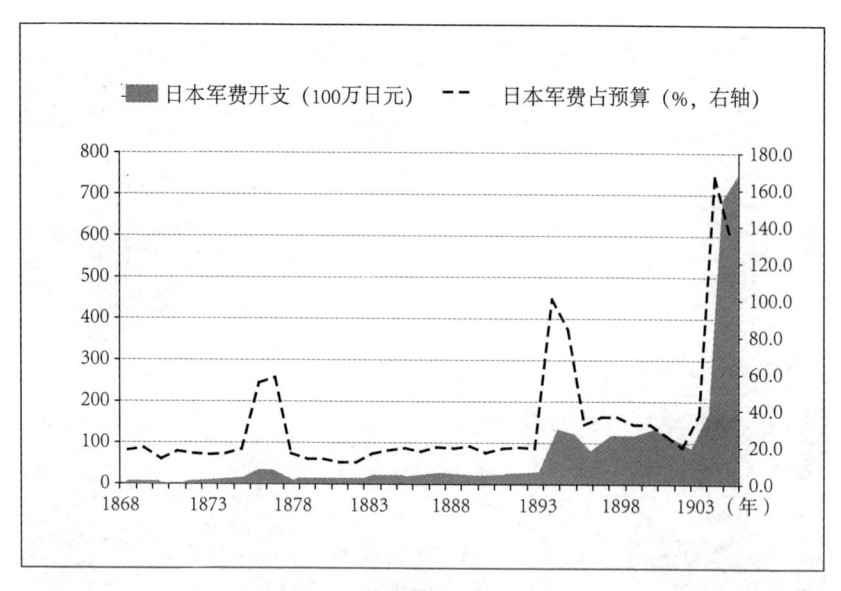

图6-3 日本军费开支及其预算占比

数据来源:日本银行统计局编:《明治以后本邦主要经济统计》,並木书房1999年版。

1893年,在筹建海军的募捐活动中,明治睦仁天皇为了节约每一分钱用于军备,天皇"每天少吃一餐",节省下来的钱每年捐出30万日元(相当于30万两中国白银)用来购买军舰、扩建海军。同时从公务员的薪水中抽出10%,补充造舰费用。到甲午战前的1890年,日本海军2000吨位以上的战舰仅有5艘,总吨位17 000多吨。但是,这已经可与清军2000吨位以上的战舰7艘、总吨位27 000多吨的北洋水师一决雌雄。日本在战争中动员陆军7个师团,计240 616人,有174 017人到海外实际参战。

甲午战争之前,日本海军设定了击败清政府北洋舰队主力舰定远、镇远的目标。国家发行海军公债1000万日元,增加建造松岛、桥立(如

图 6-4)、严岛三艘国产战舰，装备口径 32 厘米、炮身长 12 米大炮。

图 6-4　日本自行建造桥立号护卫巡洋舰（1894 年竣工）
图片来源：日本《每日新闻》社图片。

甲午战争之前，日本国内很少有人认为一定可以战胜中国。据《明治大正见闻录》记载，上州沼田的著名作家生方敏郎（是时 12 岁）回忆："当时的日本人，可没有谁敢自负地说要比过中国人，我们只奢望不要太落后于中国就好了。"

日本最初举国军备，主要是为了抵御外强、保家卫国。但进攻中国台湾、朝鲜和发动甲午战争，使日本获得了巨大收益，尝到了甜头的日本最终走上了通过对外扩张实现财富增长的不归路。于是，"强兵"就成了"富国"的有效途径和手段。

甲午战争后签署《马关条约》，中国支付的 2.3 亿两白银赔款成为日本扩军备战的及时雨：其中 22% 偿还战争费用和借债，63% 用于扩充军队，15% 用于如八幡制铁所建设费以及运输通信费、帝室御料、救灾和教育基金等。日本甲午战争费用总计 2.33 亿日元，获得赔款约 3.6 亿日元，利润率高达约 55%。

日本著名思想史学家野鹿正直在《思想史论集》中写道：甲午战争后，日本国民由原先"极端的自卑"转为"极端的自负"，产生了一种以"强国"自居的"大国民""大民族"意识。以甲午战争为界，幕末以来只停留在知识阶层的蔑视清政府的意识，已经完全渗透到一般国民之中。

在"瓜分世界"中分最后一杯羹

1874 年，日本以 1871 年的渔民被杀事件为由，武装进攻中国台湾，事后反而得到清政府 50 万两银元的赔偿。这是日本第一次通过武力从对外交往中获利。此后，日本屡屡得手，不仅获得了赔偿，还有领土权益。1879 年日本将琉球国王尚泰掳至东京，改琉球王国为冲绳县，纳入日本本土，这是日本第一次通过武力获得领土扩张。

进攻中国台湾后的第二年，日本转攻朝鲜，与朝鲜签订《江华条约》：第一，日本承认朝鲜是独立国家；第二，日本在朝鲜享有领事裁判权；第三，朝鲜开放元山、仁川两港通商。

20 年前还在为美国"黑船来袭"一筹莫展的日本，在明治维新之后跃身成为靠扩张获利的东亚军事强国。

1885 年尚不自信能与中国全面冲突的日本，就朝鲜问题与中国签订了《天津条约》，约定如果朝鲜再度发生叛乱，两国可以同时出兵。1894 年，提前完成《扩军八年计划》的日本自觉羽翼丰满，借朝鲜东学党引发的民间动乱，策动了朝鲜的宫廷兵变，废除了与中国签订的一切条约，驱逐中国军队，试图一举吞并朝鲜。由此来看，清日一战已在所难免。

对日本而言，甲午战争是日本第一次战胜原比自己强大的邻国。甲午战争成为近代史上强弱关系逆转的重大转折。《从日清战争中学习》的作者、日本保守派谷口光德认为："对于构筑现代日本来说，日清战争（甲午战争）的作用大于日俄战争。"

天量的军费支出

1882年（明治十五年）8月，山县有朋提出以"烟草增税"扩充军备；9月岩仓具视以大清国为假想敌、增税扩充海军；12月提出了总额5952万日元的《扩军八年计划》，其中陆军1200万日元，军舰4200万日元，炮台552万日元，三年内陆军兵力扩增1倍，海军建造48艘军舰。而该年度的日本政府一般预算岁出只有7348万日元。翌年军费预算占财政支出的比例提高到20%以上，《扩军八年计划》完成后的1892年度（明治二十五年）比例提高到峰值的31%（如图6-5）。

1892年8月，俄国开始在远东的海参崴建设军港，11月俄国太平洋舰队炫耀武力访问日本，给新组建的伊藤内阁极大刺激。伊藤接受了海军的扩张计划，追加建造10万吨规模的军舰，议会支持伊藤顺利通过了年度预算。

明治天皇率先从宫内经费中下赐"御内帑金"，全国有志者在天皇恩惠感召下纷纷响应追随，支援国家海防建设，总计捐献海防金230万日元，称为献纳金。1887年（明治二十年）至1892年（明治二十五年），全国各要塞装备的海防火炮总数达212门，几乎全部是由大阪炮兵工厂用献纳金制造的大炮（除两门大炮从外国购入外），大炮尾部刻"献纳"标志以示敬意，并授予献金者"黄绶褒奖章"予以表彰。甲午战争期间，日本收到献金和寄赠物总额2 209 770元70钱5厘，献纳人数2 164 686人，寄赠物品估价708 634元33钱6厘，寄赠人数949 128人。另有外国人34人捐赠了879元62钱5厘。

明治政府勒紧裤带创立的海上运输业，在战争中派上了用场。在海运方面，参谋本部和陆军省征用民间船只运兵，从日本邮船会社征得汽船12艘、大阪商船会社汽船2艘，其中军需物资及通信物资用船4艘，计24 487吨（日本拥有日籍汽船378艘，计191 491吨；外国造汽船64艘，计109 817吨。日产内航船106艘，计52 817吨；近海航船208艘，计28 786吨）。舰队航线北到海参崴，南到夏威夷、南洋诸岛，西到朝鲜、中国的上海和香港、印度的孟买等地。由于船只征用难以适应作战需要，陆军大臣决定增购1500～3000吨位的汽船10艘，计18 099吨。1894年7月12日至次年9月17日，汽船陆续交货，全部贷给日本邮船会社，投入军需运输；8月下旬，日军赴朝兵力输送量激增，陆军征用船只数达到40艘，计73 726吨，海军拥有的6艘汽船全部配予巡洋舰补给使用；10月，海军另外追购6艘汽船，计29 036吨，其中5艘归属海军，1艘归属陆军，全部贷给民间会社运行。

随着战争扩大，民间航运公司纷纷求购汽船，业界出现竞争局面。在日军第二军花园口登陆作战（10月）过程中，民间被征用船63艘，计113 372吨；1895年7月，海外部队回撤及进行台湾作战，增加民间征用船38艘，使民间船只征用达到101艘，计195 197吨（后期统计，军内外征用汽船总数：陆军112艘，计212 636吨；海军24艘，计45 750吨；另外征用帆船7艘，计4619吨），专门用于向国内运送缴获的兵器、弹药等战利品。

1875—1894 年，清政府军费总支出 4600 万两，国家军用工业企业总投资 4281.6 万两（其中 83.7% 来源于海关关税，中央和地方拨款仅约 10.2%）。日本 1888 年之后的 8 年，含战争债券在内国家军费约白银 4.63 亿两（相当于 5.55 亿日元），是清政府 1875—1894 年军备支出的约 10 倍。

图 6-5　日本财政支出中的军费

数据来源：孙毓棠编：《中国近代工业史资料》，1957 年版第 1 辑，第 247 页。

坊间总喜欢拿慈禧太后动用 200 万两白银的北洋水师军费修建颐和园说事，其实这 200 万两白银来源于清政府向德意志银行的贷款，并非北洋水师专用款。而且 200 万两白银对北洋水师来说，或许更新舱门密封胶圈可以，但北洋水师军备绝非 200 万两白银就能改善的，甲午战争的战局也绝非 200 万两白银就可以扭转。

那么，日本军费是如何筹备起来的呢？

政府先吃螃蟹

截至 1931 年，日本国内投资总额 680.9 亿日元，其中政府投资 194.3 亿日元，占投资总额约 28.5%；同期，政府军事相关投资约 268.9 亿日元，占投资总额约 39.5%。也就是说，军备投资总额超过了政府投资总额，可以说日本政府投资全部都投向了军事。日本总投资和同期军事投资年均增长情况及趋势，见图 6-6。

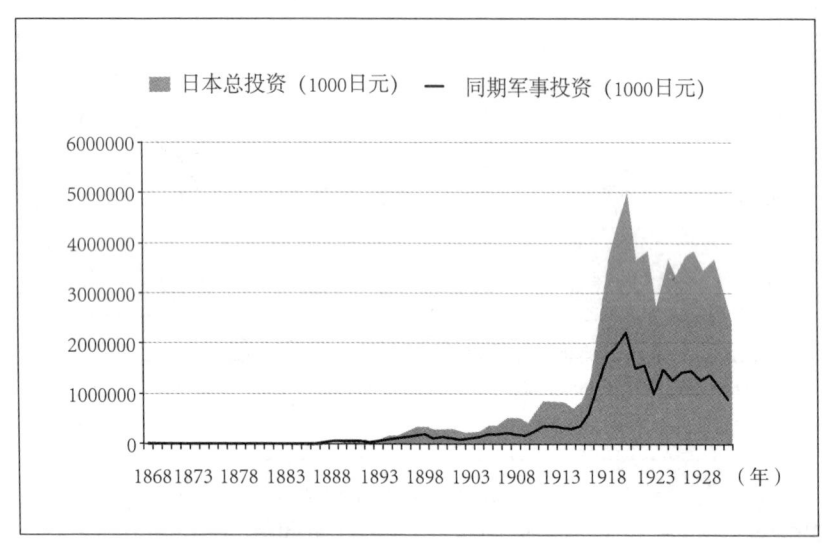

图 6-6　日本 1931 年以前的投资情况
数据来源：日本银行统计局编：《明治以后本邦主要经济统计》，並木书房 1999 年版。

日本在开港和工业化初期，民间资本不可能参与投资军事工业和基础设施项目，除了资本规模有限外，这些项目没有国家的支持也不可能成功。于是，明治政府 1870 年成立工部省率先投资，设立官营铁路、造船、冶金、矿山、电信、灯塔等基础设施建设，特别在缫丝、纺织等行业的模范工厂,对民营资本起到了不可替代的示范作用。15 年后,因财政吃紧,这些企业被廉价转让(官営事業払下げ),出售给政府关系密切的民营企业。

在近代工业化投资初期,不论中国还是日本,开始都是以国家投资为主导的。区别在于,日本早早地就将经营状态半死不活的官营企业转给了民营企业经营。而清末那些敢于先吃螃蟹的民间资本大多要求"官督商办",因为在官本位的晚清,企业离不开官府的保护,否则就会步履维艰,甚至遭受灭顶之灾。

中日两国在军备和工业化发展方面的一进一退,使得甲午战争之前两国军事实力差距迅速拉大。

工业投资:人均 11 倍的巨大差距

1500 年(明弘治十三年),中国人均实际 GDP 水平 600 元(1990 年国际元),仅比英国的 762 元低 21%,而 200 年后的 1700 年中国还是 600 元,就比英国的 1405 元低了一半以上,但还是高于美国的 527 元。到了工业革命开始后的 1820 年,英国的 2121 元已经是中国的 3.5 倍多。

但至少在 1840 年以前,中国以人均 GDP 为标志的发展水平还是高于日本的,总体国力应是日本的 10 倍。

变化发生在明治维新以后。日本 1868—1894 年的国内投资总额为 9.72 亿日元,其中政府投资 4.32 亿日元,占 44.4%。政府主导型投资模式特征明显。特别是明治维新初期的 1868—1873 年,几乎所有国内投资都是政府投资,1878 年以后政府投资比重虽不断下降,但最低也没有低于约 30%(见图 6-7)。明治维新以后,日本政府相关军事投资占投资总额的比重为 27.4%。1883 年以后的扩军八年计划期间,日本国家岁出军事预算占比最高曾达 34.2%(甲午战争爆发的 1894 年占 50%)。

日本早期工业化投资的资金来源:(1)政府通过征收 30%~33% 的高税率集中而来的大量财富;(2)在开港对外贸易中获得巨大利益的商人阶层对实体经济的投资;(3)民间资金通过银行等金融机构得到充分周转(特别是地主阶层的财富,如冈山县大原家族的资本运作);(4)政府通过劝业银行、农工银行等实施产业扶持政策性投资倾斜;(5)股市等证券市成长为重要的投资渠道(如 1894 年的津岛纺纱厂、1896 年的尾张缫丝厂等)。

其中,值得一提的是,日本银行业的利润率从 1878 年的 6.7%,持续上升到工业革命完成时期的 1904 年的 16.6%,1902 年达到最高,为 19.1%。这说明了同期实体经济的超高利润率以及银行效率的提高。

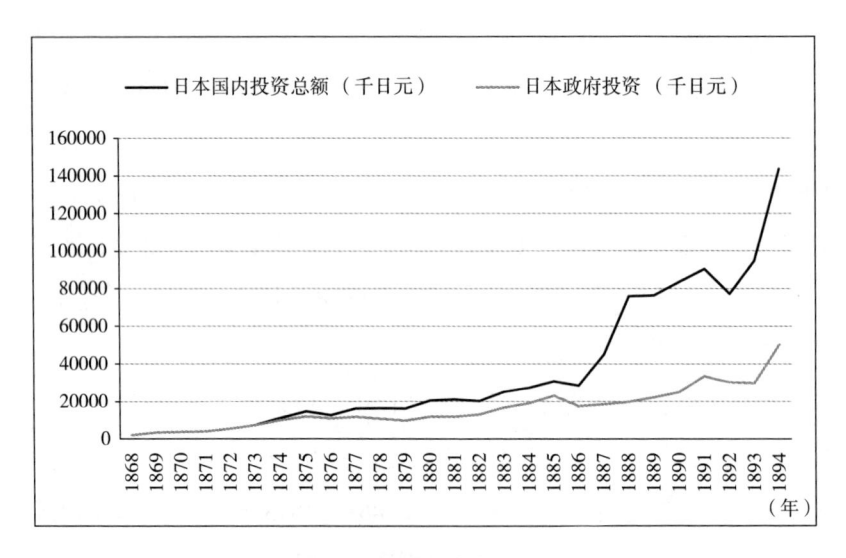

图 6-7 日本甲午战争前投资情况

数据来源:日本银行统计局编:《明治以后本邦主要经济统计》,並木书房 1999 年版;日本统计协会编:《日本长期统计总览》,1988 年版。

不难看出，从 1886 年后到甲午战前，日本工业化投资呈几何级数增长。

1840—1894 年，中国工业化总投资概况如下：外商工业投资约 2233 万美元（2791.4 万两）；官商军事工业投资 3425 万美元，官督商办企业投资 723 万美元（含对外借款）；民间投资 1389 万美元。中国国内固定资本投资总计约为 7770 万美元①。

仅明治维新的 1868 年至甲午战前 1894 年，日本工业化投资总量 8.6 亿美元（相当于 6.31 亿日元），是清政府 1840—1894 年的 7770 万美元的 11 倍多。也就是说，同期日本的人均工业化投资是中国的约 110 倍。

甲午战争前中日两国投资总量的天壤之别，决定了两国经济实力的巨大差距。所以，日本在军事相关领域的保有量几乎都是中国的 10 倍，如决定战争期间后勤运送能力的铁路运输业。1881 年 11 月，中国全长 9.7 公里的唐胥铁路竣工，通车运行；1887 年延长 35 公里至芦台；1888 年再延长 130 公里，展筑至天津，更名津唐铁路；1894 年天津至山海关全长 127 公里的津榆铁路通车，等等，听起来挺热闹。但是，1881—1894 年，清政府修建铁路仅 300 多公里，只是日本同期的约 1/10（图 6-8）。

甲午战争之前，日本国内铁道线全长已达 3200 公里，铁道网延伸到全国各主要城市。本岛的日本铁道、东海铁道、山阳铁道线贯通东北青森至广岛的大半个日本，国铁、私铁的支线已经与各道、县连接；共有车头 417 台、客车 1550 辆、货车皮 5583 辆。1894 年 6 月—1896 年 3 月，铁路共发送出征人员 24 万人、马 3.6 万匹；送回归国人员 15.1 万人、马 2.1 万匹。

---

① 汇率（清末银元/美元）1894 年为 1.25∶1 美元；1914 年为 1.65∶1 美元。

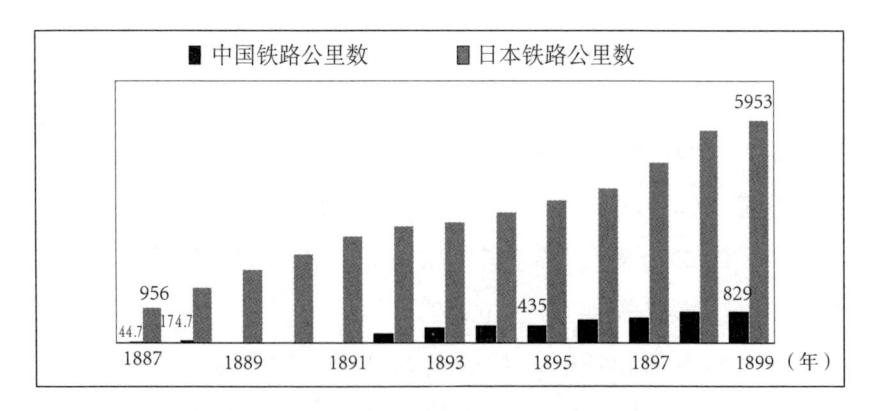

图 6-8 中日铁路公里数比较

数据来源:[英] B. R. 米切尔编著:《亚洲·非洲·大洋洲历史统计:1750—1993》(アジア・アフリカ・大洋洲历史统计:1750—1993),北村甫译,东洋书林 2002 年版。

甲午战争后的 1899 年,清政府修建铁路 829 公里,仅相当于日本 5953 公里的 13.9%,比日本 1887 年的 956 公里还要少。若从铁路公里数/国土单位面积角度来比较,差距更为巨大。

日本的制造业产值,从 1874 年的 1.59 亿日元,增加到 1894 年的 6.58 亿日元,增长约 3.14 倍。其中,纤维行业从 1874 年的 0.41 亿日元,增加到 1894 年的 2.88 亿日元,增长约 6.02 倍;钢铁行业从 1874 年的 0.018 亿日元,增加到 1894 年的 0.035 亿日元,增长近 1 倍;机械行业从 1874 年的 0.034 亿日元,增加到 1894 年的 0.14 亿日元,增长约 3.12 倍(图 6-9)。

1890 年日本纺织业的纱锭数为 27.8 万锭,约是中国 4.4 万锭的 6.3 倍;甲午战前的 1894 年,日本为 53.0 万锭,约是中国 6.5 万锭的 8.1 倍。1901 年之后,中日两国纺织业纱锭数的有关情况如图 6-10 所示。

总之,甲午战前日本工业化总投资约为中国 11 倍,这就注定了当时中国的宿命。

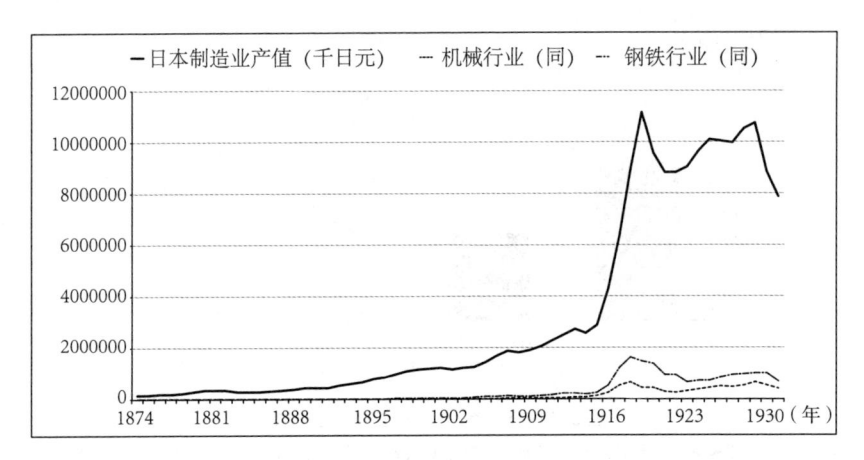

图 6-9　日本制造业的发展

资料来源：日本银行统计局编：《明治以后本邦主要经济统计》，並木书房 1999 年版。

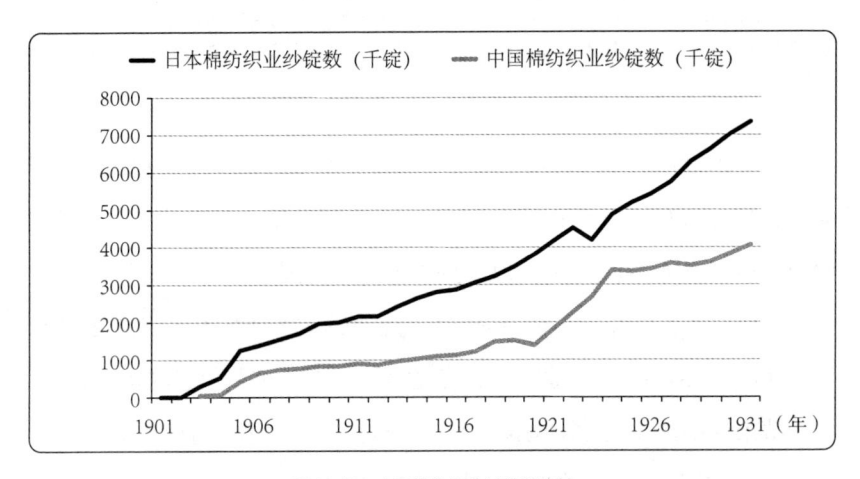

图 6-10　中日棉纺织业纱锭数比较

数据来源：日本银行统计局编：《明治以后本邦主要经济统计》，並木书房 1999 年版。

英国、美国、日本、中国四国早期工业化投资的总量比较见图 6-11。

从英、美、中、日四国早期工业化的投资规模比较不难看出，虽然日本的 32.2 亿美元，与美国的 85.7 亿美元和英国的 60.0 亿美元还有相当差距，却远远超过了中国的 4.4 亿美元。

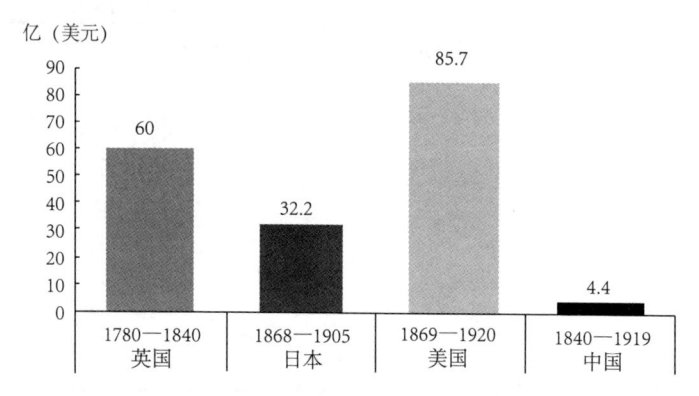

图6-11 英、美、日、中工业化投资比较

数据来源：日本统计协会编：《日本长期统计总览》，1988年版；日本银行统计局编：《明治以后本邦主要经济统计》，並木书房1999年版；[英]B. R. 米切尔编：《英国历史统计》（イギリス历史统计），中村寿男译，原书房1995年版；孙毓棠、汪敬虞编：《中国近代工业史资料》第2辑，科学出版社1957年版；许涤新等主编：《中国资本主义发展史》第二卷《旧民主主义革命时期的中国资本主义》，人民出版社1996年版，第135页；[美]雷麦：《外国在华投资论》，商务印书馆1927年版；周志初：《晚清财政经济研究》，齐鲁书社2002年版；王胄泉、吴征远等：《外商史》，中国财政经济出版社1996年版。

工业化投资除了在军事工业等方面为扩军备战提供物质基础外，更重要的是为政府军费支出提供税收和财力资源。清末早期的工业化投资情况如表6-1所示。"巧妇难为无米之炊"，曾国藩、左宗棠、李鸿章、张之洞等洋务派大臣，即便有三头六臂，也无法绘制中国近代化的"富春山居图"。所以说，中国甲午战争的惨败早在战前就已经注定了。

清末的中国"实业救国论"风行一时。甲午战争后陈炽呼吁：今后中国的存亡兴废，"皆以劝工一言为旋转乾坤之枢纽"（《续富国策·劝工强国说》）。到20世纪初，张謇认为："救国为目前之急……譬之树然，教育犹花，海陆军犹果也，而其根本则在实业。"（《张季子九录·政闻录·对于储金救国之感言》）。遗憾的是这些仁人志士"实业救国"的大声疾呼和卓绝实践是在甲午惨败之后才有的醒悟。甲午战前，不论中国的知识精英、士绅，还是商人，眼中只有"天"和"地"——

权力和土地，对实业和工业化几乎不屑一顾。

表6-1 清末早期工业化投资估算

年份	汇率（两/美元）	外商投资 万美元	官商投资 万美元	民间投资 万美元	备注
1840—1894	1.25	2220	3425	1389	[官商军工]
			723		[官督商办]
1895—1918	1.60	14 473	2595	7587	

注：1894年以前的外商工业投资，据孙毓棠先生估算约2791.4万两（约2233.1万美元）；1895—1913年的外商非企业房地产投资为27 000万美元。
数据来源：旧中国的资本主义生产关系编写组：《旧中国的资本主义生产关系》，人民出版社1977年版；[美]雷麦：《外国在华投资论》，商务印书馆1927年版；周志初：《晚清财政经济研究》，齐鲁书社2002年版；吴承明：《帝国主义在旧中国的投资》，人民出版社1955年版。

所以说，决定历史进程的往往不仅是"质"（如爆发某次革命），还有"量"（如资本积累的规模）。

"制度"并不万能

在近代中国衰败原因的争辩中，"制度派"和"技术派"是两个主要派别。

"技术派"主要强调清末1840年以后的发展历程中，不尽如人意的原因，主要是技术层面存在差距：如中国铁矿石和煤炭不如欧洲或澳洲的含量高，海军士兵不习水性、不善远洋航行，中国军舰的装备年久失修，甲午海战发射的穿甲弹没有开花爆炸，甲午战前大清情报错误或泄密等。还有一些细节如丰岛海战李鸿章误判日本对清作战的决心；成欢之战时，败将叶志超向朝廷呈报虚假战报，骗取赏银2万两；黄海海战中，北洋水师最初谎报"击沉包括吉野号在内的数艘日舰，日本联合舰队已经失去海外作战能力";在开战前清朝驻日公使馆与本国总理衙门间收发的全部密电被日本电信课截获破译;张謇2000纱锭(张之洞引进)的纺纱厂没有规模效益;等等。

"制度派"则强调鸦片战争以来中国制度变革的不彻底性,政治上没有引进或实行君主立宪制或共和制。还有,清末的最高统治者昏庸无能,慈禧太后动用军费修园子,光绪皇帝轻信康梁和袁世凯夭折了戊戌变法,等等。

不论经济制度还是政治制度,都不过是一个由规则架构的系统,就像一个计算机软件,既可以用来制造投向广岛长崎的"大男孩"(原子弹),也可以建造福岛核电站;同样的计算机文字系统,既可以输入"地心说",也可以写出"日心说"。

先进的社会制度对生产力发展的促进,无疑优于落后的制度,特别是当社会制度落后于生产力时,社会制度的变革显得愈加重要。问题在于,社会制度的变革在任何时候都不是唯一重要的。最终还是生产力决定社会体制,而不是相反。

日本明治维新创立的所谓"新的"政治制度,也并非从一个典型封建制度,转为现代欧美的君主立宪制度;相反,日本是由类似欧洲中世纪的封建制度(大名体制)转向了中央集权制度,成了一个比清政府集权强度还高的中央强权国家。

伊藤博文就明确提出:必须建立绝对主义的中央集权体制,"一切政令法度皆出自朝廷",废除各藩、清除"小权"、改革藩政、奉还版籍(各藩将土地对民众的管理权还给朝廷)、废藩置县。那么,明治维新取得的成就,到底是现代民主制度的硕果,还是中央强权制度的胜利呢?

对先进的市场经济国家,排除专制和王权对自由市场的干预是推动资本主义或工业化的有效举措,如欧洲的英国和法国;而对于后发资本主义国家而言，要在短时间内以超常的增长速度赶超先进市场国家，却可能恰恰需要依靠国家和中央集权的力量，集中国家财力，推动国家的早期积累和投资，加速工业化的进程，如1860年以后的日本。

英国1642年的《垄断法》，不仅限制了王室，也对几乎所有可能出现的垄断进行了限制，甚至包含了鼓励创新的专利制度，这是一部将在此后极大影响市场经济进程的法律。这样的法律在清政府统治下的中央集权大国看来，是不可思议的。动摇和限制皇帝的权力，不仅意味着地方和个人权力的扩大，更要命的后果是可能会出现中央集权国家的解体。

对于中央集权的大国而言，保证权力地位稳固是首位的，任何其他需求——包括财富，都会让位于中央集权大国皇权稳定这一最高诉求。对于中央集权大国而言，不仅是"官本位"，而且是"皇权本位"（或中央集权本位）。有了皇权本位才有这个国家的存在和稳定。没有这个前提，集权大国会四分五裂，得到的财富也会烟消云散。做官且不被淘汰出局，才是保障财富安全的保险柜。

马戛尔尼使团在200多年前就感悟到："中国人没有宗教，如果说有的话，那就是做官"，"中国所有的有关财产的法律，确实都不足以给人们那种安全感和稳定感……对权势的忧惧也许使他们对那些小康视而不见，但是那些大富却实难逃脱他人的巧取豪夺……执法官员有权凌驾于法律之上，使得对善与恶的评判在很大程度上取决于执法官员的个人道德品质"。

总之，制度的重要性不会取代一切，或者说制度的重要程度是有限的。如何证明这种判断呢？

丈量"制度"

为了评价"制度"对近代中国经济发展的影响程度，可以尝试对制度要素进行度量评估。首先可以对日本与中国的政治制度和经济制度进行比较，然后对两国的差异做出定量评估，再将差异程度作为系数，估算这些差异对投资和经济增长的影响程度，进行模拟推算，最后得出结论。

从这样的推算结果也许可以看出：一旦去除制度差异，主体的投资和收入增长会有多大变化。

首先将"制度"分为"政治制度"和"经济制度"。

一、政治制度比较权重

总分100中的各项权重为：地方官吏任免权（8），地方自主权（10），军队控制权（10），中央政府财力（15），社会自由度（5），税收制度（15），政府投资（15），法律（12），移动速度（人财物、指令）（5），舆论和监督（公平）（5）。

对晚清政府与明治政府统治时期两国的制度和国情的比较结果见表6-2，通过对表中数据进行比较可以看出：中国晚清时期的政治制度权重系数为36，约为日本明治时期的一半。就是说，日本的政治制度比晚清的政治制度更有利于资本积累和工业化的完成，中日之间在政治制度方面的差距（＜日本－中国＞/日本）约为53%。

表 6-2　中日政治制度权重评估

序号	分项	权重（%）	晚清中国（评估）	明治日本（评估）
1	地方官吏任免权	8	7	6
2	地方自主权	10	5	8
3	军队控制权	10	6	10
4	中央政府财力	15	5	12
5	社会自由度	5	2	3
6	税收制度	15	2	12
7	政府投资	15	5	12
8	法律	12	3	9
9	移动速度（人财物、指令）	5	1	3
10	舆论和监督（公平）	5	0	1
合计		100	36	76

注：1. 有利于经济发展时数字较大。2. 以上比较结果征求了原天津社会科学院日本研究所所长吕万和、盛继勤、马黎明等专家的意见。

二、经济制度比较权重

如表6-3，总分100中的各项权重为：社会商品化率（15），契约率（8），垄断性（15），劳动力自由度（12），政府干预度（8），资产资本率（5），法律（12），金融体系（10），税收（税率、地租等）（10），工会（5）。

从经济制度的比较结果看，晚清中国在社会商品化程度、劳动力自由化程度、法律制度等方面，总体与明治日本相差至少58%。

那么，如果去除这些差异，或者说假定中国当时在政治制度和经济制度上与日本完全相同，中国的投资和增长会出现怎样的结果呢？

以上数据计算的结果表明，中日两国由于政治制度和经济制度的差异，只会使两国人均投资总额出现约5.6倍的差距。

表 6-3 中日经济制度权重评估

序号	分项	权重(%)	晚清中国(评估)	明治日本(评估)
1	社会商品化率	15	8	18
2	契约率	8	3	7
3	垄断性	15	5	10
4	劳动力自由度	12	8	10
5	政府干预度	8	2	6
6	资产资本率	5	1	3
7	法律	12	2	9
8	金融体系	10	1	5
9	税收(税率、地租等)	10	2	8
10	工会	5	0	1
合计		100	32	77

注：同表 6-2。

也就是说，即便晚清（1840—1895 年）的政治制度和经济制度与日本完全相同，中国的投资总额也只能达到 6.2 亿美元的水平，虽然大大高于中国当时实际投资总额的 1.1 亿美元，但仍然与日本 32.2 亿美元的规模相差 5.2 倍。

由于制度差异，清末相对于日本的投资规模被拉开了 5.6 倍，工业投资大约少了 5.1 亿美元。

所以，上述比较方式不足以解释中日在经济崛起和甲午战争中产生巨大差异的全部因素。或者说，在制度要素以外，中国还存在其他要素缺陷（如国内战争、自然灾害、对外赔款等），才导致投资水平的总体低下。

制度异常重要，但制度不能解决所有问题。辛亥革命后，中国政治制度进行了变革，但是 1911—1931 年中国与日本的经济发展水平的差距仍在继续拉大,也许可以作为一个旁证。

躲不开的中央强权

中央集权的强与弱是研究中国近代问题被忽略的关键一点。与其说日本的君主立宪是明治维新的制度保障,不如说君主立宪制度下的中央强权,才是日本通往成功的制度优势。

脱离这个核心,围绕其他枝节的探讨虽然不乏意义,但总会有盲人摸象、隔靴搔痒的感觉。

所谓不同制度的"中央集权"与"君主立宪"的区别,甚至小于中央集权"强"与"弱"的区别。

中国和日本都是被迫开放的,但中国统治者所表现的被动、无动于衷,并非他们不愿得到更多的财富,也不是中国的商人和实业家缺乏足够的智商和机敏,而是中国晚清的最高统治者对于最高权力稳固的关注,清末社会整体对依附权势的渴望,远远大于对财富的渴望。

于是,与维系"大一统"和集权的长期掌控相比,财富永远都是第二位的。据说,和珅劝说乾隆皇帝与英国贸易可获大利后,乾隆当即表示:这与天朝体制不合,不必多此一举。机器一动,民心不古。这与大清"重农抑商"的国策是一致的。

中国辛亥革命后出现几十年的军阀混战局面,也是因为必须解决"一统"的问题——确立稳定的中央集权。

一个国家的实际政治体制,在特定历史阶段是无法选择的。民主制度比中央集权的政治制度,无疑更为进步,但对于后发国家而言,由于政府必须顾及选民和多数民众的短期经济利益,民主市场国家往往会逊色于集权市场国家，最终很可能落入所谓"民主的陷阱"：多数弱者为了增加自身的额外收益而挟持民主制度，让国家财政赤字消费不断膨胀，到头来侵蚀对实体的投资，最终伤及收入增长和就业，反过来会危害所有人的长远利益。

后发国家经济崛起的"三驾马车"

日本明治维新的进程证明，后发大国崛起需要"三驾马车"——中央强权、市场经济、重投资主义。

这三者鼎足而立，相互关联，缺一不可。片面强调其中任何一种要素的决定作用，都可能误入歧途，看不清后发国家经济崛起脉络的全貌。

中央集权程度的强与弱决定着一个国家的命运。晚清末年，中国已经从中央强权衰败为一个中央弱权的人口大国，因此也就不能像日本那样最大限度、最高效率地集中和整合以及利用国家资源，完成工业化，实现加速增长。

"没有风暴，船帆只不过是一块破布。"（雨果）单纯强调"新权威主义"，或过度迷信市场机制，忽略坚持不懈的高度积累，后进大国的经济起飞势必难以完成。

中央强权对后进国家而言，虽然是早期国家工业化和经济后来居上的重要保障，却又很容易导致独裁和专制。于是，人们在对独裁和专制义愤填膺的同时，自然会对中央强权满怀憎恶，反而可能忽略了中央强权对后进国家在起飞阶段无可替代的作用。

独裁和专制是一种以暴力为基础的社会制度，对于一个处于特定生产力水平——人均 GDP 水平的特定阶段——的国家而言，它并不以某个领袖的意志不同而改变。同理，一旦国家进入一定的经济发展水平，独裁和专制退出历史舞台成为大势所趋时，也没有哪位伟人能够阻挡。

1868年以后的半个世纪中，决定中日两国之间国力差距的根本因素，是两个不同国情的国家的工业化总投资规模的巨大差异。在投资规模的背后，是中国作为人口超级大国基因所决定的臃肿的官僚体系，以及"制度劣势"。

至此，我们也许可以说大致弄清了120多年前中日之间差距不断拉大的逻辑脉络：制度差异并非工业投资总体规模不足的唯一要素，人口超级大国有着无法卸载的负担。

清政府中央权力的弱化引发了连锁反应：国家税收的总体规模和政府财力决定了工业化投资规模，进而决定了经济发展水平和工业基础，于是富国强兵和扩军备战就成了清政府的一厢情愿。

凭借甲午战争的胜利，日本如一轮冉冉升起的朝阳，出现在世界的东方；大清帝国则千疮百孔、百病缠身，像一轮浩大的如血残阳，加速沉入暮年。由此，东亚乃至整个世界的力量格局得以重塑。

中国清末开始的百年积弱，并非任何偶然因素所致。从历史的犄角旮旯里，搜拣出一些偶然事件的碎片，试图从中找到掩盖耻辱的"遮羞布"的做法，不过是一时的自欺欺人之举，对于中国人认识自我、以史为鉴、把握民族今后的命运裨益甚少，没有也罢。

对近代中国百年积弱背后的必然逻辑的解读，脱离"人口超级大国基因"和"开港应激突变"，别无他解。正是中国血脉中的人口超级大国基因，注定了这个曾经拥有灿烂文明的庞大帝国，在人类工业革命天翻地覆的变局中，犹如身躯庞大而笨拙的草食恐龙，行动迟缓、无动于衷；而开港应激压强过弱，又让当时的中国人没能激发出如同日本人一样的超常能量。

不难判断，100多年前近代日本的勃然日出和中国的悄然日落，已经在所难免。百川归海，不负东流。中国在甲午战争中的失败，早已经被中日两国的基本国情命中注定了。

下篇

"中国奇迹"的背后

第七章

中国经济腾飞的 40 余年

下篇　"中国奇迹"的背后

笔者在下篇中通过对中日两国的不同情况进行剖析，希望能够找到背后的原因和逻辑。

1868 年明治维新后，日本发生了突变崛起，把大清帝国抛在了后面 50 年。甲午战争后近 100 年，中国连续 40 余年经济高速增长创造了"中国奇迹"，让世界为之侧目。然而，就在中国成长为世界第二经济大国的同时，日本经济却在长达 20 多年的时间里深陷低迷，好似进入了冬眠期。

那么，1990 年以后，日本为什么没能保持一贯的优势？中国为什么可以后来居上呢？两国国力和经济增长的消长怎么会出现如此巨大的反差呢？不能破解这个"谜"，也许我们还是不能全面理解近代以来国家突变崛起的深层逻辑。

对于中国经济的长期增长，有无数的研究文章和各派观点，其中被提到最多的莫过于改革开放。诚然，中国经济自 1979 年改革开放伊始，进入了长达 40 多年的高速发展阶段，大致经历了四个阶段。1979 年到 1989 年，是扬帆起航、排除障碍、摸索探求的十年；1990 年到 1999 年，是完成原始积累、完善机制，为高速经济增长奠定基础的十年。

中国经济真正的腾飞和高速增长时期，是 1997 年香港回归后，特别是 2002 年加入世界贸易组织以后的十年。蜂拥而至的大量国外投资，雪片一样飞来的国外订单，数百万涌入沿海地区的农民工的熟练技能和低廉成本，国内基础建设的配套支撑，等等，这些成就了整个中国40多年经济高速增长的基础。

2012年以后的十年则是继往开来、前赴后继的十年。

本篇试图分析清楚影响中国迅速崛起、超越日本的直接动力，因此主要着墨于改革开放以后奠定经济发展基础的前20年，期望从中国社会和国民经济发展的背后，找到那些决定中华民族复兴的深层逻辑。

路转峰回，沧海桑田

1972年9月，日本刚刚上台两个月的田中角荣首相，毅然顶着自民党内甚至让他剖腹谢罪的压力，前往北京与中国建交。临行前一天，这位庶民铁腕首相，整整打了七小时的功夫球以缓解精神压力。

1979年12月5日，不论是否是作为中国放弃战争赔款的补偿，大平正芳首相携3309亿日元低息贷款和援助项目访华。当时日本的GDP总量2.27万亿美元，是中国1.76万亿美元的近1.29倍；人均GDP约2.1万美元，是中国207美元的100多倍。日本刚刚以年均GDP近10%的增速，创造了战后高速经济增长的东亚奇迹，绝对没把GDP增速只有1%～2%、还需要日本援助的中国放在眼里。

然而，令世界感到震惊的是，中国GDP总量在2021年达到了17.7万亿美元，仅次于美国的22.9万亿美元。

国家经济发展的核心是收入的增长。社会福利、医疗保险、脱困扶贫、卫生教育，乃至文明进化等所有成就都需要以财富为基础。对于一个国家的发展来说，只有GDP显然是不行的，但没有GDP是万万不行的。

"中国奇迹"创造的价值：2013年中国的GDP总量9.18万亿美元，是1979年的52倍。相当于34年之中每年多增出1.5个1979年的GDP。此间，中国年均GDP增长率高达12.6%，为人类近代收入增长史上绝无仅有。2021年的GDP总量17.7万亿美元，更是比1979年增长了约10倍。2021年中国的人均GDP为12 551美元，是1979年207美元的60倍强。也就是说，在这40余年中，中国人的人均收入比国家整体收入的增长速度快了6倍。中日之间100多年来的差距被迅速抹平。

这样高速的长期经济增长，古今中外绝无仅有。短短40多年，中国的资本积累和经济增长怎么会如此之快？

悲凉的起点：崛起前的中国

所有经历过那个时代的人，今天回眸1979年的中国都会觉得宛如隔世。"文革"十年国民经济千疮百孔，加上1977年原计划10年引进的82亿美元项目2年就完成了，导致巨额财政赤字和外汇严重紧缺，轻重工业比例严重失调，国民经济走到了崩溃的边缘。无数催人泪下的往事令人不胜唏嘘。在几乎所有商品都要凭"票"购买的时代，拥有票证成了城里人的一种特权。任何一种票证如"肉票""油票""麻酱票""布票""棉花票""茶叶票"，甚至还有"粪票"，最后都成为一种变相货币，可以交换和调剂（如图7-1）。但商店的柜台却永远是空空如也，"凤尾鱼罐头"和"午餐肉罐头"曾经是商店货柜上最高档的食品。

那时，去友谊商店能买到国内市场上没有的东西，但需要使用外汇券，友谊商店门口有警卫严格盘查护照；街上的所有机动车辆，不管摩托车还是汽车都不会是私人的;"上海表""海鸥表""凤凰牌自行车""飞鸽牌自行车""蝴蝶牌缝纫机"都是普通百姓眼中的"高档货"。城市中几乎所有的住房都是国家分配的,结婚时的家具很少有买的,大多都是自己或找人来做,甚至有的人结婚时做好的家具还没涂完漆。

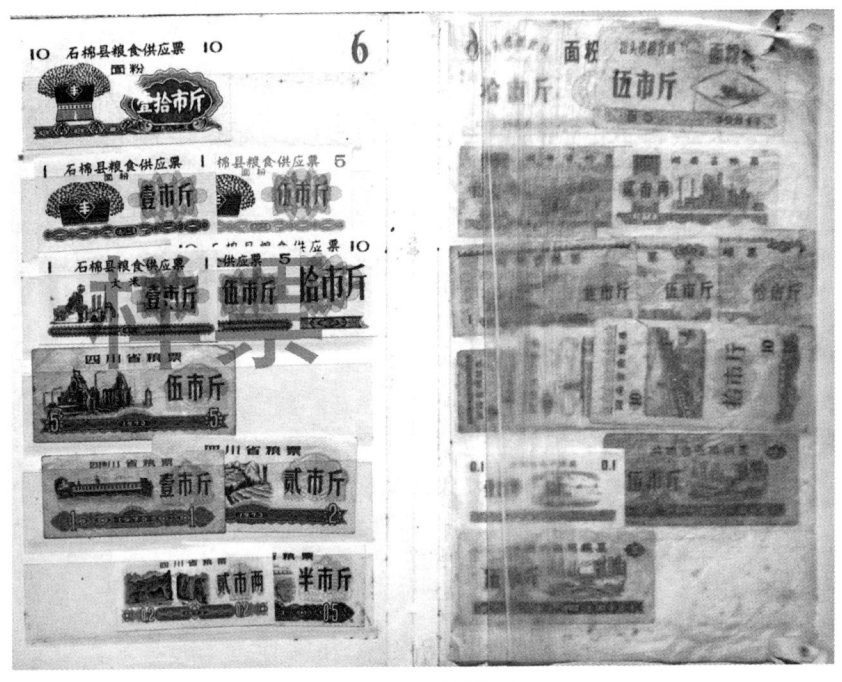

图 7-1　旧粮票

图片来源:视觉中国。

农村的孩子很多都没有鞋穿,学校没有电灯,老师的粉笔也不够用。山西雁北山区的一户贫困农户全家四口人,只有一条裤子,谁出去谁穿;当地农民没钱买宣纸糊窑洞的窗户,好一点的家里用报纸糊窗,不好的甚至连报纸都没有,冬天寒风吹进来全家只能抱在一起取暖。简陋的陕北窑洞民居,见图 7-2。

图 7-2 陕北窑洞民居

图片来源：视觉中国。

大逃港：中国改革开放背后的应激压强

1980年"改革四君子"再次警示中国经济已经到了危机边缘。虽然1979年中国内地人均粮食产量的340.5公斤比1950年的人均239.4公斤多了约42%，但是相对于发达国家和地区来说，改革开放前中国经济呼唤改革的背后，即便不是绝对贫困，也是相对极端贫困。

"大跃进"后的1960年，香港地区人均GDP 429美元，为内地同年人均GDP 89美元的4.8倍多。台湾地区的164美元仅比大陆高约84%。但是，到了"文革"后期的1969年，内地人均GDP 99美元，变化不大，而香港地区则上升到826美元，达到内地的8.4倍；台湾地区353美元，为大陆的3.5倍（如图7-3）。

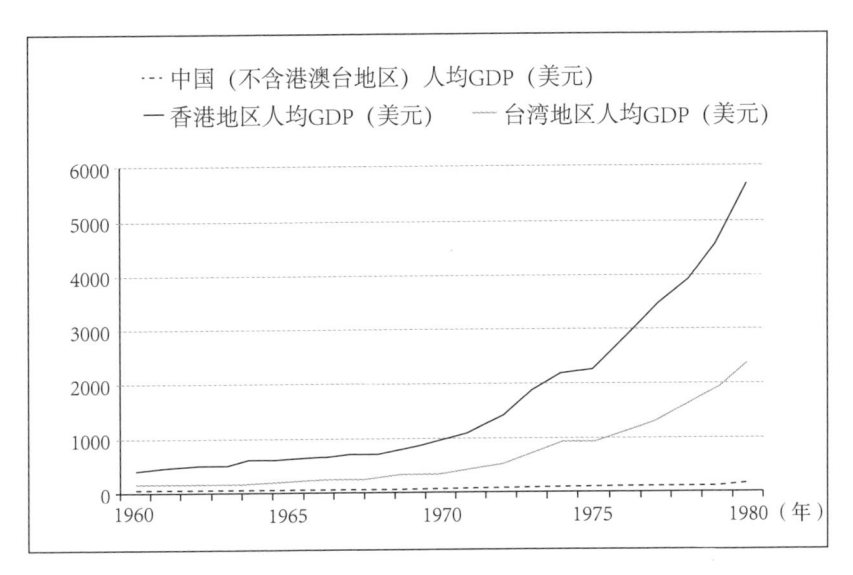

图 7-3 收入差距不断扩大

资料来源:《中国统计年鉴》、世界银行、台湾银行等统计数据。

1970 年以后，收入差距继续迅速拉大。十一届三中全会召开的 1978 年（大陆人均 GDP 155 美元），台湾人均 GDP 已经达到 1944 美元，为大陆的约 12.5 倍；香港高达 4569 美元，为内地的近 30 倍。当时，香港居民与广东农民的收入差距甚至达到约 100 倍。

巨大的收入差距，在内地形成了超强的应激压强，其结果就是南方各省的"大逃港"。

在那个年代，偷渡成了公开的秘密。逃港者来自广东、湖南、湖北、江西、广西等全国 12 个省（区）、62 个市（县）。由于大量人口外逃，深圳许多村庄"十室九空"。

对"逃港"原因最中肯的判断来自邓小平。在 1977 年 11 月听完广东偷渡问题的汇报后，他连吸了几口烟，平静地说："这是我们的政策有问题。逃港，主要是生活不好，差距太大。"当时，宝安县一个农民一天的平均收入大约 0.7 元，香港农民一天的收入平均为 70 元，差距近 100 倍。当地流传民谣："辛辛苦苦干一年，不如对面 8 分钱。"（指寄信到香港叫亲属汇款回来的钱。）

当时的物价水平极低：鸡蛋每斤 0.48 元、猪肉每斤 0.78 元、大米每斤 0.23 元、白面每斤 0.18 元、粗粮每斤 0.10 元，蔬菜每斤在 0.05 元至 0.20 元之间，各类水果每斤也不会超过 1 元，看电影 0.05 元至 0.10 元。香港亲友的些许接济，就够广东农民生活一段时间。

中国的社会生产力和收入水平如果继续停滞不前，很可能出现更大规模的"逃逸"。这种巨大的收入差距，把中国逼到了不得不"改革开放"的绝境。

苦涩的辉煌：中国式"重投资主义"

自 1733 年英国工业革命出现萌芽以来，中国人口几乎长期占世界 1/5 以上。中国作为人口超级大国在 100 多年前受尽屈辱，但是当加速积累进入轨道后，超大人口基数聚集起来的总体能量也非同小可。

那么，中国 40 多年 GDP 高速增长是怎么实现的呢？笔者认为，是中国净投资（总投资－折旧）增长的结果。中国在改革开放后确实发生了翻天覆地的变化，1980—2013 年中国 GDP 总量 65.78 万亿美元，固定资产净投资总额约 29.7 万亿美元，净积累率平均高达 45.2%，投资收益率最高达到 30.4%。也就是说，三四年时间就可以收回投资。这是国外资本纷纷涌入中国的动因之一，也是中国 GDP 总量超过日本的奥秘之根本。中国名义 GDP 和净投资增长情况如图 7-4 所示。

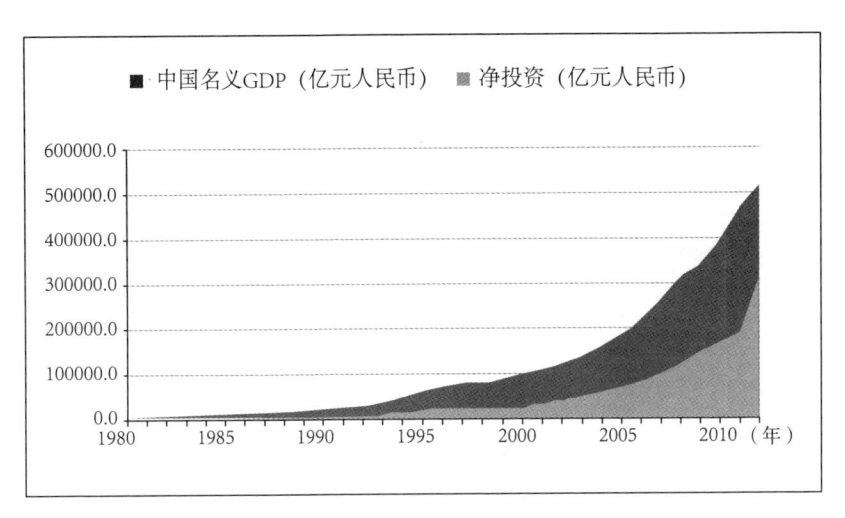

图 7-4　中国名义 GDP 和净投资增长

数据来源：中国国家统计局：《中国统计年鉴》。

日本在高速增长时期的 1960—1989 年的 29 年间，固定资产净投资总额也不过 3.8 万亿美元。其间日本总投资计 1486 万亿日元、折旧 662 万亿日元。就是说，中国的净投资总量几乎相当于每年投出一个日本战后高速增长。

此外，1960—1990 年日本的净投资总收益率约 47.1%（$\sum$GDP 增量 420.9 万亿日元/$\sum$ 净投资增量 894 亿日元）；高于中国的净投资总收益率的 30.4%（$\sum$GDP 增量 9.03 万亿美元/$\sum$ 净投资增量 29.7 万亿美元）。这标志着即便今后中国的总积累率不可能再提高，甚至会有所下降，只要中国的投资效率还能提高到日本战后高速增长时期的水平，中国的 GDP 仍然有近 50% 的增长空间。

所以说，冷暖寒暑，尽在投资多寡之中。

决定收入增长的三大要素是净投资率、平均利润率、工薪率。其中净投资率，即净投资增长率是决定性的，平均利润率和工薪率是支撑净投资的后盾。第二次世界大战之后60多年来，中国与日本此消彼长的发展历程就是最好的佐证。

那么，如此庞大的中国净投资是怎么汇集起来的呢？

中国始于1979年的"改革"和"开放"，开启了中国的三扇大门：第一是市场经济，第二是外国资本涌入中国，第三是国有资产股份化。在此基础上，中国40多年高速增长的积累逐渐形成。

牙缝中挤出来的财富

中国经济高速增长的背后有中国人40多年前勒紧裤带、节衣缩食、省吃俭用的奉献，应该说这条路上没有更多的捷径。

从2011年来看，对于恩格尔系数为40.4%的中国而言，平均高达45.2%的总积累率意味着什么呢？它意味着在基本饮食以外，包括住房、交通、娱乐、旅游、医疗等全部费用每人每月仅仅36美元（每年仅2846元人民币）。这在发达国家几乎是不可想象的，因为36美元还不够在日本东京每月坐地铁的交通费。

所以说，中国的高积累是老百姓从牙缝里挤出来的：发达国家普通人用3年就换的自行车，中国人骑15年也舍不得丢；上下班等出行都是靠自行车；改革开放初期城市新兴一个行业，农村人蹬着三轮车把城里人淘汰的家具和沙发倒卖到农村，著名导演张艺谋就在电影《有话好好说》中扮演了这样一位农民。值得一提的是，中国的农民工群体为高积累作出了不少的贡献（如图7–5）。

图 7-5　在建筑工地上的农民工

图片来源：视觉中国。

中国人民几十年的艰苦奋斗下来，钱是赚到了，省吃俭用也成了"毛病"。20 世纪 80 年代的那批企业家，没有一个会像"80 后""90 后"一样花钱不眨眼。

1978 年凤阳县小岗村 18 位衣衫破旧、面色蜡黄的农民在"大包干合同"上按下手印，照亮那纸合同书的是一盏昏暗的煤油灯（图 7-6）。就是从这一天开始，中国农村开始了暴风骤雨般的变革。

"万元户"是改革开放初期奇迹般的产物，而且万元户不是在城镇而是在中国农村最先出现。1980 年 4 月 18 日新华社通讯《雁滩的春天》中，甘肃兰州雁滩公社社员李德祥从队里分了 1 万元钱，社员们称呼他家为"万元户"。家庭联产承包责任制、包产到户唤醒了中国人压抑了几十年的脱贫致富激情,被长期压抑的生产积极性和投资"热钱"像火山一样爆发了出来。

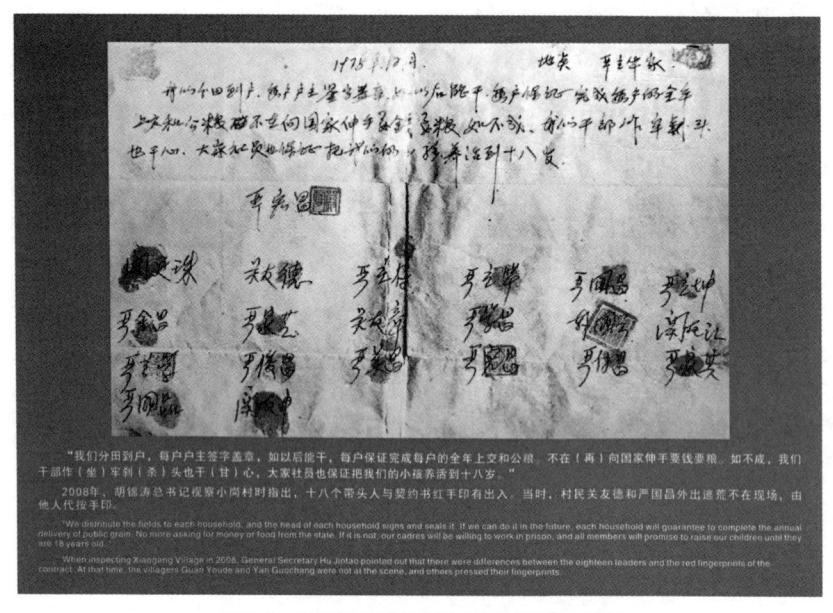

图 7-6　安徽省滁州市凤阳县小岗村大包干红手印

图片来源:视觉中国。

中国就像一块巨大的海绵,产出的粮食、蔬菜、鸡鸭、猪肉、芝麻香油、花生米、竹制衣架、松花蛋,都会被抢购一空。此后,"万元户村""万元户镇"如雨后春笋一般纷纷破土而出。1981 年的 1 万元人民币,差不多是一般城镇工薪阶层 16 年的工资收入(相当于平均月工资 50 元的近 200 倍),可以买 10 吨猪肉,或 55 吨稻米,或 10 台 14 英寸黑白电视。先富起来的农民让城里人开始蠢蠢欲动、如坐针毡。

在城镇,先脱贫致富的往往是那些在国营企业里不安分守己的边缘分子。他们因为被迫"下海"反而先富了起来。有的人一开始就在路边叫卖用报纸包装的"大果仁"（炒花生米）、傻子瓜子、茶鸡蛋、豆浆油条，其中有一位抱着一台海鸥相机在大连老虎滩给游人拍照的年轻人，一天可以挣到几十块钱（相当于普通工人一个月的工资），他就是中国光彩实业集团董事长姜维。

1992年，不得不"下海"的内蒙古自治区政策研究室原主任郭凡生，用借来的5万元人民币，创办了慧聪公司，2003年在海外上市，一夜之间创造了126个百万富翁。为了让更多人实践自己的成功理念，他的"股改班"学员企业已近10 000家。

1987年，杭州市上城区校办企业经销部成立，娃哈哈创始人宗庆后带领两名退休老师，靠着14万元借款，靠代销人家的汽水、棒冰及文具纸张一分一厘地赚钱起家，创立了杭州娃哈哈集团有限公司。现在全国建有58个基地，近150家分公司，总资产300亿元人民币，员工近30 000人。2012年宗庆后成为中国首富。

成都肉联厂出身，靠猪小肠提炼药物致富的1964年出生的李锂，1998年4月创立海普瑞实业，2010年与中国首富同等身价（股票上市前）。

千万条涓涓小溪，汇聚成了今天中国民营企业蓬勃发展的洪流。他们中间有下岗工人、待业青年、退伍军人、回城知青，也有一批经过"文革"大风大浪洗礼的知识精英。

星火燎原的乡镇企业

资本主义工商业社会主义改造后的1959年年底，全国农村陆续建立的小工厂也不过70多万个，从业只有500万人，产值100亿元，仅占全国工业总产值的10%。

"文革"以前"割资本主义尾巴"等运动，曾经让个体户、小商贩、个体经营、私人企业在中国成为一种不光彩的代表。当年从事这些行业的人，借来几百元人民币创业，既当老板又当跑腿儿的，还要承受着经营亏损的风险和压力，但更让人沮丧的是在人们面前抬不起头来，邻居的白眼，同学鄙视的目光……在今天那些光彩照人的成功和财富背后，有着一代私企人士的艰苦奋斗和忍辱负重。

一家名为"上海市工商界爱国建设公司"的企业，后来被认定为中国第一家民营企业。1979年5月1日，北京烤鸭店和平门分店开张时，恢复了"全聚德烤鸭店"的金字招牌。广州等地则出现了一些服务公司，旅游业也开始起步，报纸上开始讨论宾馆是不是可以实行企业化管理。1975年靠45万元自筹资金创办的"沙钢"，最后成长为营业收入总额2072亿元的企业，利税104亿元人民币，成了万千民企中的一个神话。

1978年，扬州的一个修表师傅，贷款400元开始从事钟表修理，后来发展为固定资产100多万元的经营大户，拥有两处门市，一个美容院，一个商场，职工20多人（其中安置失业人员12人）。

1983年8月30日胡耀邦在会见全国发展集体经济和个体经济安置城镇青年就业先进表彰大会代表时，作了题为《怎样划分光彩和不光彩》的讲话，肯定了只要靠自己劳动就是光彩。

2010年7月28日，"中国乡镇企业博物馆"在江苏省无锡市锡山区东亭春雷造船厂旧址正式开馆，为这个时代竖立了一块纪念碑。这里附近的造船厂，就是中国最早的乡镇企业之一。

乡镇企业的星星之火，几十年中在中国大地上燃烧蔓延。1980年12月，浙江温州颁发了中国第一张个体工商户营业执照；1981年7月7日，国务院发布《关于城镇非农业个体经济若干政策性规定》；1982

年邓小平提出对私营经济要采取"看一看"的方针；1988年4月，第七届全国人民代表大会第一次会议通过宪法修正案，确定了私营经济的法律地位和经济地位，即国家允许私营经济在法律规定的范围内存在和发展；1988年，中国开始对私营企业进行登记，"苏南现象"、珠三角"前店后厂"模式，一时成为广泛讨论和争相效仿的对象；2002年，全国人大常委会颁布《中小企业促进法》；2004年3月，"公民的合法的私有财产不受侵犯"写入宪法。图7-7记录的是望都县改革农村商业体制取得成效的历史瞬间。

图7-7 望都县改革农村商业体制取得成效

图片来源：新华社。

截至2012年9月，登记注册的私营企业数量突破千万，达到1059.8万家。截至2013年2月，中国实际个体工商户约4060万户，从业人数约8000万，资金总额约2万亿元。再到2021年，中国民营企业总数达到 4457.5 万家,是 2012 年的 4 倍多。

"北漂"和进城潮

改革开放以后,从安徽小保姆到大学毕业生,数亿有志青年从中国的农村、城乡接合部涌入城镇,后来很多人在城市扎下了根。他们开出租、送外卖、倒垃圾、做保安,做着所有城里人不屑一顾的工作。外来务工人员的居住状况如图 7-8 所示。

图 7-8 外来务工人员居住状况

注:第六次全国人口普查结果显示,上海外来务工人员已超过 710 万人,他们已经成为上海经济发展不可或缺的重要力量。国家统计局上海调查总队 2013 年和 2014 年的一项专项调查发现,上海半数外来务工人员以简租、合租或群租、居住单位宿舍为主,人均住房面积长期处于较低水平,居住条件和居住环境普遍较差,住房空间狭小,居住设施简陋,缺乏安全保证,生活环境和卫生条件较差。
图片来源:新华社。

在"百万民工下江南"的时代,这些甘愿从事城里人不愿干的工作、拿最低收入的劳动者,曾经被称为"盲流",属于公安局的遣散对象。他们在农村的子女成为"留守儿童",在大城市里仅有不多的农民工子弟学校,却因尚未打破户籍限制而无法提供高考机会。城镇人口增加本身也是城镇化过程的一部分,2008年北京人口1771万人,其中户籍常住人口比1989年净增680万人。就是他们,成了那个时代让中国国民经济充满活力的生力军。他们全力拼搏的背后,有老家待哺的婴儿、年迈的父母和进城前欠下的债务。

就投资而言,在中国城镇化的过程中,"北漂"等不仅是农村人口向城市的流动,也意味着农村变革后所创造的财富向城市的集聚。这不仅夹裹在进城人口的谋生投资中,也包括农村父母帮助进城子女购置房产。这些财富和资本的流动,日本是通过战后大量农村青年进城"集体就职"的人口移动实现的,美国则主要是在城市化过程中通过银行投融资等途径完成。

在这些进城者之中,走出了不少成功的创业者、企业家、艺术家和作家等。创业成功后,他们成立了各种基金,专门扶助那些从零开始、举步维艰的创业者。资本就这样滚动了起来,雪球越滚越大。

国企改造"三级跳"

1979年以来中国的积累是在"民进国退"(非国有化)的大潮中完成的。1949年至1979年的30年中,虽然中国也保持了相当高的积累率,但计划经济和非私有经济的低效率,很大程度上淹没了高积累应收获的收入增长,国民经济甚至走到了崩溃的边缘。

起步：扩大自主权

国企改革的第一步就是"扩大企业自主权"。1979年5月，党中央、国务院宣布，首都钢铁公司等8家大型国企率先进行扩大企业自主权的试验。以"放权"为主题的国有企业改革拉开序幕。

在近60岁之际一下子被推到时代的镁光灯下的周冠五，军人出身，是那种舞台越大越亢奋的人。成为"试点"后，他迅速地提出了一个让人耳目一新的管理法——"三个百分之百"：每个职工都必须百分之百地执行规章制度；出现违规，都要百分之百地登记上报；不管是否造成损失，对违规者要百分之百地扣除当月全部奖金。他的管理办法，让当时纪律涣散的首钢焕然一新。他提出的承包制——包死基数、确保上缴、超包全留、欠收自负——成为国有企业改革的标准阐述。

首钢的生产秩序迅速恢复，工人积极性被激发出来，产能年年上涨，改革似乎一夜成功了。改革后的头三年，首钢利润净额年均增长45%，上缴国家利润年均增长34%。

加上农村联产承包责任制的改革顺利展开，一些领导提出了"包字进城，一包就灵"的口号，到1979年年底，扩大经营管理自主权的全国试点企业发展到4200家，完成工业总产值比1978年增长11.6%，实现利润增长15.9%；到1988年年底，全国预算内工商企业承包达到90%，其中大中型企业达到95%。

但是，扩权让利和承包制的"红利"没能持续多长时间，国营企业就再次面临边际效益下降的严峻局面。国企资本收益率降到3.29%，还不够支付银行利息，更无法与民营企业竞争。因为，国企在生产效率方面依然无法与私企竞争，国企承包后的效率提升空间是有限的。

1988年，马胜利因"造纸企业集团"扩张速度过快，效益出现大幅滑坡，最终被免职，标志着国企承包制走到了又一个十字路口。

国企与国家的"家庭纠纷"开始表面化的代表性事件，是周冠五拒不执行北京市财政局下达的要求首钢补缴1.0899亿元的利润的通知，于是财政局通过银行，强行扣掉首钢账上的2500万元资金。这标志着国企承包制走到了尽头。

突破："利改税"

1983年催生的"利改税"，成为中国经济向正规市场化靠拢的重要里程碑。同年6月国务院批准了财政部《关于国营企业利改税试行办法》。

利改税后的效果十分显现：1983年年初湖北省机械工业厅下达对武汉锅炉厂的年度利润计划812万元。实行利改税后，企业为使职工奖金不低于2.5个月的工资水平，主动将利润提高到862万元。至1983年年底，实行利改税的国营工业企业计26 500户。

然而，好景不长。到1986年年底，企业缴不上税，连续20多个月财政任务完不成。国企遭遇风险和亏损时的责任界定等难题始终未能得到解决，短暂的热络无法彻底根除"大锅饭"的弊端。

在此后的十多年里，国企改革咬着牙向股份制腾挪。1993年的十四届三中全会，提出对我国国有企业实行股份制改造，股份制改造成了我国国有企业改革和建立现代企业制度的主体脉络。被称为"厉股份"的厉以宁教授，再三力争国企股份制改革。股份制改造成为国有企业改革的第三次浪潮。

无奈的国企股份制

国企股份制是被逼出来的。1997年1月，第三次全国工业普查结果出炉，各项数据表明，局势已到了十分危险的地步，国有企业的资本收益率只有3.29%，大大低于一年期以上的存款利率。在39个大行业中，有 18 个是全行业亏损，国有工业的负债总额已占到所有制权益的 1.92 倍，企业自有资产不足以抵偿其债务。换言之，整个国有企业集团已处在资不抵债的境地，国企改革除了股份制已经无路可走。

曾任万科总经理的王石，像其他国企经营者一样意识到：万科正处在十字路口，股份制改造是一个让万科能独立自主经营的机会。1985 年，母公司要从万科账上划走 800 万美元，王石至死不从，从此双方在万科的控制权上开始明争暗斗。对于要求股份制改造的万科，王石感慨："万科不是孙悟空，却感到一只无形的手掌摊在下面，随时可能收拢。"

1992 年邓小平南方谈话之后，国企股份制改革步伐加快。1992 年颁布《股份制企业试点办法》《股份有限公司规范意见》等 14 个文件，新批准建立了近 400 家股份制试点企业。到 1992 年年底，股份制试点企业达 3700 多家，其中有 69 只股票分别在上海和深圳证券交易所公开上市。同时允许 9 家国有企业改组为股份公司后赴境外上市。

只有让国有企业瘦身，把企业利益与经营者和职工命运绑在一起，才可能脱胎换骨、凤凰涅槃。从 1997 年开始，国有企业股份制改革铺天盖地展开，股份制改革后的国企一个个焕然一新。到 2006 年中央企业总资产 12.2 万亿元，利润总额 7682 亿元。2007 年美国《财富》杂志全球 500 强中，中国占了 30 家，其中 16 家是中央企业。2002—2007 年，中国国企每年减少近 1 万家。

在史无前例的国企股份制改造中，虽然大量国有资产转移到了非国有名下，但常年让国务院头大的亏损国企，一个个被剥离出去，国家财政年年补贴的时代结束，从历史角度看意义非凡。

日本也是采取了类似做法，在明治维新创建国营企业后，政府一旦发现经营不善，就会当机立断将国企转让给私人经营。

在整个国企改造进程中，难免出现国有资产被变相侵吞的问题，也有不少贪腐现象，但低价卖掉"鸡肋"，总比烂在锅里强。

甚至连2005年以前国企的流动资金都要国家财政拨款的扭曲现象，也成为历史。中国的国企股份制，是一次所有制转换的旷世之举。不论民主德国还是日本，当年国企转型的规模都无法和中国同日而语。

民营企业顺势崛起

那些在股份制改革中存活下来的国有企业，有不少被民营企业兼并。当金融风暴压垮苏州地区历史最悠久的、最具品牌价值的丝织老厂——苏州东吴丝织厂后，2008年民营企业鼎盛仅以500万元人民币的拍卖价格，就买断了这家曾为戴安娜王妃生产过婚礼礼服面料的老牌国企的所有先进设备和库存。此类"蛇吞象"事件30年前绝对无法想象，而在改革大潮中却层出不穷。

1997年以后的15年，中国国企经历了几次"过山车"——从20世纪50年代的国企比重不到10%，扩张到20世纪80年代巅峰时期的81.9%，再回落到2012年的25.7%。

中国高速增长初期（1980年），全国固定资本投资仅911亿元，其中国家预算投资746亿元，约占81.9%，国家预算以外的投资仅16亿元人民币，年人均投资额区区18元人民币（约10美元）。那时候，在老百姓看来，投资本身就是国家的事，与自己无关。而且也没有人可以拿出钱来投资。

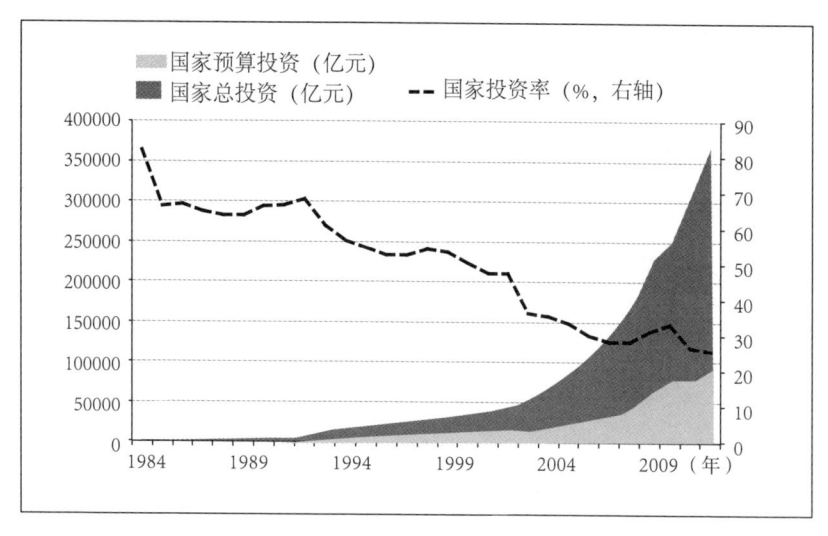

图 7-9　国家总投资和预算投资

数据来源：中国国家统计局。

1979年以后中国投资规模扩大最为迅猛的时期，还是进入21世纪以来的头十几年。2000—2012年的12年间，中国固定资本投资总额累计达到208.8万亿元人民币，年均增长情况如图7-9所示。民企在近18%的高报酬率推动下，投资风生水起、轰轰烈烈。

于是，2000年前后成为中国国民经济结构转变的分水岭。中国国有经济在GDP中的比重从2001年的大约50%，到2012年迅速降为25.7%。2021年国有企业利润总额4.5万亿元，仅占同年GDP 114.37万亿元的约3.9%。

但是，虽然2012年中国国家财政预算投资率下降到1980年水平的1/3，但2012年的政府预算投资总额96 220亿元人民币，已经是1980年全国投资总额911亿元的约106倍；2012年的国内固定资本投资总额374 695亿元，也已经是1980年的411倍多。就是说，国家投资的总量（新的资产形成总量）也在大步地迈进。2021年全国固定资产投资

55.2万亿元，其中民间投资28.9万亿元，约占55.7%。但近几年出现的问题是，民间投资2013年还保持20.1%的高增长率，而2020年已经降到了只有1%。民企投资萎靡直接导致经济增长率的下降。

2020年，全国国有企业资产总额268.5万亿元、负债总额171.5万亿元、国有净资产约97万亿元人民币。

"肉烂在锅里"

不论国企曾经怎样的低效率，也不论国企在股份制改革中会有多少资产实际流失，国家和国企在过去数十年中的实体投资，都实实在在地留在了中国资产总量的一亩三分地上，成为中国后来高速增长的一大基石。

中国的整个"国退民进"过程，就是中国的投资主体逐渐从国家投资转向民营和私人投资的过程。那些"假眠"的国企资产被激活，股份制改革后完全按照市场规律运营的老资产开始赢利，又会成为下一轮积累和扩张的压舱石。表面上国有资产被廉价转让，实质上却盘活了这些企业，意味着无数压箱底的资产起死回生，凤凰涅槃。

中国国企改革的整个过程，就是一个"国退民进"的良性循环过程。如果股份制可以刮掉国家健康机体上的腐肉，把那些变相闲置或变相亏损的国有资产转变为有效资产，不能不说是一大幸事。"资产守恒"决定了国企股份化不会对中国的积累总量产生负面影响。

一夜间催生了无数"亿元暴发户"，监管层面的有效管控使得资产留在了国内，那些只等自然贬值、无法创造财富的资产得到了新生，国家税收也得以增加。

中国式"原始积累"

无论世界上哪个国家经济增长取得的累累硕果，都是无数劳动者不畏辛劳，用汗水和泪水浇灌出来的。

在法律尚不完善的经商环境中，中国新一代成功的商人付出了不小的代价；在中国成为"世界工厂"、把数以亿计的集装箱里的商品销往世界每一个角落的背后，是无数人背井离乡的奋斗和牺牲。所谓"人口红利"的背后，是中国无数农民工提供的廉价劳动力。

在财富奇迹般积聚的过程中，还出现了鱼龙混杂、泥沙俱下的局面。1984年6月起，"20年把海南建成台湾"的梦想让人热血沸腾，海南岛突然成了一块骚动的热土。汽车像潮水般涌进海南岛，海口市内外一眼望去都是进口车辆。此间，贪污、行贿、受贿、套汇，一时在酷热难耐的海南岛上公然进行。在短短半年里，海南一共放行了8.9万辆进口汽车，对外订货7万多辆。直到1984年12月广东省政府明令停止汽车进口，狂潮才得以消歇。

除了大宗的汽车，不少人从沙头角走私黄金、录像带、手表、折叠伞、电视机。各类刚刚注册的公司以"电脑监视器"的批文成百上千进口的普通电视机不计其数。

于是，中国进出口总额从1980年的570亿元人民币增加到2012年的24.4万亿元，32年间增长了约428倍的背后，其中不乏出现厦门远华集团董事长赖昌星之流，成为中国1949年以来的最大走私案。仅1994—1999年的5年间查到的走私货物就有530亿元，偷税300亿元。

国内市场消费品零售总额从1980年的0.21万亿元，增加到2012年的21万亿元，增长了100倍，国内市场商品琳琅满目、极大丰富、应有尽有的背后还有不少类似两度荣登胡润百富榜首富黄光裕一般的人物的跌宕起伏。

1987年1月在北京珠市口开张的100平方米左右的小门店——国美电器，靠着《北京晚报》中缝报价广告一举成名，通过发展连锁店迅速成为拥有200多家门店的大型连锁企业。国美的成功有点像日本服装连锁店优衣库。

国美迅速膨胀的背后少不了特殊的融资渠道。2008年11月23日，被北京警方拘查，黄光裕名下秘密往来的可疑资金约有700亿元，涉嫌股价操纵、洗钱、行贿、空壳上市、偷税、漏税等七项罪名。冯仑（万通集团董事局主席）在他的畅销书中把那个时代描述为"野蛮生长"。

早期中国创业存在一个"悖论"——没有钱（没有资本）就去搞投资。这在西方是不可能的。中国第一批创业者的"起点要惨得多，两手空空"，谁能借到钱就成功了一半。冯仑自己曾差一点被年息20%的高利贷压垮，他1996年时欠债六七亿元，光利息每年要1.2亿~1.4亿元。最后他果断卖掉大量资产，才摆脱了"短债长投"，万幸地渡过了难关。

而几乎在同一时期资产规模曾达600亿元的德龙就没有那么幸运了。最后在走投无路、拆东墙补西墙时违规操作、非法吸收公共存款150亿元，之后彻底崩塌。究其原因，莫过于"在恶赌的路上越走越远"（冯仑语）。

今天，几乎所有还留在这个市场上的中国创业者，都曾经历过风风雨雨，一将功成万骨枯，在所有民企成功者的背后，都有无数倒下的民企同行。中国这一代企业家的难能可贵之处，就在于他们不仅要像西方企业家那样创立企业、获取利润，还要培育市场、周旋于政府和资本之间。

中国改革开放这场波涛汹涌的洪流，就像黄河一泻千里，难免泥沙俱下。正义与邪恶、诚信与欺诈、聪明与愚昧、含辛茹苦与奢靡浮华、兢兢业业与贪污腐化，都藤蔓般交织在一起。

中国制造业产值好不容易成为世界第一之后,"雾霾"又成了百姓最关注的关键词,让那些已经被人们遗忘的记忆,如20世纪50年代的"雾都"伦敦、1943年洛杉矶被误认为日本"毒气攻击"的空气污染事件等,又回到了人们的眼前。1952年,加州理工化学教授哈根·斯密特（Haagen Smit）和退休化学家布伦内尔（Brunelle）首次发现,事实上,烟雾是在大气中经光化学反应形成的,并非直接来自工业排放。

中国"野蛮"积累的另外一个制度环境,就是许多行业还处于尚未开放的状态,像淘宝这样利润率高达44%的企业（日本规定高利贷公司的年息超过29%违法）,如果国际资本可以进入并与之展开竞争,利润可能很快就会被摊薄。

GDP总量从1979年的4063亿元增长到2012年的51.9万亿元人民币、再到2021年的114.4万亿元人民币,中国人付出了不少代价,除了不可逆的环境污染,还有传统文化、道德观念方面受到的挑战。

100年后回眸这段历史时,发现发展过程中不少都是中国40多年原始积累高昂代价的一部分,这也许就是中国作为后进人口超级大国百年崛起的宿命。

忘却曾经的苦痛和艰辛,也许本身就是在酝酿新的悲哀。

手机、网络、电动车

在中国决定开设经济特区（深圳、珠海、汕头、厦门）的1980年,阿尔夫·托夫勒（Alvin Toffler）的预言信息时代即将到来的《第三次浪潮》（*The Third Wave*）轰然问世,被翻译成三十余种语言、持续热销20年、全球发行上千万册,冥冥中像是给中国人带来了莫大的希望："我还有机会""中国还有机会"。

中国人刚刚上路不久就万幸地碰到了手机。在20世纪80年代，不要说北京、上海、广州这样的一线城市，就连天津都把家里能有一部固定电话追捧为有身份和地位的象征。申请安装一部固话机至少要等上一年半载，想提前安装还得走后门、批条子。

在商业大潮铺天盖地涌来的20世纪90年代初，从零开始普及固定电话，对中国来说绝无可能。手机和BP机的从天而降，让中国拉近了与发达国家的起跑线。

从山羊都不愿攀援的偏远山村，到繁华的沿海都市；从冰天雪地的哈尔滨，到终年酷热的海南三亚，全世界的商业信息、订单报价、质量纠纷、库存调整、运输仓储尽在手机之中，信息传递速度提高之快，是固定电话已经相当普及的发达国家所无法想象的。

2003年著名导演冯小刚的一部《手机》，淋漓尽致地展现了这一幕。手机最具现实意义的是，它通过无线电波，把中国960多万平方公里的广阔空间极大压缩，同时让中国与世界的距离迅速拉近。

2001年中国手机拥有量达到1.2亿部，超过美国位居世界第一，2013年4月中国手机拥有量更是爆炸式增长到11.5亿部，2021年增长到18.5亿部。

1996年，虽然也出现过Windows 95销售热潮，但在网络技术问世之前，计算机不过是一部电子计算器和打字机。网络技术将无数台计算机捆绑在一起的同时，让幅员辽阔、人口众多、技术相对落后的中国与发达国家几乎同时受益。

2000年，一位中国超市行业的大老板对他的儿子说："你记住，不要说我们，就是你们这一辈人，也看不到网上购物的时代。"然而时过境迁，2013年中国电子商务市场交易达到10.2万亿元（相对2012年的

8.5万亿元同比增长29.9%），接近2012年中国社会消费品零售总额21万亿元人民币的一半，其中2013年中国网络零售市场交易规模达1.8万亿元，较2012年1.3万亿元增长38.5%，占社会消费品零售额的8.04%。电子商务市场交易2021年进一步达到约37.2万亿元（约8.3万亿美元），几乎每年翻一番。

马云敏感地预见到电子商务对物流的庞大需求，2013年毅然投资3000亿元组建菜鸟公司，计划5~8年内建立一张支撑日均300亿元（年度约10万亿元）网络零售额的智能骨干网络，做到全中国任何一个地区24小时内送货必达。

网络之上，人人平等。在网络上，虽然诚信与欺诈、吐槽与赞美、热情与冷漠并存，但包括人种、国界、规则、技能等所有差别都在无限缩小，市场却在不断扩大。

只要你手里有一部手机或者电脑，就与这个世界连成了一体，同时成为网络的主人和奴仆。这对于现代基础设施相对落后、急需提高速度的中国而言，无异于一个绝好的机会。

中国在大城市限制摩托车的政策，有效地保障了中国汽车工业的起步，20世纪80年代中国才开始出现私人汽车，2003年汽车保有量就达到了1219万台，2013年中国汽车保有量比2003年增加了约10倍，达到1.37亿辆，2021年达到3.95亿辆。

而东南亚国家如越南、泰国等，摩托车铺天盖地，挤压了汽车工业的发展空间。但是，中国也需要短途运输。随着锂电池技术的突破，电动自行车在中国悄然问世，其具有便利、节能（夜间充电可避开用电高峰）、环保、不需考驾照等优点，迅速在中国普及。在中国，电动自行车不仅是骑行工具，而且是重要的短途运输工具。图7-10展示的是一家电动车企业的生产情况。欧盟主要机构达成了一项协议，2035年以后,所有燃油汽车将禁止生产,这在几年以前几乎是不可想象的。

中国在高速增长时期,幸运的是遇到了手机、网络和电动车。

图 7-10 2004 年 6 月 17 日南京大陆鸽高科技股份有限公司的员工在生产线上安装电动车
注:南京电动车销售和使用的开放环境,促进了电动车产业生产经营的发展,全国有 70 多家企业生产的不同规格电动车进入当地市场,全市上路行驶的电动车达 10 万辆左右。
图片来源:新华社。

单向封闭中的"野蛮生长"

中国 40 多年的快速增长,是在一个单向封闭的大环境中浇铸的。在资本自由化之前,"对外开放"相当于把中国的投资环境变成一个

"单向阀"的压力容器：大量外国资本可以直接投向中国，而中国资本却不能简单投向国外。这在客观上形成了资本只能在中国国内这只貔貅体内自我循环、野蛮生长。

1979年以后的中国，外资蜂拥而入，成为中国经济崛起不可或缺的助力之一。1979—2012年的33年中，流向中国的外国资本总计约1.48万亿美元，约为同期中国国内净投资21.9万亿美元（平均按7.5元人民币/美元计）的6.8%。各年数据如图7–11所示。这些数据同时也说明中国40多年来的经济高速增长，主要还是靠中国人自己的努力，国际资本意义重大，但并非主流。

能够吸引和留住外资的只有利润。随着2008年以后中国投资利润率从18%降到2020年的1.8%，以及之后的持续下降，外资会流向东南亚等利润率更高的国家。

"重投资主义"本身包括扶植和鼓励国内投资、引进外国资本，甚至限制外汇、资本外流的经济政策。早在工业革命之前的16世纪，欧洲各国曾流行过"重商主义"。虽然重商主义视贵金属（货币）为财富唯一标准，认为国际贸易是零和博弈等观点在理论上存在缺陷，但在资本主义发展早期，它对摒弃西欧封建传统经院哲学的教义和伦理规范，扭转重农抑商观念，推动整个社会转向尊重财富、尊重商业、尊重市场等具有决定性意义，是一次伟大的思想解放和社会变革。没有重商主义，就没有今天资本主义和市场经济的繁荣和成就。

重商主义流行200年后，亚当·斯密（1776年3月出版《国富论》）等著名经济学家对重商主义进行批判，重商主义逐渐被资本主义所取代。时间证明：重商主义并没有也不可能保障财富的持续增长和长治久安。

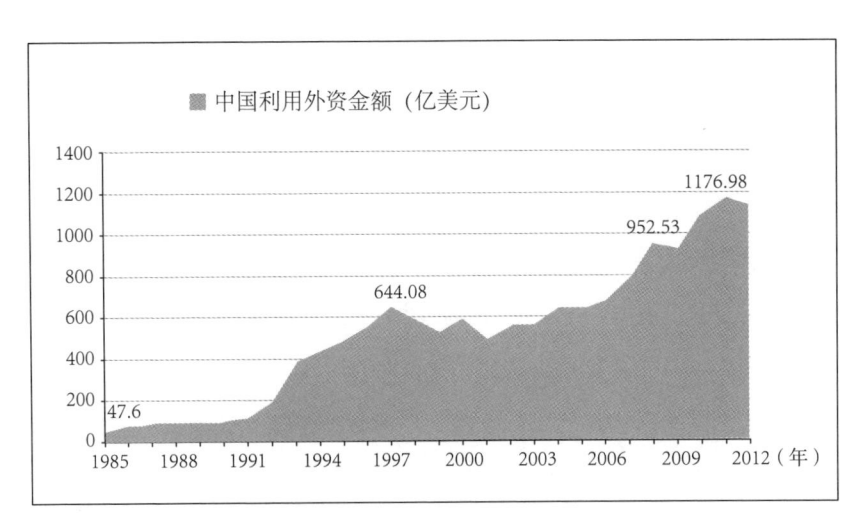

图 7-11　流向中国的外国资本

数据来源：中国商务部相关统计数据。

1492—1600 年，西班牙从新大陆将 89.95 万公斤白银运回欧洲，虽然短期带来了财富，最终却造成了欧洲物价上涨 4 倍（白银贬值 4 倍）的结果，西班牙也没有成为欧洲永远的财富"不倒翁"。

重商主义也没有护佑荷兰永远凌驾于英国之上。英国取代葡萄牙、西班牙和荷兰成为"日不落帝国"，靠的不是重商主义，而是工业革命迸发的前所未有的自动化机器生产力。

同样，中国经济高速增长的 40 多年，靠的也是"重投资主义"和实体经济的投资和积累，以及每一个工厂、每一个职工的拼命工作，不是仅仅靠扩大出口，换取外汇购买不断贬值的美国国债。

2008 年全球金融风暴后，中国几乎没有像发达国家那样受到猛烈的冲击，其背后与中国经济的"单向自由化"（非资本自由化）密不可分。外汇管制在很大程度上成为有效阻碍国际热钱的防波堤；同时，也限制了国内实体资本的外流，使中国 40 多年来高积累、高增长率进程没有被金融风暴中断。

同时，中国的金融投资交易市场，早在全球金融风暴爆发前的2007年就已经出现过大跌，导致中国金融投机市场失去了再行下跌的空间，从而避免了全球金融风暴的巨大冲击。

也有一种说法认为，2007年中国的股市崩盘，是2008年全球金融风暴的导火索。因为2007年中国股市大跌后，更多的热钱涌回北美市场，进一步推高了北美金融投机市场的泡沫。但是，笔者认为，这种观点忽略了中国金融市场与国际金融市场整体处于隔绝状态这一因素，池内的波涛何以冲击江河？

日本对华直接投资的角色

日本企业对中国的第一个投资项目，是日本欧力士株式会社与中国国际信托投资公司、北京市机械电器设备公司设立的合资企业——中国东方租赁有限公司（1981年2月批准设立，投资总额为300万美元，合同期限20年）。

从1979年到1983年日本对华投资仅25件，累计金额6900万美元。1984年，日本对华直接投资一下子增加到66件、1.14亿美元（日本对华实际投入外资金额）。

1983年中国颁布《中华人民共和国中外合资经营企业法实施条例》。日本对华实际投入外资金额占中国全年实际使用外资金额的比重从1986年的11.74%上涨到1991年的12.20%。其间，1987年这一比例下降为9.5%；1988年这一比例达到最高峰，为16.11%。

1992年日本对华投资项目为1805件，是1991年（599件）的3倍多，实际投入外资金额为7.1亿美元，是1991年（5.33亿美元）的1.33倍多。之后的3年，日本对华投资继续保持着这种高速增长的态势。

2000—2006年，日本对华直接投资继续保持快速增长的态势，进入第三次高潮阶段。截至2006年年底，日本对华投资项目2590件，实际投资金额47.59亿美元。在这一阶段，从日本对华投资项目数来看，2004年达到最高的3454件；从实际投入金额看，2005年为最高的65.3亿美元，比2004年增长20%。各年投资情况如图7-12所示。

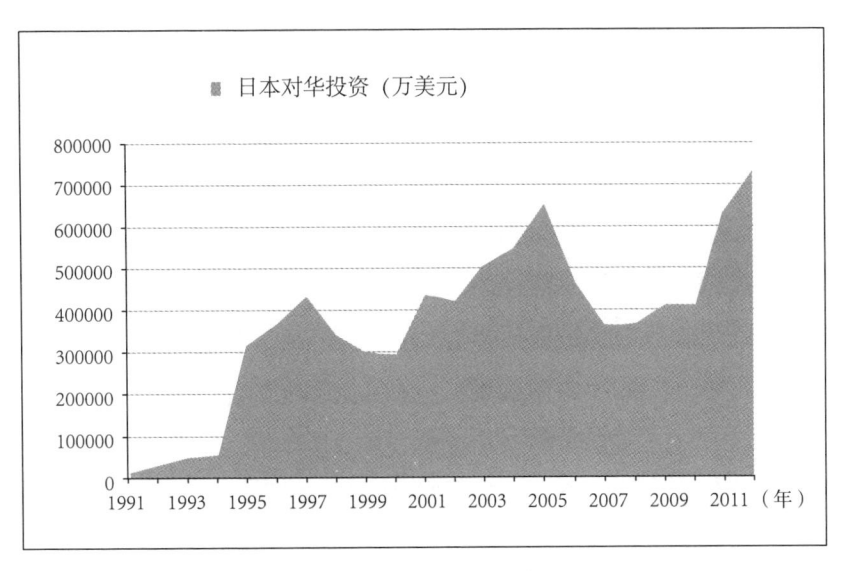

图7-12 日本对华直接投资
数据来源：中国国家统计局：《中国统计年鉴》。

日本对华投资三次高潮的前奏，分别是1990年泡沫经济崩溃、2000年美国纳斯达克股票崩盘以及2008年全球金融风暴之后。总之，随着日本国内投资利润率的下降和成本的不断提高，国际金融市场一有风险和大波动，日本向中国的投资就会有所增加。

日本对华投资的三大动机莫过于：（1）降低生产成本；（2）确保未来市场；（3）规避投机风险（追求更高利润率）。因此，日本的对华投资是利润趋导，政府倾向和政治因素都是次要因素。

从总体上看，日本对华投资约占日本对亚洲投资的30%，2005年以前一直不足日本对美投资的50%。2010年以后的几年，已经明显接近了对美投资的规模。2011年达到对美投资的85.9%，为126亿美元。日本对华、对美直接投资的比较情况如图7-13所示。

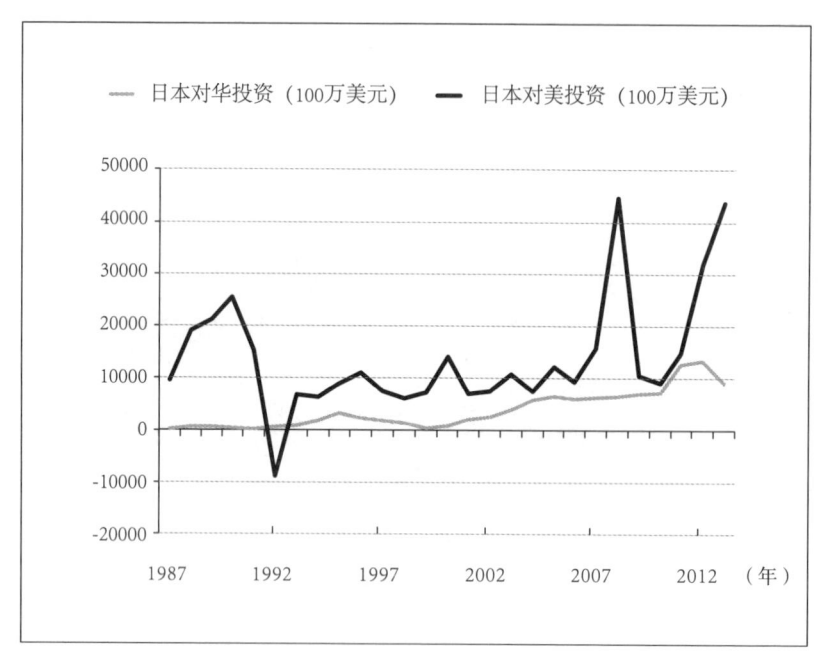

图7-13　日本对华、对美直接投资比较

数据来源：JETRO日本贸易振兴机构。

就日本而言，20世纪80年代后日本国内过剩资本不断扩大的原因莫过于：1973年日元兑美元汇率的迅速升值使日本工资和其他成本迅速攀升，出口竞争力骤降以及日本国内投资利润率的不断下滑。

在全球对华直接投资的热潮中，随着日本对华投资资本的进入，日本各种先进的生产技术、加工诀窍、管理方式、公司理念等，带给中国企业界极大的刺激，这些都无法使用投资总额的统计数据来衡量。

1000多年前，中国文化传入日本，日本如饥似渴地学习，几乎"全盘中化"了；100多年前随着世界工业化的大潮，日本又转向"全盘西化"。在整个全球化的浪潮中，日本的目的不外乎逐利而行。

日本对中国的直接投资，仅占日本对海外直接投资的6%～10%。就是说，资本投往中国并非日本经济泡沫崩溃后失去的20多年，或日本经济萎靡不振的主要原因。与中国港澳台地区和欧美国家相比，在中国内地资本投资的大盘上，日本对华投资的砝码也并非是最大的。

1992年以后，日本对华的投资项目数量处于世界第二位，投资金额处于第五位；此后的1994年、1995年，日本投资项目数量超过美国成为第一，投资金额仅次于美国处于第二位，超过了英国。1996年以后，日本对华投资的数量和金额都有所下降，排名也随之下降，这主要是受日本国内经济及亚洲金融危机的影响。但是，从日本企业对亚洲整体投资的角度来看，1999年对华投资金额有所下降，而投资数量仍保持在第一位。1997年3月末，在日本对华直接投资总额中，对制造业投资约为61%，远远超过了非制造业投资的35.9%。

1990年，日本对华直接投资有46%投向制造业，1991年以后对制造业的投资高速增长，到1993年猛增到了空前绝后的81%。1995年日本对华投资项目770个，投资金额达到创历史新高的45.9亿元人民币，形成了对华投资的又一次高峰。这一时期，日本对华投资的主要地点除了大连以外，还有珠江三角洲。投资的行业除原有的食品、杂货、纺织等行业外，还有机械、电子、电器、交通工具（如摩托车、汽车等）。

此后一直到2008年，在日本对华投资总额中，对制造业投资平均在70%以上。

总体来看，1980年至2012年日本的直接对华投资不少于843.8亿美元，约占此间全球对华投资11 892.6亿美元的7%，同时占日本整体对海外直接投资的8%，日本多年位于对华投资前列，但真正的对华投资高潮还在中国"入世"之后。从20世纪90年代以来，日本对华投资逐年增长，2012年达到73.8亿美元的巅峰。但是，这一趋势在2013年出现转变，2013年日本对华投资比2012年下降了约1/3。此后，连续多年下滑，"日本逃离论"一时之间成为话题。2020年下降到33.7亿美元，同比下降9.3%。这主要是由于中国人工成本的上升、中日关系趋冷、日本对华投资项目生命周期的更替，以及中国国内市场的饱和（如汽车）和东南亚利润洼地的形成等。

1979年以来的40多年中，从1979年的0.14亿美元，到2012年的73.8亿美元，日本对华直接投资增长了近527倍。此外，改革开放以来日本对华提供了大量援助和无息贷款，据日本外务省日本官方发展援助（ODA）数据显示，1979—2010年，中国共获得日本33 164.86亿日元（约2638亿元人民币）的开发优惠贷款、1557.86亿日元（约124亿元人民币）的无偿援助以及1739.16亿日元（约138亿元人民币）的技术合作资金，涉及项目200多个。即便是在2005年至2010年间，日本对华援助有所减少，2008年起更是终止了对华开发优惠贷款项目，但加起来也达到2101.98亿日元（约167亿元人民币）。30多年中，日本是中国最大的援助国（20世纪90年代日本曾长期占据全球最大援助国的位置），而中国是日本最大的受援国，中国的外来援助中有60%以上来自日本。

援助项目包括北京首都机场、京秦铁路电气化改造（北京—秦皇岛）、南昆铁路（南宁—昆明）、上海宝钢、上海浦东国际机场、武汉长江第二大桥、北京污水处理、中日友好医院、大秦铁路（大同—秦皇岛）、北京地铁一号线、湖南五强溪水力发电站、秦皇岛煤炭码头、京津唐高速公路、宁夏防护林建设、山东石臼港建设、重庆城市铁路建设、天生桥一级水电站项目、杭衢高速公路（杭州—衢州）、深圳盐田港一期工程、大连港一期工程、青岛港扩建工程等。

随着中国的迅猛发展，2021年中国企业对日非金融类直接投资4.4亿美元，同比增长48.6%。而2021年日本对华实际投资39.1亿美元，同比增长16%。也就是说，随着中国企业对日本技术需求的增长，中国的对日投资增速开始大大超过日本的对华投资。

相比对华投资，中日经济关系更为紧密的是贸易往来。中日贸易额从1979年的67.1亿美元上涨到2010年的2978亿美元，31年增长了近45倍。2010年，中国向日本出口1211亿美元，增长23.7%；中国自日本进口1767亿美元，增长35%。2021年中日贸易总额3714亿美元，同比增长17.1%。其中，中国向日本出口1658.5亿美元，同比增长16.3%；中国自日本进口2055.5亿美元，同比增长17.7%。

从两国的贸易格局来看，中日两国的贸易关系存在顺差、逆差交替出现的情况，特别是自2002年起，中国对日本已连续9年存在贸易逆差，2010年贸易逆差为556亿美元，上涨68.48%，达到历史新高。2021年贸易逆差减少到397亿美元。

日本是中国第三大贸易伙伴、第一大进口来源地、第五大出口目的地。据日本海关统计，中国为日本第一大贸易伙伴、第一大出口目的地和最大的进口来源地。中日双边贸易对两国对外贸易都至关重要。2004年日本对华贸易总额达到2132.8亿美元，占日本外贸总额的20.1%，2005年为1844.5亿美元。中日贸易直接推动日本经济增长约0.5个百分点。2006年，中日贸易额25.43万亿日元（约1.66万亿元人民币），已经超过日美贸易25.16万亿日元的水平，这一年中国取代美国成为日本的第一大贸易伙伴国。

资本自由化和投资保护主义

跨国公司、电子商务、资本自由化、国际热钱、网络金融、信息爆炸，所有这一切都预示着新的时代的到来。仅就经济范畴而言，全球化可以降低成本、缩小经济差距、实现资源的最优化组合、扩大国际经济交易和贸易（1980—2005年的25年间，全球GDP增长2.6%，同期全球贸易额增长6.9%）等。于是，"全球化"一时成了最时髦的概念之一，它成为在全球信息一体化时代让世界迅速变小的过程中，人类极富理想主义色彩的向往和憧憬。

但事情的进展往往没有"预言家"想象得那么瑰丽。全球化本身是一柄双刃剑，用得好防身健体，用得不好作茧伤身。

只要国家和国界存在，所谓的"全球化"就永远是一个相对的、灿烂的却不真实的梦想。在今天的资本主义世界，资本的去留最终决定着一个国家的命运：资本留在哪里，哪里就繁荣昌盛、蒸蒸日上；资本离开哪里，哪里就会日薄西山、朝不保夕。因此，只要不情愿做全球化的牺牲品，就不可轻易放弃投资保护主义。

17世纪威尼斯严厉的保护主义措施，没能阻止玻璃制造工艺、技术流往欧洲；18世纪英国禁止印花布进口的相关法案，也没能挡住棉纺织工业的决定性革命。人类近代史上，没有哪一个国家的政府，可以通过立法和保护主义政策挡住时代变化中的资本移动的潮流。但一定的投资保护主义，至少可以给本国实体经济的调整，留出一定时间，因为外来冲击过强过快，很有可能葬送本国脆弱的经济。

就是说，如果没有1700年的《印花布进口禁止法》和1720年的《印花布法案》，英国的毛纺织业早就像印度棉纺织业那样土崩瓦解了，也就没有33年后的工业革命了（参见本书上篇）。

任何自由化的政策——不论贸易自由化还是资本自由化，最终都会成为强者手中的旗帜，对于发展中国家和后进国家而言，自由化本身就孕育着不可预见的灾难。

1949—1979年，中国在主流国际社会中处于"被封闭"状态；1979—1989年改革开放的最初10年，中国百业待兴、产业结构错位、外汇储备极度匮乏，这一阶段实行外汇管制在所难免；1989年以来，中国经济进入高速增长轨道，既离不开中国国内的高积累，也离不开国际直接投资资本的大量涌入。

总体来说，资本自由化是发达国家的诉求，对发展中国家和经济发展水平处于相对落后地位的国家而言，过快的自由化不仅是奢望，而且很有可能是陷阱。

资本自由化的进程需要根据本国经济实力和对国际资本的承受力进行调整，需要考察内容包括充足的外汇储备、强大且健全的金融体系、一定的过剩资本、国民经济对本国货币波动有足够的抗震能力等。从发展中国家资本自由化的过程和结果来看，凡是对资本自由化的过程和步骤比较谨慎的国家，结果都相对幸运；反之几乎都遇到了麻烦。

日本在1968年以前，基本上是一个非资本自由化的国家。早在1932年，日本就颁布了《防止资本逃避法》；1933年颁布《外汇管理法》开始实行外汇管制；战后1949年设立外汇管理委员会（规定只准与美元和英镑交换并限定汇率）；1950年颁布《出口信用保险法》、《外资法》和《输出输入银行法》，推行促进出口和鼓励外资投资政策，建立促进出口的长期资本融资制度。

第二次世界大战后，日本国内曾对如何面对外国投资发生争论，大多数经济学家包括吉田茂首相的顾问，被称为"御三家"之一的马克思主义经济学家有则广巳，就力主大量外资进入会导致本国丧失独立自主经济地位："没有经济独立，日本就不会有政治和外交独立。在我们考虑日本人民的幸福与和平时，我们必须有一个可以做出独立判断的基础。"他主张日本最好靠自己的努力实现经济复苏。

1959 年日本开始对美元汇率自由化；1960 年大藏省公布贸易自由化措施。直到 1963 年 3 月颁布对外贸易与国际资本流动自由化措施，日本才真正完成资本自由化工程。从 1952 年加入国际货币基金组织和世界银行，到 1963 年实行资本自由化政策，日本经历了 11 年的时间；从 1960 年贸易自由化到 1963 年资本交易自由化，日本也预备了至少 3 年的时间。即便如此，从日本资本自由化两年后的 1965 年开始，日本还是出现大量的资本外流。在 1980—1990 年的 10 年间，日本长期投资收支 −890.2 万亿日元，相当于 1989 年日本 GDP 40.3 万亿日元的约 22 倍。

资本大量外流直接导致日本国内产业空洞化，这成为日本 1990 年泡沫崩溃后持续 20 多年经济萎靡不振的直接原因之一。同时，1981—1986 年日本出现突然的短期资本流入，也与国际热钱向日本股市等金融领域的流入，以及经济泡沫的崩盘密切相关。

中国加入世界贸易组织不得不面临资本自由化的挑战，出现了实体经济投资的大量外流和国际投资热钱大进大出的两大弊端。

印度尼西亚、韩国、泰国是受亚洲金融危机冲击最大的三个国家，资本自由化后短期国际资本的大进大出，曾被视为金融动荡的深层根源。日本大藏省 1998 年 5 月发表了题为《从亚洲通货危机中学习经验》的专题报告，详细阐述了必须从亚洲各国资本自由化及亚洲金融风暴中吸取教训。

印度是长期对资本自由化实行限制的发展中国家，从1994年8月开始履行国际货币基金组织第十一条的义务，经过周密研究后设定了3年自由化方案，同时附加了3个条件：(1)将中央政府的财政赤字从5%削减到3.5%；(2)通胀率3年平均值处于3%～5%；(3)中央银行的实际准备金率从超过9%下调3%，同时银行系统的不良债券率从17%削减到5%，并将汇率监控的附带指标规定为波动±5%。

有专家批判这些条件是变相不履行资本自由化。但从亚洲金融危机的结果看，印度从这些措施中受益匪浅。2013年8月印度为了防止资金外逃，再次采取了严格限制黄金出口的措施。

20世纪70年代后半期以后，部分拉美国家迅速走向资本自由化。1977—1982年流入拉丁美洲的国际资本约1578亿美元，虽然随着国外资本的流入，经济增长率有一定程度的提高，经济似乎热了起来，但随着后来阿根廷、智利、墨西哥等国债务危机、货币危机的发生，1983—1989年随波逐流的国际资本流出1162亿美元，此后1990—1994年再流入2005亿美元。国际资本一抽风，拉美国家的经济也随之打摆子。

智利20世纪70年代开始实行经济和资本自由化政策，1981年流入智利的国际资本达到高峰的47.7亿美元，1982年猛降到8.3亿美元，1983年更转为−32.2亿美元，导致1982年智利经济增长率为−14%，失业率高达22%，"智利奇迹"演变成"智利悲剧"。究其原因，就是这些没有经验的拉丁美洲国家资本自由化的速度过快，且对自由化的过程缺乏必要的监控。以此为鉴，许多发展中国家如智利（1991年6月）、哥伦比亚（1993年9月）、马来西亚（1994年1月），都先后开始对国际资本流入实行了一定程度的限制。智利等国当年经济大起大落的现实足以证明，有效管制短期国际资本的流动规模，对于刚刚实施资本自由化的发展中国家而言，极为重要。

另外一个耐人寻味的现象是，在以上三个时期流入拉丁美洲国家的外国资本，向实体经济直接投资的比例仅占20%～29%。就是说，70%以上的热钱并不是真想到拉美国家投资实体经济。于是此后10年，这些国家的经济纷纷落入了零增长的"中等收入陷阱"。

亚洲金融危机几乎成了一连串金融震荡的多米诺骨牌，1997年始于泰国的浮动汇率引起的汇率动荡成为导火索，金融震荡迅速波及印度尼西亚和马来西亚，5个月后中国香港股市和韩国汇率暴跌；1998年金融风暴迅速向印度尼西亚、俄罗斯蔓延，就连原本金融体系较为健全的新加坡也受到了冲击（图7-14）。

亚洲金融危机爆发后，国际货币基金组织和美国的许多专家学者，都在强调短期投机资本大进大出的危害，但话又说回来，苍蝇不叮无缝的蛋，所有在亚洲金融风暴中受到冲击的国家和地区，本身也都存在这样或者那样的体制问题。

所谓"自由化"，不论贸易自由化还是资本自由化，永远是强者的旗帜。金融体系较为脆弱的发展中国家，就像一个刚刚下海游泳的孩子，完全放任就有被国际热钱（投机资本）淹死的可能。国际投机资本，从本性上说与一个国家金融稳定的诉求正相反，在金融的非稳定状态下热钱才有利可图，甚至金融投机的利润率与金融稳定成反比，金融越动荡金融投机的利润越高。

短期国际收支债务迅速增加，往往与金融投机市场波动有着不可分割的关系。

特别在经常收支恶化后，账面上不得不靠短期资本流入作为填补，大多意味着伴随实际汇率的上升流动性出现过剩，并可能因此招致经济增长受挫。

图 7-14 亚洲货币

注：1998 年年初，印尼盾同美元比价跌破 10 000 ∶ 1。受其影响，东南亚汇市再起波澜，新加坡元、马来西亚林吉特、泰铢、菲律宾比索等纷纷下跌。
图片来源：视觉中国。

资本自由化所带来的挫折，不是因为市场失效，而是因为正常且健全的市场体系，并非为投机资本动荡的极端状态所设计。如果以金融危机后的恐慌状态为基准，市场本身将因成本过高（如银行准备金率过高等）而无法正常运转。

对于今天的中国而言，其他发展中国家在自由化的过程中遇到的波折，中国同样可能会遇到：

（1）人民币汇率暴涨后，可能会给出口和实体经济带来毁灭性的冲击，失业可能会在此后大量增加；后期，外汇储备的骤降和汇率暴涨后的反弹，又有可能造成人民币汇率的大跌，导致经济增长严重受挫。

（2）庞大的国际热钱涌入中国金融市场后造成的剧烈震荡，可能引爆金融危机。

（3）中国国内资本迅速外流，会造成国内实体经济投资的大量失血等。

日本二十多年的经验证明，如果自由化和企业家投资信心丧失，资本的大量外流不可避免。中国发行量最大的财经类杂志《财经》，有一期封面上的"重塑企业家信心"异常醒目，私人企业老板将财产汇往国外的信息也不绝于耳，即将开启的资本自由化大门，将会给中国带来什么，不可掉以轻心。

直面自由化的发展中国家，必要的保护措施不可或缺。例如：（1）资本自由化至少要有3～5年的准备期，且整个自由化过程需要分为几个阶段；（2）在资本自由化的初期，依然要对汇率的波动幅度做出限制；（3）对资本外流的方向加以引导，如鼓励资源保障性海外投资，限制实体经济投资外流规模，鼓励技术和技术人才的引进等；（4）对投机性金融国际资本，无论对金融商品还是不动产均加以限制，如尝试开征投机交易差额税（不论房地产还是金融产品）；（5）将投机交易差额税收入，专款专用于对国内实体经济投资的褒奖；（6）立法杜绝政府财政赤字消费。

对国内实体经济的影响如何，是衡量资本自由化成功与否最重要的标准。凡是有利于国内实体经济发展的应予以鼓励，反之则应规制。绝不能对资本自由化只是抱有玫瑰色的幻想。完全放任自流与完全监控管制，都可能成为经济发展的桎梏。

资本的全部历史，就是社会通过法律对资本的弊端实现限制的历史，资本从降生的那一天开始，本质上就像大闹天宫的"孙悟空"，没有了"紧箍咒",谁敢说孙悟空一定会护驾取经?

投资保护主义有可能成为后进国家保护伞。适当的保护措施,如:(1)对外商直接投资减免税收,提供金融优惠;(2)对本国资本向海外的投资,征收有区别的海外投资税;(3)将海外投资税的收入,专款专用于对国内投资的奖励基金;(4)实行投资互惠政策,即对较多投资于本国的国家实行投资双边互惠等。

虽然投资保护主义的功效,可能只像感冒剂,也许不能消除病毒,却可以缓解感冒症状和减轻痛苦。当越来越多的国家理解这个道理时,世界可能会进入一个投资保护主义时代。美国前总统特朗普上台后的一系列政策,都表现出类似的收缩和抑制资本外流、回归美国制造、重建本土供应链的倾向。

2014年高尚全先生在《改革是最大政策》一书中警告:如果再搞阶级斗争,就会出现"两个大逃亡,一个大破坏"。一个是人员的大逃亡,就是私人企业主感觉不安全,他们移民了,另一个是资本的大逃亡;还有生产力的大破坏。

哪个国家在投资保护主义的方向上做得越早、走得越快,就有可能收益越多。

中国的经济泡沫

在中国的投资大潮中,投机和泡沫的增长同样在所难免,问题是泡沫的规模决定着它对国民经济是否构成威胁。

几乎所有的人都在谈论经济泡沫,但是包括美联储前主席格林斯潘在内,真正懂得经济泡沫的人很少。因为几乎所有人都不知道泡沫到底有多大。

其实，经济泡沫的计算非常简单：经济泡沫增量＝净资产增量－储蓄增量＋折旧－净资本流入，公式为：$\Delta B = \Delta A-(S+An-De)$。也可表示为：经济泡沫增量＝净资产增量－（储蓄增量＋净资本流入－折旧）。其中，泡沫 B：bubble；储蓄 S：savings；折旧 De：depreciation；净流入 An：A net。

因为净资产或财富的增加，只能来自储蓄和外资净流入，没有任何其他可能。但储蓄中要减去因折旧而消逝的资产。也就是说，净资产增量除去净储蓄以外的溢价部分就是经济泡沫。资本项目差额，也就是资本净流入。

在谈到泡沫的时候，很多人常常把物价上涨和通货膨胀混为一谈，这会在经济形势分析和政策制定时造成误判。所谓 GDP 增长就是收入增长，员工工资增长人工成本必然增加，GDP 增长 6%、物价增长 3% 属于正常范围；供给短缺也会造成价格上涨，如"缺芯潮"不仅造成 2021 年全球汽车减产 810.7 万辆，而且台积电、三星、联电等半导体巨头再一次集体掀起涨价潮，涨价幅度在 10%～20%。经济学把所有这些造成物价上涨的因素统称"成本推起"。

成本推起、超发货币、中央银行量化宽松政策（QE）等，所有这些因素都可能造成物价上涨，但是，只有超发货币造成的物价上涨属于通货膨胀。也就是说，通货膨胀（M2 超发）只是物价上涨的要素之一，因此不能把物价上涨和通货膨胀混为一谈。

同时，除了成本推起和通货膨胀要素之外，还有热钱炒作造成的物价上涨，也就是说：

物价上涨＝成本推起＋通货膨胀＋泡沫膨胀

同理：

物价下跌＝成本下降＋通货紧缩＋泡沫萎缩

因此，如果总体考察物价水平，有：

Pl=Δ（C+M2+B）
注：Pl（price level），C（cost），B（bubble）

也就是说，物价上涨水平不等于通货膨胀水平，也不等于泡沫膨胀水平。所以不能把物价上涨、通货膨胀和泡沫膨胀混为一谈。

所谓泡沫，是热钱或炒房资金进入市场后造成的价格增量，大于热钱的总量的部分。例如，炒房团用1000万元资金，买了价值1亿元的小区的10%的房子，使整个小区的房价上升了20%，那么整个小区房价上涨的2000万元，减去炒房热钱的1000万元，余下的1000万元就是泡沫。

影响房价上涨的因素很多。房价上涨＝土地出让金（地价）增加＋造房人工成本增加＋原材料价格上涨＋刚性需求增加（城镇化＋新婚＋收入增加＋租房需求增加等）＋泡沫……

没有投机交易，就没有泡沫。房地产的投机交易只是为了赚取交易差价，并不会增加房地产总量。例如，温州炒房团到处购房并不是为了居住或出租，也不是为了自己的财富保值，而是房价上涨后马上出手赚取买卖差价。有些人买房后连过户手续都不办，只是为了卖的时候方便，甚至少上税。于是，"限购令"以来新房购入5年之后才可以转卖，就极大地限制了投机交易。热钱炒房几乎已经不可能。而且，因房地产公司过量投资造成的现房存量增加，并不是泡沫。因为一些房地产公司即便资金链破裂，最多也不过就是其房地产所有权的转移（易手或收购），而不是泡沫破裂。

2022年以后，中国的房价特别是二线以下城市的房价会进入一个平稳期，但这还不是房价泡沫的萎缩，因为2014年以后中国的热钱炒房在"限购令"之下，已不复存在。2001—2020年中国经济泡沫总量增加了98.9万亿元。但随着"限购令"的问世，2017年以后经济泡沫出现明显萎缩。中国的股市泡沫和楼市泡沫经历了2000年膨胀、2001年的萎缩，2007年膨胀、2008年萎缩，2015年膨胀、2016年萎缩，以及2017年以来的持续萎缩，18年下来，宏观整体经济泡沫已经减少8282.9亿元人民币。

没有泡沫，整个国民经济会失去活力，死气沉沉，如1990年以后的日本；泡沫太大又会触发金融危机，甚至造成社会恐慌引发经济危机，如1929年和2008年的美国。

泡沫膨胀会助推物价上涨，泡沫萎缩也会拖拽物价整体水平下降。但是泡沫往往是在国民经济的某些板块助推物价上涨，如住房价格、股市价格等，但不可能推动国家物价总体水平的上涨。因为即便考虑到金融杠杆的撬动效果，热钱本身的总体规模也是有限的，热钱的流动就像黄河决堤后泛滥的洪水，流向河东就不会淹没河西，再大的黄河泛滥也不可能淹没整个华北平原。

钱往高处走，水往低处流。追求更高利润的本性，促使资本不断向利润率更高的领域腾挪。当实体经济投资不能满足资本增值欲望的时候，各种投机就会从阴沟里冒出来。

于是，温州制衣厂老板成了"炒房团"团长；只要有投机的可能，不论是古董字画，还是文玩珠宝，甚至一个小葫芦的价格也会从几十元涨到一万多元。2013年6月缅甸内比都的翡翠公盘会场的成交价，比起拍底价暴涨187倍。

投机资本积累起来的是"经济泡沫"，但经济泡沫的每一分钱都是真金白银的个人资产堆砌的，没有任何"虚拟"。不是实体经济无利可图，而是虚拟经济有更大的暴利可图。当一种投机商品（如股票）被"涨停板""跌停板"束缚之后，金融市场会设计出更能大赔大赚的金融工具——衍生品，通过各种名目的"杠杆"让赚钱和赔钱的速度加快。这样的杠杆也会将美国"两房"债务的3000亿美元，放大到6万亿美元，并让雷曼兄弟、AIG这样的巨型金融机构瞬间破产。

2012年以前，中国的资产泡沫主要是不动产泡沫。中国的股市泡沫崩溃在全球金融风暴前的2007年就已经提前上演了，股指从6124点暴跌到1642点，虽然伤了元气，但并没有对中国经济造成破坏性影响，其中一个要因是同期中国的消费和投资不仅没有因此受到拖累，反而呈直线上升，因此没有出现恐慌性消费萎缩，也就没有爆发经济危机。

2012年中国经济泡沫的存量（1990—2011年）累计约145.6万亿元人民币，大约是2012年中国GDP的3倍。这一阶段，中国净资产存量和资产泡沫存量的情况如图7-15所示。而日本1990年经济泡沫崩溃时的资产泡沫存量约2083万亿日元，为日本经济泡沫崩溃前1989年GDP 402万亿日元的5倍多。

中国在1992—1993年、2004年、2006—2008年和2010年前后，共出现过四次资产泡沫的高潮，资产泡沫的增量分别为303.7亿元、2.1万亿元、6.2万亿元和4.4万亿元人民币。

下篇　"中国奇迹"的背后

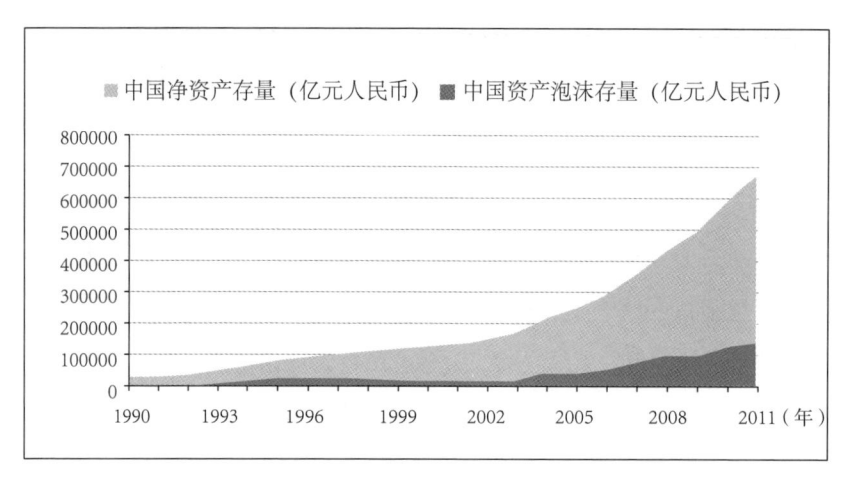

图 7-15　中国净资产存量和资产泡沫存量
数据来源：中国国家统计局：《中国统计年鉴》。

1990—2011 年，中国的资产泡沫率（资产泡沫存量/资产存量）约为 22.3%，与发达国家相比还属于较低水平。这个数值也远低于 1989 年日本泡沫经济崩溃时的资产泡沫率（273%），约相当于日本当时经济泡沫规模的 1/9，是 2008 年美国资产泡沫率 46.8% 的大约一半。

中国还有楼市泡沫吗？

斗转星移，2012 年以后中国政府的房地产投机限购（五限：限商、限价、限售、限贷、限购）政策的实施，对近年中国不动产泡沫的膨胀，起到了极大的抑制作用，其功效也让"民主市场"国家望尘莫及。此后的 10 年，中国的楼市泡沫被"限购令"几乎完全遏制，甚至出现了萎缩的趋势。其标志就是 2021 年各地"限跌令"的推出。

《时代周报》2021 年 9 月 6 日引述易居研究院智库中心研究总监严跃进的分析说，不是所有城市房价都在上涨，部分城市反而面临去库存的压力。昆明、岳阳等城市也先后推出了"限跌令"。

房企打价格战已从三、四线城市蔓延至热点城市。云南昆明某楼盘原价为1.6万元/平方米，开发商以特价房名义将售价调至1万元/平方米；辽宁沈阳某楼盘推出部分特价房源，价格从原来的均价1.1万元/平方米，降至0.8万元/平方米；广东惠州多个楼盘出现零首付、首付分期等现象。

江阴市住房和城乡建设局2021年8月31日发布《关于进一步促进房地产市场健康稳定发展若干事项的通知》，规定商品住房销售价格备案后，实际成交价格不得高于备案价格，严禁低价（如低于成本价、变相降价等）销售、打价格战，严重违反规定的房企会取消所有批次预售，改为现房销售。

在此之前，2021年8月9日湖南岳阳第一个推出了楼市"限跌令"，要求新建商品住房销售价格备案后，实际成交价格不得低于备案价格的85%，否则无法在商品房网签备案系统上签约买卖合同。

克而瑞地产研究数据显示，2021年8月，29个重点监测城市商品住宅成交面积同比、环比分别下降22%和10%，百强房企整体业绩表现不及历史同期，百强房企单月销售操盘金额同比下降20.7%，环比下降10.7%；百强房企中，近七成企业单月业绩同比降低，其中26家同比降幅大于30%。整体来看，8月房企单月业绩表现不及上半年及历史同期，有逾40家百强房企同比、环比双降。

那么，楼市泡沫膨胀转为楼市萎缩的拐点是在什么时候呢？就是商品房"限购令"出现松动的时间点。

中国商品房"限购令"是自2010年10月北京楼市新政开始的（国发〔2010〕10号文件），随后中国很多城市也开始出台相关措施和具体规定，用来控制房价的日益高涨。

至 2014 年 7 月，中国有 46 个城市采取了限购举措，但同时也有 20 个城市在限购方面出现不同程度的松动。因此，2014 年可以视为中国楼市泡沫膨胀转为泡沫萎缩的拐点。

2021 年的中国楼市，不仅没有泡沫，反而泡沫已经萎缩了。即便出现恒大地产、华夏幸福之类的冲击，也不会出现大面积房价暴跌和金融系统风险。

泡沫是一柄"双刃剑"。泡沫过大或者特别是泡沫突然增速过快，都可能引发泡沫的崩溃和金融与房地产市场的大起大落，对国民经济造成巨大冲击，甚至引发经济危机。

但是，如果完全没有了泡沫，经济也会萎靡不振，整个国民经济都会失去活力。就像 1992 年以后的日本，在 1993—2005 年的十几年间几乎是陷于停滞状态。

因此，如何让经济泡沫保持在一个稳定的健康水平，学会与泡沫共存，是一个国家国民经济健康发展的一项重大课题。其中的关键就是如何防止泡沫过大过热，将泡沫限制在一个合理的水平，就像给孙悟空戴上一个紧箍咒。

中国房产泡沫终结的标志，就是在地价和成本推起的强大压力下，二线以下城市的房价下跌。进入 2022 年以来，在恒大等大型房企相继资金链断裂的巨大心理冲击下，甚至出现 2022 年 4 月深圳土地拍卖没有一家民企出手买地的局面。在中央的限购等措施宽松后，各地纷纷出台松绑措施和政策，对购房者也提出了各种宽松和降低房贷利率等政策，但是以为随时会涌现的"购房热"并未马上出现。在疫情的大环境中，各行各业都受到影响。

那么，中国到 2020 年经济泡沫已经萎缩殆尽，2022 年以后爆发的恒大地产等大型房地产公司的资金链断裂和破产，是房地产泡沫的崩溃吗?显然已经不是,这些不动产公司的倒闭以及造成的全国300个烂尾楼盘引发的断供潮,已经不是经济泡沫的崩溃,而是泡沫萎缩后派生的金融危机。

中国的"凯恩斯主义失业"

所谓"凯恩斯主义失业",就是指因"政府财政赤字消费"造成的政策性失业。任何国家的新增就业,都最终源于新增净投资,此外没有其他任何途径。

政府财政赤字消费,会导致等量社会总投资的相应减少——政府从银行拿走了本来投资于实体经济的钱,于是投资下降多少,就业就会相应减少多少。用投资下降总额除以投资就业率(即资本装备率＝人均就业所需投资量)的比值,再乘上实体投资率(每单位资金用于实体经济投资的比例),就可以算出财政赤字消费会减少多少就业。

$$财政赤字消费导致的就业减少 = \frac{投资下降总额}{投资就业率} \times 实体投资率$$

1936年凯恩斯的旷世之作《就业、利息与货币通论》(以下简称《通论》)问世,自此经济学有了宏观和微观之分,经济政策理论研究也进入了凯恩斯时代。

《通论》在大萧条使得美国25%的人口卷入失业大潮的时代,开宗明义地用新的理论和经济政策来实现充分就业:在经济萧条时期(或有效需求不足时),通过政府财政赤字消费来增加有效需求,拉动市场活跃最终实现就业增加和收入增长。

中国的情况也基本类似，2010年至2019年的10年间，中国的财政赤字增量40 686亿元人民币，这些钱意味着政府把银行里的社会投资资本变成了政府消费。

按照同期中国资本装备率：新增固定资产投资/新增就业人口（同期10年中国资本装备率=固定资本投资增量33.2万亿元人民币/城镇新增就业人口10 562万人=31.4万元人民币/人）计算，这10年间中国的就业人口理论上少增加了1295万人。

从中国的总体储蓄规模看，1980—2012年，中国国内储蓄总量约21.19万亿美元，是同期全球总储蓄106.86万亿美元的19.8%。就是说全球近20%的总储蓄都在中国，中国的投资和收入（GDP）怎么能不增长呢？

相反，日本同期的总储蓄仅为0.2万亿美元，中国总储蓄是日本的106倍，日本的经济增长怎么能不停滞呢？

且，2007—2011年，中国全社会信贷总额合计192.2万亿元人民币，其中固定资本投资108.9万亿元，信贷投资率56.7%。即每100元人民币的银行信贷中，有56.7元用于固定资本投资。在全球一片不景气中，正是这种信贷投资率（总投资/信贷总额）的不断攀升，使得中国经济难能可贵地维系7.8%的高增长率（2013年）。中国的信贷总额和固定资产投资额的绝对值虽然在下降，但是经济增长速度仍然保持较高水平，主要原因也在于此。

但2011年以后，中国的信贷投资比率也呈下滑趋势。保守地估计，如果2003—2012年，中国摒弃"凯恩斯主义失业"，可以增加就业660万人，这相当于同期新增就业人口3983万人的约16.6%。如果再将约20万亿元人民币的地方政府债务余额计算进去，就业岗位还会大大增加。

中国经济是否会急刹车?

今后的20年中,中国经济是否会步美国和日本的后尘,慢慢陷入增长停滞呢?

答案取决于中国以下因素的变化。

中国赤字国债消费的规模

截至2020年中国政府债务余额46.55万亿元,其中全国地方政府债务余额25.7万亿元,国债余额增速还是相当惊人的。如果增长势头不能遏制,今天的日本和美国,很可能就是明天的中国。如图7-16所示,中国的国债余额从2005年的3.26万亿元,增加到2012年的7.75万亿元,2012年是2005年的2.4倍。

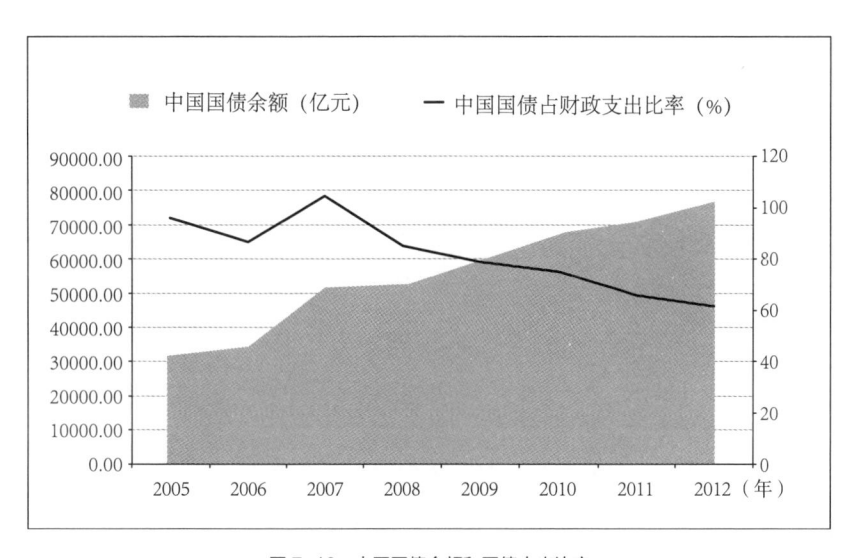

图7-16 中国国债余额和国债支出比率

数据来源:中国国家统计局。

最可怕的还不是政府债务余额的增长,而是债务增长的同时财政收入下降。2020年全球新冠病毒疫情下的大萧条使得全球收入和消费下降,势必将对中国的收入增长产生负面影响,财政收入的减少令人担忧(表7-1)。

表7-1 中国各省(区、市)财政收入(2020年)

省(区、市)	一般财政预算收入(亿元)	财政收入增减
西藏	221	−0.50%
青海	298	5.60%
甘肃	874.5	2.80%
黑龙江	1152.5	−8.70%
吉林	1085	−2.90%
新疆	1477.2	−6.40%
广西	1716.9	−5.20%
宁夏	419.4	−1.00%
湖北(2020)	2511.5	−25.90%
云南	2116.7	2.10%
贵州	1786.8	1.10%
湖南	3008.7	0.10%
江西	2507.5	0.80%
四川	4258	4.60%
陕西	2257.2	−1.30%
内蒙古	2051.3	−0.40%
河南	4155.2	2.80%
海南	816.1	0.20%
湖北(2019)	3388.4	2.50%
重庆	2095	−1.90%
安徽	3216	1.00%
辽宁	2655.5	0.10%
山西	2296.5	−2.20%
河北	3742.7	6.50%
天津	1920.8	−20.30%

续表

省（区、市）	一般财政预算收入（亿元）	财政收入增减
山东	6560	0.50%
福建	3079	0.90%
江苏	9059	2.90%
浙江	7248	2.80%
广东	12922	2.10%
北京	5483.9	−5.70%
上海	7046.3	−1.70%

中国金融市场的投机规模

2014年5月中国证监会发布《关于进一步推进证券经营机构创新发展的意见》，支持证券经营机构进行销售交易类产品创新，满足客户对非标准化产品的需求，鼓励证券经营机构为大宗交易、私募产品、场外衍生品等各种金融产品开展做市等交易服务。

对2014年的中国而言，把资金引入"赌场"，短期内可能缓解国内资本相对过剩的压力，但从长期来看百害而无一利。中国必须时刻警惕卷入金融衍生品泛滥的旋涡。

中国的资本外流规模

2012年，中国政府启动了若干鼓励国有企业和民营企业对海外投资的政策（7月3日，国家发展和改革委员会、外交部、工业和信息化部、商务部、中国人民银行等13个部门发布《关于鼓励和引导民营企业积极开展境外投资的实施意见》），排除那些确保战略资源和原材料的项目外，中国制造业直接对海外投资的增加，是否会走日本的老路，就要看海外投资的规模到底会走多远。

只要资本自由化的大门一打开，就没那么容易把控了。2012年中国对外投资总额 878 亿美元是 2007 年的 265 亿美元的 3.3 倍，也是截至 2012 年中国对外投资存量 5319 亿美元的 16.5%，增速明显。幸运的是，在中国的对外投资总额中，制造业的比重只占 8%～9%（图 7-17）。

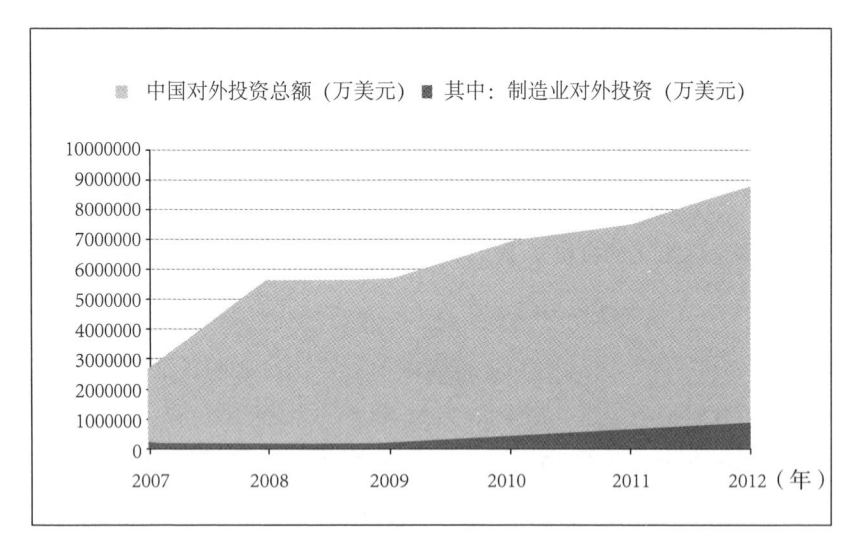

图 7-17　中国对外投资总额和制造业对外投资额
数据来源：中国国家统计局。

中国的投资环境和民企的投资意愿

不论中资还是外资，对它们投资中国意愿影响最大的，是中国国内投资利润率。但中国自 2006 年以来的投资利润率逐年下滑。投资不赚钱或投资赚的钱越来越少，将最终降低中国民企的投资意愿。

中国投资的法律环境、政策的稳定性和连续性、中国外汇市场的开放程度、影响投资利润率变化的长期趋势等，都会对中国 2022 年以后的投资规模，进而对经济增长速度产生决定性影响。

此外，受疫情冲击影响，中国国内中小企业信心不足，将严重影响就业的稳定。

总之，未来20年中国的命运，同样毫无例外地取决于政府赤字国债消费水平、资本外流规模和净投资的整体规模。寒暑冷暖，均系于此。

政府在经济活动中的最重要职能，就是把经济泡沫控制在一定的水平、杜绝经济危机。在2008年全球金融风暴爆发后，中国以追加政府4万亿元投资的果敢举措力挽狂澜，为顶住发达国家经济衰退的车轮在关键时刻使出了强劲的一把力，难能可贵。中国政府毅然追加的4万亿元人民币投资，是在告诉各国政府：在经济危机面前政府应当做什么。追加4万亿元人民币的投资对扭转经济危机期间的恐慌性需求萎缩和经济颓势的效果，比美国政府动用2万亿美元救市的效果明显得多。

过去几年，不少海内外学者、研究机构也许是抱着"盛久必衰"的逻辑，开始频频唱衰中国。那么，已经有了40多年经济高速增长不凡业绩的中国，今后是会延续迅猛势头，还是会突然急刹车呢？

通过图7-18的数据不难看出，中国的净投资收益率，即$\Delta GDP/$(总投资-折旧)在1984年、1987年和1994年前后出现过三次高潮（高峰期均超过50%，1995年以后迅速下滑到15%；2000年以后又逐渐回升到35%，2008年金融风暴后出现下滑）。问题在于2010年以后，中国的投资收益率又出现了继续下滑的趋势。随着投资收益率的继续下降，2020年中国的净投资增速已经下降到约0.5%。投资不赚钱或者投资回收遥遥无期，那谁还会投资？

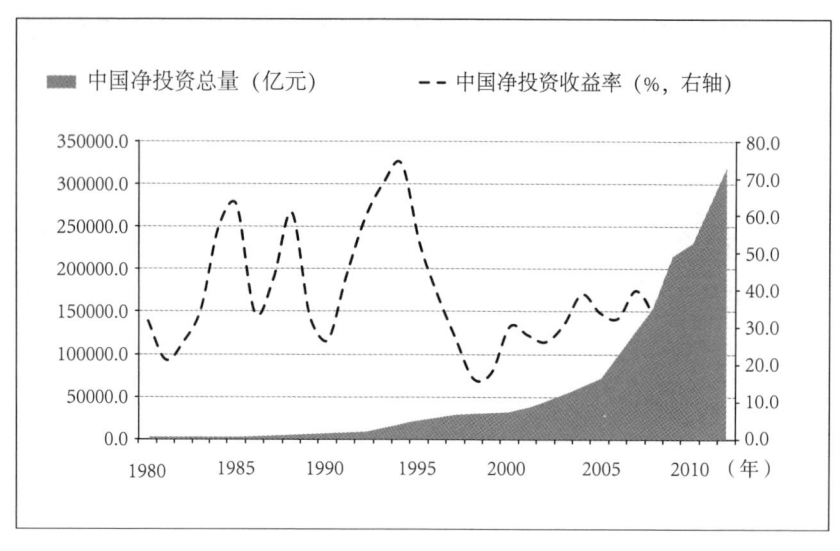

图 7-18　中国净投资总量和收益率

数据来源：中国国家统计局。

有鉴于此，笔者认为：

第一，中国 50% 以上的高积累率已经达到极限，今后很可能会不断下降。

第二，人民币升值和国外市场价格下跌的双重压力，会在很大程度上抵消企业效率的提高。

第三，中国工薪阶层收入的增长会大大超过东南亚周边发展中国家的水平。

第四，中国的"低收入人口红利"在迅速减小，大量生产型企业特别是一些外企，开始向越南、马来西亚、菲律宾等工资水平更低的国家转移。如大连等地的东芝工厂、宁波的三星重工、一汽马自达、深圳东莞的名牌鞋帽衣类工厂等。

今后数年中国经济增长率的逐步减缓，在所难免。中国很可能会像日本失去的 20 多年那样，渐入经济增长急刹车后的缓慢增长时期。

未来中国经济的增长速度最终取决于：

第一，外资制造业迁出的速度与总体规模。外资企业仅占中国企业数量的不到 3%，却创造了近 50% 的对外贸易、25% 的规模以上工业企业利润、20% 的税收收入。直接就业人数超过 4500 万人，占国内城镇就业人口的比重超过 10%，这还不算上下游相关产业带来的间接就业。

第二，中国企业自主开发尖端技术，独立完成将未来市场推上更高台阶的能力和实力（如磁悬浮列车等）。

第三，国企控股私企后对私企的效率和收益产生的影响。

第四，民企投资的积极性。

第五，中美贸易摩擦及欧美尖端科技对中国的封锁对中国企业的竞争实力和出口产生的影响。

那么，40 多年来，中国改革开放背景下的经济高速增长奇迹的背后，是否也存在应激压强的作用呢？答案是必然的。

于是，我们今天就不难理解，1979 年以后中国一旦进入改革开放，整个社会被巨大生存压力压抑了几十年的巨大能量，让中国像 1733 年的英国、1783 年的美国、1868 年的日本那样发生了"突变"，一下子如火山迸发，排山倒海、势不可当。

如果人类会有下一次应激突变，不管因何而生，都依然会因人们在特殊压力下的超常表现为世界增添一番光鲜的风采。

第八章

日本经济失去的 20 多年

日本经济是怎么进入"冬眠"的？

40多年弹指一挥间，在中国出现经济奇迹的同时，曾经在明治维新和战后经济高速增长期，有让人瞠目结舌的表现的日本，在1990年经济泡沫崩溃后，从此一蹶不振了20多年。那些曾经被无数专家学者归纳出来的"日本经验"，似乎一夜间烟消云散。日本到底怎么了？

1990年的泡沫崩溃是日本经济的拐点，从这一刻起日本经济陷入了长期的慢性经济萎缩。2010年日本的GDP总量为5.49万亿美元，基本上与1995年的5.33万亿美元持平；在此期间，GDP总量还出现了3次大跌。

1997年前后，日本的人均GDP首次出现下滑，这在理论上意味着劳动生产率的下降。日本经济就像一个慢性失血的病人，慢慢失去了活力。

于是，当年的辉煌成了玫瑰色的记忆。1989年12月底，年底股市惯例的"最后一跃"，让东京的股指冲上38 957点的巅峰。几乎所有人都沉浸在喜悦和亢奋中，对明天充满期待。各公司的"忘年会"竞相奢华，不光是公司老板，还有部长、课长"二次会"吃喝玩乐之后，都会慷慨地掏出钱包为部下买单。

元旦凌晨，涌向明治神宫的祭拜人数创下了历史纪录；随着人们钱包的变厚，据说可以保佑生意兴隆的浅草鹫神社神龛的卖价也越来越贵。设计精美、质量上乘的各种电器产品，神话般地在世界每个角落畅销，让日本货真价实地成了"日不落"之国。

经济泡沫是在每一个日本人的手中膨胀起来的。今天日本的一砖一瓦、一针一线，都是1868年以来日本人含辛茹苦、忍辱负重的积淀。20世纪80年代后，日本GDP和人均GDP的走势如图8-1所示。同时，过剩资本中的闲钱，就变成了投机热钱，在整个国家游荡。热钱所到之处，泡沫就会膨胀，一旦膨胀得过快，就会最终引发泡沫崩溃，反过来拖累国民经济。

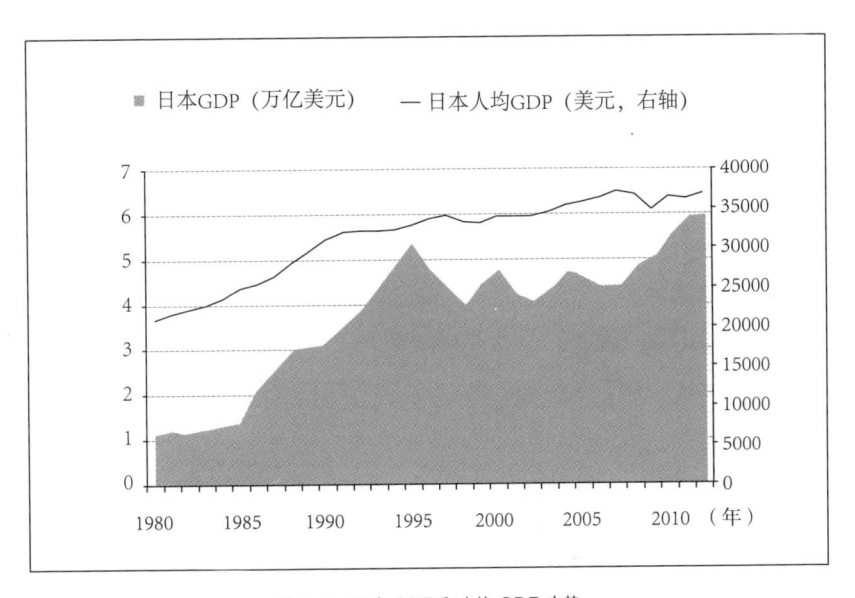

图8-1 日本GDP和人均GDP走势

数据来源：世界银行统计数据。

早在明治维新时期，日本固定资本投资与GDP的比率，就和储蓄率基本同步。1868—1885年资本形成率约为4%，储蓄率4%；1901—1913年资本形成率6%，储蓄率5%；1932—1941年资本形成率14%，储蓄率18.5%。这就是说，几乎储蓄起来的每一分钱，都被用作了投资。日本政府除了将国债全部用于投资以外，还要再从政府财政支出中拿出相当于国债总额 3 倍的钱,全部用作政府投资。于是,日本的国家债务仅占政府投资的 1/4,政府投资占财政支出的比例高达约 2/3(从 1932 年的 57.8% 提高到 1936 年的 65.2%)。

日本明治政府又将投资办起来的国营企业转手让给民间企业,国家转向以民间为主体的工业化。明治政府 1880 年 11 月颁布《工厂处理概则》,对购买国营企业的公司和个人进行了一些规定和限制。在 1884 年松方正义就任大藏卿后,进一步废除了其中大部分限制,确定了只要具备充分的资本便可购买官办企业的方针,于是民间资本和企业争先恐后竞相购买。三井集团购买了三池煤矿、新町纺纱所和福冈制丝所,三菱集团购买了长崎造船所、佐渡金矿、生野银矿、高岛煤矿、大葛金矿,古河市兵卫购买院内银矿、阿仁铜矿、深川水泥厂(浅野总一郎)、小坂银矿(久原庄三郎)、兵库造船所(川崎正藏)、品川玻璃厂(西村胜三)等。由此,民间投资蔚然成风,工业化扩展迅速。

明治政府的这些举措为日本工业化夯实了基础,也奠定了近代日本财阀(三井、三菱、大仓、浅野、古河、川崎等)的根基。赶上了这班工业化快车的人,也都成为日本财界、企业界的佼佼者,将其他那些贵族和领主(大名)永远地抛在了身后。

二战后的高速增长也是资本高速积累的缩影。1990 年日本的总投资 140.1 万亿日元,比 1960 年的 5.3 万亿日元增长了约 26.4 倍,几乎每年都增长出来一个 1960 年的总量。1970 年日本的总投资 26 万亿日元,是 1960 年 5.3 万亿日元的 4.9 倍多;1980 年的 75.4 万亿,是 1970 年的约 2.9 倍;1990 年的 140.1 万亿,又是 1980 年的约 1.9 倍。参见图 8-2。

同时,日本 1990 年的净投资 76.2 万亿日元,比 1960 年的 3.5 万亿日元增长了约 21.8 倍。1960—1990 年年均总投资率达到 30.3%,年均净投资率达到 16.8%。

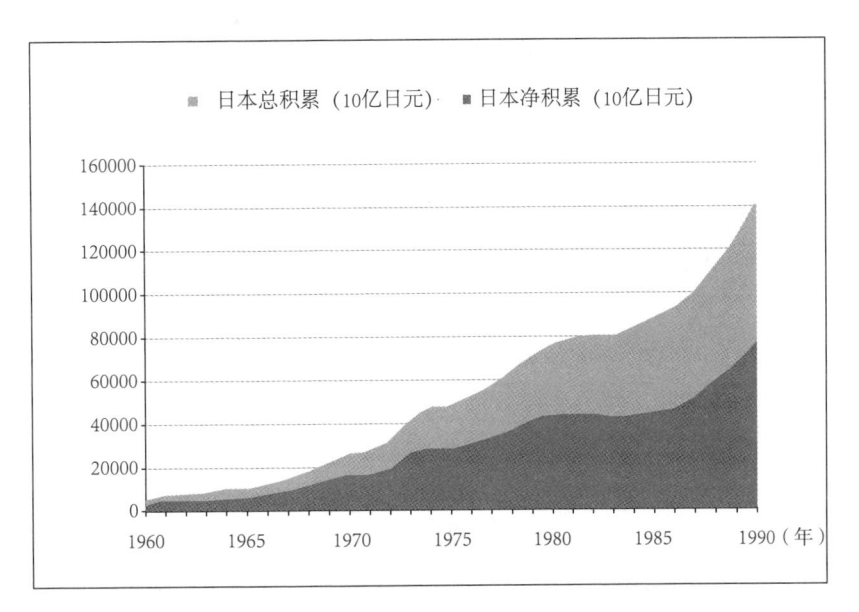

图 8-2　二战后日本国内总积累与净积累

数据来源：日本总务省统计局。

这蒸蒸日上的数据是战后 40 多年，甚至是 1868 年明治维新以来，日本人精打细算的结果，也是他们没日没夜地拼命工作、努力勤勉的回报。

那时的日本真的如朝阳升起，看不到任何日落的迹象。如果当时有人预言，从 1990 年开始，日本经济将踏步不前，肯定谁也不会相信。

热钱的疯狂

收入和财富的增加，让每一个日本人的钱包和胆子同时膨胀了起来。几乎所有的东西都在涨价，如股票、房产、地产、珠宝、文物、金枪鱼、便当（盒饭）等。"投机热"拉动日本全国物价全面上涨，从普通职员的月薪，到一碗拉面的价格，到街头擦一次皮鞋的费用，到丧葬费、墓地的标价，甚至到轻井泽的别墅、宠物旅馆、青山墓地等的价格，一起水涨船高。

一根"人间国宝"制作的竹制牙签，甚至可以卖到1万美元（约为1989年的8.6万元人民币）；一个普通公司的老板从挎包里拿出1000万日元（约80万元人民币）现金，已经算不上什么新闻。

经济泡沫的本质是资产泡沫，资产泡沫是资产价格（资产价格又可分为"有形资产价格"和"金融资产价格"。有形资产价格如房地产价格或固定资产价格等；金融资产价格如股票、期货、债券价格等）在投机资本推动下的超值上涨。经济泡沫与固定资产价格的上涨有同步的倾向。经济泡沫的崩溃，就是指资产价格在达到临界后突然暴跌。当然，经济泡沫（或资产泡沫）崩溃时，总会发生某个引爆事件——如日本1990年股市大跌或雷曼兄弟公司倒闭等。

日本出现过三次较大的资产泡沫膨胀，1978—1981年（泡沫增量约437.2万亿日元）、1985—1987年（约726.9万亿日元）和1989—1990年（约538.8万亿日元）。这大大推高了整个日本的房地产价格。

1985年以后资产泡沫的二次高潮，来势更为猛烈。1985—1990年日本资产泡沫的增量合计1265.7万亿日元，是20世纪70年代末期第一次资产泡沫增量的近3倍。日本银行业对房地产业的贷款余额由1985年的约17万亿日元，增加到1991年的约43万亿日元，增加了1.5倍多。由此，东京、大阪、名古屋等六大城市经济圈的商业用地价格指数，1985年比1980年上升了53%，1990年比1980年上升了525%；同期日本全国土地的平均价格上涨了1倍以上。

泡沫承受力（人均泡沫存量/人均GDP），关系到泡沫在膨胀多大以后可能崩溃。日本1989年的人均经济泡沫存量1541万日元/人（11.4万美元/人），为当时日本人均GDP 24 505美元的约4.6倍。就是说，1990年，日本的人均泡沫承受力的临界极限，约为人均GDP的4.6倍。

美国的情况如何呢？1989—2008年的资产泡沫存量约23.2万亿美元，2008年的资产泡沫（存量）率（Bs）为46.8%。到了2008年金融风暴前，美国的人均泡沫存量80 427美元，为2008年美国人均GDP 49 893美元的约1.61倍。

1929年前的美国股市经历了连续7年的上涨，在一战后经济繁荣预期的裹挟下，大约2000万怀揣梦想的美国人（按照4口之家计算可能涉及8000万国民），将500亿美元的资金投到了股票市场，此间约有50%的美国人将住房抵押用贷款来炒股。

但1929年10月美国股市崩盘，泡沫崩溃让大批普通美国人一半的资产瞬间蒸发，大约250亿美元进了少数投机家的口袋，大量普通人陷入了无家可归的恐慌。于是，此后爆发的恐慌性消费萎缩引发了史上最惨烈的经济危机。

而且，美国人50%的房产被抵押，股市暴跌造成的心理冲击要比1990年的日本泡沫崩溃强烈得多。比较图8-3和图7-15不难看出，美国的泡沫存量与资本存量的比值，也比中国高出很多。

经济增长和收入提高，在为日本人带来不断膨胀的财富的同时，也积淀出规模庞大的闲置资金和过剩资本。虚拟经济利润率的居高不下，让人们不再理会金融投机收入的来源和风险。似乎1929年美国股市大崩盘前，计量经济学家费雪"股市将进入永恒的上涨期"的鼓噪，在1989年依然可信。

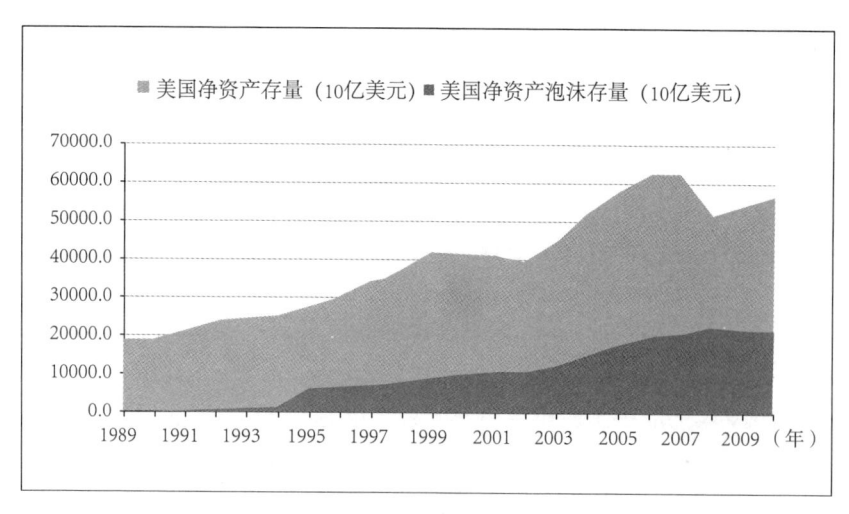

图 8-3　美国净资产存量和净资产泡沫存量

数据来源：历年美国商务部编：《现代美国数据总览历年》，[日]柊风舍译。

看着账户上存款不断增加的日本人，资本在本能的作用下开始骚动，实体经济"汗珠砸脚面"的艰苦创业不再时髦，炒股和房地产倒手后的一夜暴富，迎来更多人羡慕的目光。

东京银座从来都是日本的"地王"，1989年每平方米地价攀升到35万美元（约合300万元人民币/平方米）。辛辛苦苦的出口创汇，换来了汇率从360日元，飙升到4倍以上的78日元，日本人飘飘然地觉得自己突然成了财主。不仅国内大都市圈的房地产，就连美国纽约的第五大道，也成了日本大房地产商投机的标的。

整个日本都在"忙碌"中，道路上的每辆汽车都争先恐后、争分夺秒，前面的稍微开慢一点，后面的车就会鸣笛催促；推开一个餐馆的门想找工作，老板会让你马上换衣服直接上班；路上和电车站夹着鼓鼓囊囊公文包小跑着的人群，大多是各种新产品的推销员、保险推销员和证券期货等的促销员，他们的业绩几乎与走路的速度成正比。

入夜，到处灯火通明，加班后身心疲惫的公司职员，也要在酒馆一直喝到酩酊大醉。

闲钱从实体经济投资中游离出来，汇集成"投机资本"（热钱）。在资产保值和追求更高利润的原始冲动驱使下，投机资本会迅速向各种可能更快盈利的投机方向——房地产、固定资产、古董、字画、文物、珠宝等领域腾挪。泡沫膨胀时期，为了躲避高额的所得税和继承税，日本的各种博物馆如雨后春笋般出现，里面不仅有欧美的名画杰作，还有中国人的身影，中国著名画家范曾也在冈山有了个人美术馆。

在泡沫癫狂的年代，多数日本人都相信眼前的景气和繁荣会长久地持续下去。在世界各地疯狂购买名牌商品的日本人，丝毫不比中国人在世界各地的名牌购物团逊色。世界各大媒体都在鼓吹"日本模式""JAPAN.com""东方（高速增长）神话"，美国《时代周刊》的封面登载漫画：一架日本飞机正在向美国丢下一辆辆汽车和各式家电……标题是"虎、虎、虎"。

日本的过剩资本在 1980 年和 1989 年前后出现过两次高潮，1989 年日本的相对过剩资本达到 55.65 万亿日元的高峰，见图 8-4。过剩资本 EC（Excessive Capital）= 银行存贷差 DL（Deposit and Loan）−（进出口）贸易差 TB（Trade Balance）。泡沫崩溃后，为了填补资产价格下降造成的亏损，金融业和不动产业、建筑业不得不贷走大量的银行资金，1991—2000 年该三大行业的借款增加额为 304.1 万亿日元，相当于同期日本全部银行贷款增加额 925.2 万亿日元的约 33%；银行向金融业的贷款从 1990 年的 37.7 万亿日元，迅速增加到 1992 年的 46.7 万亿日元和 1995 年的 49.6 万亿日元；银行向不动产业的贷款也从 1990 年的 42.4 万亿日元，迅速增加到 1992 年的 51.7 万亿日元和 1994 年的 55.9 万亿日元。

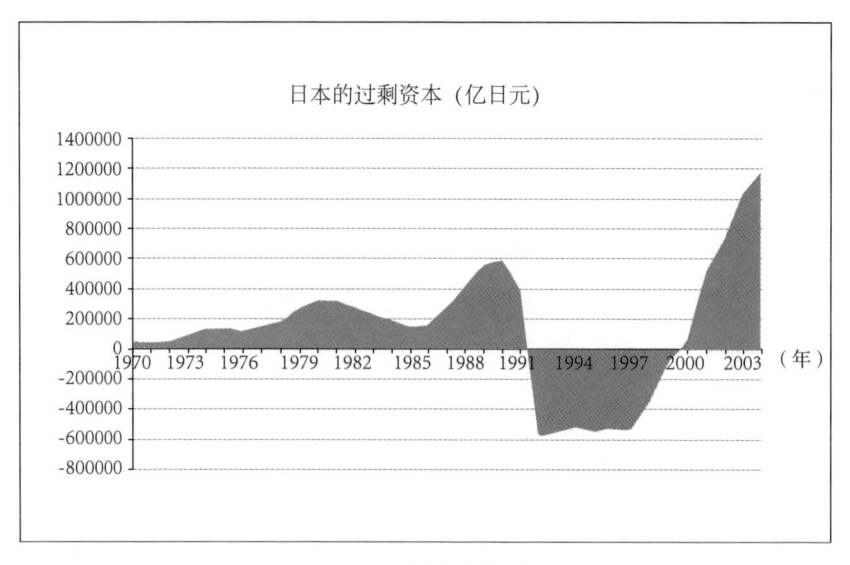

图 8-4　日本过剩资本变化

数据来源：日本银行统计局、日本内阁内务省统计局。

"赌风"日盛

日本股价疯涨背后推波助澜的是投机资本，在那些把祖宅抵押出去也要炒股的人群中，好像看到了 1929 年美国大萧条前，50% 的住宅被抵押出去贷款炒股的美国人。只要可以筹措或借到的钱都砸向股市，生怕赶不上这班车。

顶峰时期，日本证券市场 1989 年的市值达到 640 万亿日元，是 1980 年 81 万亿日元的约 7.9 倍，是 1970 年 16 万亿日元的约 40 倍！这意味着，1970—1990 年每年有相当于 1970 年市值两倍的钱不断流入金融赌场。

房地产泡沫和股市泡沫是"双胞胎"。截至1989年年底,日本经济泡沫存量约2083万亿日元,为泡沫崩溃前1989年GDP 402万亿日元的5倍。

说当年日本的经济泡沫是房地产泡沫的解释非常普遍,但这种说法近乎偏颇。1989年以前的20年中,比房地产泡沫更为严重的是金融资产(股市)泡沫。这一特点和今天以房地产泡沫为主的中国形成鲜明对照。

如前文所提到的,日本的地产价格巅峰在东京银座,因买入一座位于银座的"三爱大厦",使得某著名不动产公司倒闭。甚至有"一个东京的地价可以买下整个美国"的说法,让很多日本人兴奋不已、欣喜若狂。

在股市与房地产的双重泡沫中,股市泡沫的规模和膨胀速度,要大大高于房地产泡沫。单纯从升值幅度看,日本股市的涨幅是不动产价格涨幅的大约4倍。某种意义上说,日本的大量投机资本在源源不断地流入股市的同时也绑架了房地产。就像大笔赢钱后走出拉斯维加斯赌场大门时,再花高价购买奢侈品也没有什么感觉一样,股价上涨时期股票交易带来的"虚拟收入"给人以错觉,使人们的消费观和对金钱的感觉发生扭曲。

一个国家的资产泡沫是否会崩溃、什么时候崩溃,最重要的不仅是泡沫的规模,更多地取决于资产泡沫的膨胀速率。不论泡沫膨胀到多么让人心惊肉跳的程度,只要泡沫膨胀没有出现突然的跳跃式冲高,泡沫就很难一下子崩溃,即便泡沫从膨胀转向萎缩,也会是一个缓慢的过程。

因此,对于政府而言,与其在股市崩盘之后选择是否救市,不如在泡沫到达一定程度时建立预警机制,尽早对泡沫膨胀提出警告,或者采取像2012年以后的限购令之类的约束措施，防患于未然。

同时，投机资本增加的每一分钱，都是实体经济的等量失血。投机资本如果进入实体经济，可以相应增加收入和就业，因此也可以说资产泡沫的膨胀规模，也是实体经济投资的萎缩规模。除非市场几乎无法创造等量的实体投资。投机资本使得多数人输掉的钱进了少数人的口袋，推动贫富差距不断加剧。

在市场经济中，存在一定程度的泡沫本身会推动物价的上涨进而助推实体经济的投资增加，成为经济增长的动力之一。完全没有泡沫，国民经济也会失去活力，显得死气沉沉。就像1992年以后20年的日本，路上的卡车数量慢慢减少、车速变慢，连高速收费站的拥堵问题都自然缓解了。

但是，泡沫的过快膨胀，特别是在高杠杆支撑下的非理性膨胀，却会招致突然崩溃后的金融危机。可怕的不是泡沫，而是泡沫膨胀速度失控。

为此，以下措施值得关注：

第一，将泡沫控制在一定范围内。让泡沫的膨胀和萎缩呈现一种"洞中浮动"的状态。

第二，建立国家泡沫预警系统，并实时发布泡沫系数及其相关信息。

第三，避免泡沫崩溃后的金融危机引发社会恐慌，建立金融危机防火墙。

第四，将金融交易中交易额的一部分作为防范系统性风险基金。

泡沫崩溃：曲终人散时

1985年12月到1987年10月，在这不到两年的时间里日经指数从13 113点上涨到26 000点，翻了一番。1987年年底日本股市市价总额上涨到占全球总额的41.7%，世界第一，而GDP仅为美国的1/6。1989年年末股价总额630万亿日元，相当于日本GDP的1.5倍。

同期日本地价与股价遥相呼应，轮番上涨。日本城市地价从1981年起加速上涨，1975—1990年达到巅峰的15年间，地价上涨了16倍；仅1981—1985年的5年间地价就上涨了8倍；1990年年末日本土地资产总额2389万亿日元，比1985年年末上涨1.4倍，所增加的1385万亿日元相当于当时GDP的3倍。于是，日本开始了地价上涨→资产升值→股价上涨→土地担保物升值→贷款增多→企业利润增加→收入和经济增长加快→居民消费增加的循环。

股价崩盘一年后，1991年第二季度地价也开始下落，在此后的十几年间跌跌撞撞地一路下跌，到2005年1月地价比高峰时下降了大约一半。而股价下降了约80%。

日本股价和楼市价格的双双下跌，虽然引发了金融危机，大量金融机构破产被重组，如住友银行、北海道拓殖银行等被重组，但是没有诱发经济危机。

股市日交易额迅速下降到10亿日元以下，跌破了维系整体金融证券机构最低运转成本的手续费下限。"久赌无赢家"，就连日本第一大券商野村证券公司，不久后也开始陷入了赤字和亏损。大量投机资金从证券市场撤离，而国际热钱早在日本股价崩盘半年之前，也就是1989年年中就开始逃离日本股市了。

投机金融的亏空开始让金融机构陷入绝境，连三井银行这样的百年老店、银行界的翘楚也不得不重组（破产），日本各大报刊头版头条的标题是"25万三井人的耻辱"。

1995年7月宇宙等几家信用社破产；同年9月兵库银行破产；1996年又有太平洋银行、能代信用社倒闭；1997年，十大城市银行之一的北海道拓殖银行和四大证券公司之一的山一证券公司破产。一些地方出现了恐慌性挤兑，原本有政府背景的北海道拓殖银行、三和银行、东京银行等也接连面临同样的尴尬，日本金融界陷入剧烈震荡。

可怕的不是泡沫的崩溃，而是信心的崩溃。股市和不动产价格的大跌所造成的资产贬值，使日本国内和全世界曾经在对日投资中获利匪浅的外国投资者，彻底失去了信心，国际投机资本纷纷逃离日本。东京黄金地段泡沫时期被高价买下的土地，没再耸起高楼大厦，变成了一个个停车场。

资本相对过剩的高峰期，挤压着日本国内的过剩资本纷纷转投金融投机领域，或流向海外成为绝对过剩资本（流向海外的资本）。泡沫崩溃后，日本国内的过剩（投资实体经济的资本在国内出现过剩）资本成了没头的苍蝇。

热钱开始加速离开日本。1989年至2012年，日本外国资本净流入仅0.13万亿美元；同期中国的外国资本净流入2.72万亿美元（含港、澳），占全球总资本流入21.48万亿美元的约12.66%，而日本仅占0.62%（见图8-5）。向海外的投资和转移，成为此后日本持续20年实体经济萎靡和产业空洞化的原因之一。

日本经济泡沫崩溃的重要特征是：股价崩盘引发的金融危机没有导致经济危机；1985—1990年房地产价格暴涨了5年，而下降期从1990—2005年长达15年，即暴涨缓跌，5年吹起的房地产泡沫经过15年才跌回起点（见图8-6）。

第八章 日本经济失去的 20 多年

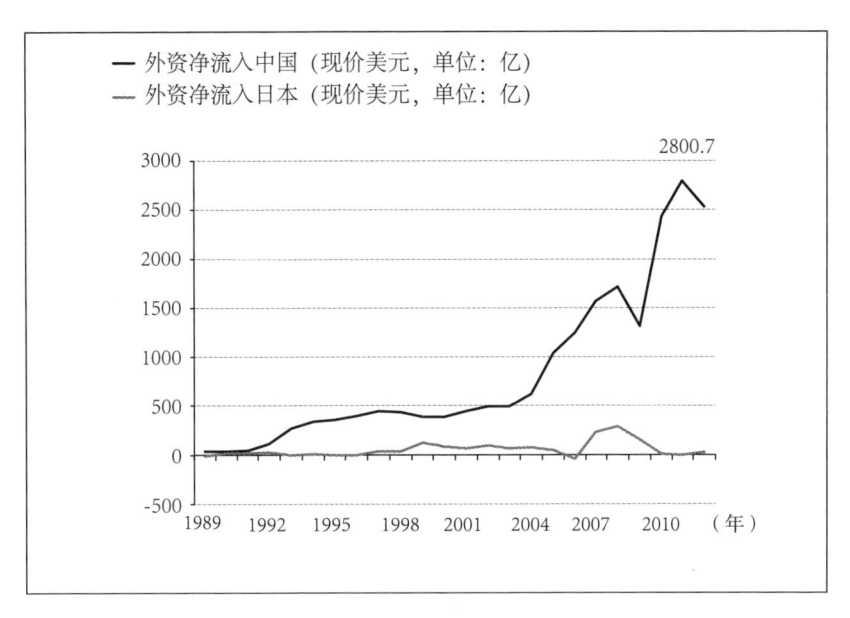

图 8-5 中日外资流入规模比较

数据来源：世界银行统计数据（中国数据包含香港、澳门地区）。

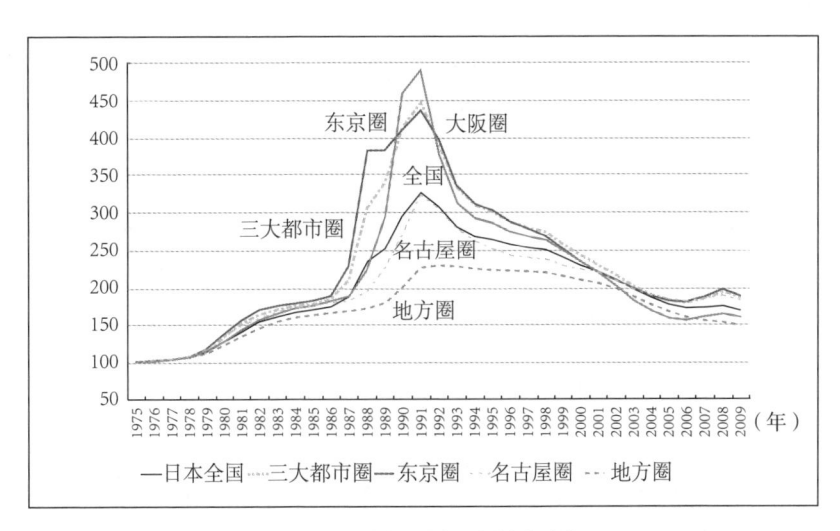

图 8-6 日本主要城市圈房价长期走势

注：房价以 1975 年为基准 100 进行计算。
数据来源：日本内务省历年《日本统计年鉴》。

而且，房地产泡沫崩溃后房地产价格并没有像中国股市那样一泻千里，甚至跌破成本价。这也预示着中国的房地产价格今后即便出现下跌，也很可能不是暴风骤雨式的一泻千里，而是温水煮青蛙式的缓慢下跌。

泡沫崩溃未必导致经济危机

值得庆幸的是，日本股市总体的下跌规模虽然很大，但是下滑周期却长达 8 年。人们总是心存股市重回昨日辉煌的侥幸心理，却使得股市价格被慢慢地送入谷底。这就使这一次的股市大跌并没有在日本人心里引发严重恐慌，也就没有出现"恐缩"（恐慌性消费需求萎缩）。1990—1992 年的 3 年间，日本的国内消费反而有所增长。

同时，泡沫崩溃后日本房地产价格的下跌，前后持续了大约 15 年，且房地产价格最低也没有跌破 1985 年房地产价格快速增长前的水平。

因此，虽然当时日本陷入了金融危机，却没有跌入经济危机，并没有酿成像美国 1929 年大萧条和 2008 年全球金融风暴那样的经济大萧条。经济危机的本质，既不是由于"生产过剩"（马克思），也不是所谓"有效需求不足"（凯恩斯），而是始于"恐缩"。经济危机的形成机制是：金融投机市场（如股票或金融衍生品）价格大跌→金融危机→社会恐慌→消费需求突发性萎缩→库存增加→生产减少→企业亏损→失业增加→有效消费需求进一步下降→……→生产和库存调整→恐慌缓解→需求和市场恢复……

其特征与传统经济危机理论的核心区别在于：在金融危机爆发后出现的需求萎缩，与正常生产过程中的长期持续性生产过剩或萎缩无关。笔者认为，生产过剩理论本身就是一个伪命题，在任何市场经济环境下的生产过程中，库存会成为一道天然屏障，当库存增加到一定程度后，企业的生产就会自然调整，因此不可能出现所谓的生产过剩。

同样，2000年纳斯达克指数暴跌后的美国，2007年股市大跌后的中国，都没有因"恐缩"而陷入经济危机。就是说，股市下跌的"软着陆"，使这些国家避免了金融恐慌猛烈冲击后的经济危机。

1990年经济泡沫崩溃后，日本的民间消费支出不仅没有减少，反而连年增加；而且，民间消费增长的速度，大大快于收入的增长速度，其中，1991年收入减少了14.5万亿日元，消费反而增加了6.7万亿日元；到1992年收入减少了4.4万亿日元，而消费依然增加了6.5万亿日元。这意味着1991年和1992年，日本人拿出了32.1万亿日元的存款促成了这一消费势头，这些超支消费差不多相当于1989年400万亿日元总收入的8%。

所以，日本1990年的泡沫崩溃只是一场金融危机，并没有因为消费的突然恐慌性萎缩而引发经济危机。资产价格崩盘后，也没有像一般经济危机爆发后出现消费的突然大面积萎缩。日本在泡沫崩溃的8年后，即1997年11月以三洋证券、北海道拓殖银行、山一证券等大型金融机构相继倒闭为开端，金融危机才爆发。其中之艰难和努力可想而知。政府没有立刻启动"PAY OFF"（不保证超过一定额度的存款提取）的方针，各大媒体也三缄其口，才避免了银行挤兑的发生。

对于泡沫崩溃的原因和对策，日本国内主要分为："通货紧缩派"（紧缩缺口派）和"结构改革派"两派。"通货紧缩派"（如岩田规久男）基本上属于货币主义，强调增加流动性的意义；"结构改革派"（如林文夫）则认为生产力的长期低下带来潜在增长率的下降，所以实施金融、财政等宏观政策不会有明显效果，应该通过规制改革来提高生产力。但因并未抓住泡沫崩溃的本质，因此这两派提出的政策取向似乎很难奏效。而且，以存在逻辑缺陷的凯恩斯主义危机理论为基础，探讨应对非经济危机的泡沫崩溃后的日本经济政策本身就不可能得出正确的结论。

泡沫崩溃后，日本经历了一个长达近 15 年（1991—2005 年）的泡沫缓慢萎缩期。此间资产泡沫整体大约萎缩了 1528.1 万亿日元（约 13.9 万亿美元）。日本证券市场市值从 1989 年年末顶峰的 485 万亿日元一路下跌，直到 1998 年才降到谷底的 277 万亿日元，萎缩了 57%，其中仅 1990 年一年就减少了 35%。

在股市疯涨的年代，最不可一世的大证券公司出手阔绰，职员收入也大约是普通人平均收入的两倍；1989 年日本某最大证券公司，仅中国问题的研究经费就有 10 亿日元，可是到了 1991 年这些钱一下子被削减到了 0。随着熊市的降临，从金融公司整体收入到每一个职员的薪资水平都大幅下降，甚至开始裁员或自然减员。

1992 年 3 月股市跌到约 14 000 点后，连新股上市也会破发，这让一心盼着股市雄风重振的投资者，几乎对所有股票的前景都开始悲观起来。

这一段慢性萎缩期在现实中相当痛苦。在房地产价格下跌潮中，许多后悔没在房地产价格高峰期出手的人们，宁可让破旧的"一户建"式住房荒废，也不愿低价出售。许多匆忙改行经营不动产的公司，迅速出现赤字和亏损，最后不得不搬进自己盖的办公楼成了房东。

原来在金融投机中一夜暴富的新秀，开始一个个搬出"亿宅"（億シュン）。泡沫时期在建筑造型和造价上的花销越来越少，住宅楼和宾馆饭店的造价越来越低。新造的楼宇为了提高出房率越来越简化为"方砖"，让今天的日本一眼望去到处都是方块楼。商店里各种低价的"中国制造"无声无息地摆上了货架，替代了"日本制造"，其背后是日本原有制造业企业接踵倒闭，或搬迁到中国或其他东南亚国家。

奢侈品的销量迅速降温，中上等的餐饮店随着生意的黯淡而一家接一家地关门，相反吉野家、好家、回转寿司等廉价快餐店开始走火，中午套餐和盒饭的价格甚至跌到原来的 1/3～1/2。

大排量的汽车和豪华轿车开始让位给低排量的轻型车，汽车总排气量的减少也在悄悄改善着城市的空气。以至 20 世纪末，东京 160 多个空气监测点的检测结果突然变好，搞得气象部门有些摸不着头脑。

坐落在大手町附近的百年老店"白木屋"落下帷幕，象征近代日本商业文明和最高消费水平的百货店相继破产关门，注重平价的超市以及便利店取而代之成了幸运儿。

许多著名实体企业，因不动产投资的失败而不得不"解甲归田"，回归本行。在东京、大阪的偏僻处，那些无家可归者（ホームレース）的帐篷里，不难碰到倒闭后不得不出来躲债的住宅建设公司的老板，卖不出去的新建住宅荒废，自己却在附近成了无家可归者。

与日本相比，2007 年中国股市经历的泡沫崩溃就较为幸运。经过 17 年的起起伏伏，中国上证综指从 2007 年 1 月 4 日开盘的 2728 点，终于在 10 月 16 日冲上了 6124 点，涨了约 2.24 倍（较 1993 年股市开盘时的 95 点上涨了约 65 倍）。此后，股市泡沫破裂，从顶峰一泻千里跌回 1664 点，下降幅度高达 73%，超过了 1990 年日本股市崩盘的下跌幅度。上交所市价总值 14.79 万亿元人民币，流通市值 4.26 万亿元，市盈率 48.7 倍（仅次于 2007 年 4 月的 53.24 倍）；深交所市价总值 4.54 万亿元，流通市值 2.28 万亿元，市盈率 59.9 倍。

中国上市公司的市场资本总额，从 1995 年的 421 亿元到 2004 年的 640 亿元，仅增加了约 52%，而 2005—2007 年猛增到约 9.7 倍的 6220 亿元。股市交易额占 GDP 的比例也从 1995 年的 6.8% 骤升到 2007 年的 223%，泡沫膨胀之快让人担忧。2010 年后，中国上市公司利润和利润率情况如表 8-1 所示。

表 8-1 中国上市公司利润和利润率

年份	营收(万亿元)	同比增长	净利润(万亿元)	同比增长	毛利率	净利率	净资产收益率
2010	18.4884	35.70%	1.6306	42.34%	12.50%	8.80%	14.35%
2011	23.2482	25.74%	1.9141	17.39%	14.50%	10.00%	14.43%
2012	25.5125	9.74%	1.9372	1.21%	10.60%	7.50%	14.30%
2013	28.1228	10.23%	2.2271	14.96%	11.10%	7.90%	14.37%
2014	29.9445	6.48%	2.3962	7.59%	11.30%	8.00%	14.78%
2015	30.694	2.50%	2.3973	0.05%	11.30%	7.80%	45.05%
2016	33.3014	8.49%	2.5739	7.37%	11.10%	7.70%	15.53%
2017	39.5871	18.88%	3.0755	19.49%	11.40%	7.76%	16.15%

数据来源：新浪财经。

投机资本把股价炒得过热之后，何时下跌不过是时间问题。中国上市企业 2010 年净利润 1.6 万亿元，而投资者年度支付的交易成本超过 5000 亿元，当时的股票价值与企业盈利已完全脱钩。以 7 月 31 日的成交情况（只计算股票）计算，上海成交 1520 亿元、深圳 823 亿元，合计 2343 亿元。当日支付印花税 14 亿元，佣金 9.2 亿元，合计 23.2 亿元；年度（240 日 / 年计）支付税费约 5568 亿元。

除了热钱涌入投机把市场价格冲到顶峰，无须其他理由解释股市疯狂后的下跌。2003 年中国全社会信贷总额 102.4 万亿元人民币，而其中固定资本投资 5.6 万亿元，仅占约 5.5%，投机之热可见一斑。

中国的侥幸在于，2007 年股市泡沫崩盘时，中国宏观经济整体上与国际金融市场并没有真正意义上的接轨，或者说中国金融市场还并没有真正对外开放。而且，中国的房地产价格也还没有达到顶峰，因此也就没有随着股价的崩盘同时崩溃。除了股市，当时中国的其他经济指标几乎一切正常。所以中国人也没有因股市崩盘造成的冲击发生社会恐慌和消费的突然萎缩。

相反，股价大跌后，从股市撤出的资金反而加大了中国国内过剩资本的总量，在资本账户并未开放的半封闭金融大环境下，退市资金反而更多地涌向房地产和出口行业，托住实体经济领域的价格不降反升。

日本政府错在哪儿？

在世界近代史上，日本作为一个后进小国经过几十年艰苦卓绝的努力，成为数一数二的经济强国，政府的作用功不可没。

早在明治维新初期，日本国内的民间投资规模和民营企业还相当有限。当全体国民尚处于观望之中时，政府身先士卒，在冶金、造船、机械制造（军工）等行业率先投资，待到初具规模后，这些企业虽有了一定基础但盈利欠佳，又被转让给了民间经营。

大萧条之后的1932—1936年，日本政府固定资本投资的比重一般为57%~65%；同期日本政府发行的国债总额约占投资额的一半。这意味着，战前日本政府发行的国债，几乎全部用在固定资产的投资上了。

日本政府曾经大笔发行国债，将筹集到的资金，几乎全部用在了工业化投资方面，才有了此后国民经济的基础。

对于日本，全世界都在问：一个曾经以高积累迅速完成工业革命的"东亚经济骄子"，唯一在日俄战争中战胜过欧美国家的东亚强国，昨天还创造过"战后经济高速增长"神话的日本，怎么1990年股市下跌之后如此萎靡不振长达20多年？日本到底怎么了？

即便把 1990 年日本股市泡沫的崩盘视为一次像 1929 年美国的大萧条和 2008 年全球金融风暴那样的经济危机，人类有史以来最严重的经济衰退——1929 年大萧条，美国也仅用 6 年就恢复到了危机前的水平。日本经济怎么会连续 20 多年一直在萎缩，而且看不到尽头？这几乎成了一个世纪之谜。

笔者认为，泡沫崩溃后日本经济的问题不是天灾而是人祸。最终使日本经济步履蹒跚的主因是日本政府的赤字国债消费政策。

误入歧途？

第二次世界大战后美军占领了日本，西方经济思想也开始主导日本政府的政策取向。特别是进入 20 世纪 80 年代以后，随着日本资本过剩、泡沫经济崩溃陷入慢性衰退，消费至上的凯恩斯主义乘势成为主流，日本政府开始奉行本末倒置的刺激内需、刺激消费的经济政策。

发达国家与其说是政府遵循了凯恩斯主义，不如说凯恩斯主义的政策主张与发达国家政府所期盼的赤字消费的心理一拍即合。所谓凯恩斯主义的经济理论，成了包括日本在内的发达国家财政赤字消费的借口。

尼斯坎南的双重垄断理论[①]解释了财政赤字消费日益膨胀的原因，也许高抬了官僚体系。官僚系统通过提出预算案维系自己的地位和利益，可以想见，财政赤字消费的主导权掌握在需要通过加大福利预算取悦选票的政治家手中，那么凯恩斯主义经济政策正好可以用来粉饰

---

① 双重垄断理论：假设条件一为官僚们试图最大化他们的预算，条件二为大多数情况下可以成功，那么官僚有提案的权力，而且相对于国会拥有资讯上的优势，会导致政府预算过于庞大且没有效率。

装潢。

于是，在所谓民主政治体制下，财政赤字消费的长期化、扩大化很难纠正。没有哪一个政治家愿意用自己的落选来换取国家的繁荣。从这个意义上说，政治家迁就"福利向下刚性"与贿选没有本质的区别。

政治家和政府总想兼得鱼和熊掌，凯恩斯主义为他们提供了借口和依据。但只要时间稍微拉长，财政赤字消费的弊端必然显现，政府和政治家就会陷入无路可退的窘境。

经济危机期间，政府秉持借钱也要增加投资的凯恩斯主义，对缓解经济危机的冲击是有重大意义的举措，1933年"罗斯福新政"的成功就是证明。但是，战后西方各国政府的错误不在于用凯恩斯主义对抗经济危机，而在于政府赤字国债"只借不还"。

也就是说，正确的做法必须是：政府在经济危机期间借债投资（而不是借债消费）；然后在危机过后收回投资（如美国政府在2008年金融风暴中买入花旗银行股份，在危机过后卖出），以形成赤字国债的良性循环。

在这方面，集权国家反而表现出更多的调整可能。正因如此，韦伯的"不可以容忍无限政府和官僚制度的扩张"的警告才显得特别重要。

民主制度的陷阱

在凯恩斯主义问世之前，政府10次借债9次是为了战争，战争成了财富和金钱的"老虎机"。英法百年战争使两国政府负债累累；南北战争让美国政府不得不大量发行债券，催生了世界金融中心华尔街；甲午战争前日本政府发行债券多达1.5亿日元。

但在那个时代，不论哪个国家的政府借债之后，都会千方百计地尽快还清债务，包括大兴"新政"的罗斯福总统在内，从来没有哪个国家是靠借债长期支撑政府消费的。

大萧条后凯恩斯的《通论》问世，让政府借钱消费成了家常便饭。今天，不仅欧债危机让整个欧洲捉襟见肘，美国已经数次提高国债的上限，日本政府国债余额更是成为天文数字。2013年日本GDP只有517万亿日元，而国债余额却多达991万亿日元。2020年日本国家债务达到1218.4万亿日元，约为GDP的2.26倍，创历史新高。据日本总务省估算，日本国民人均负债约971万日元，超过了人均GDP 450万日元两倍。日本全体国民就是两年不吃不喝，也还不清这些国家债务。

看起来华丽、别出心裁的凯恩斯主义经济理论和政策，将几乎所有发达国家的政府拖入了泥潭，想悔过自新、脱身而出都难。因为在所谓民族主义的旗帜下，选民和选票决定了：没有哪一届政府在财政破产之前，敢于减少社会福利开支。

表面上看，政府用赤字财政增加社会福利支出，是在填平社会贫富差距，但实际上却是在不断挤压净投资，使收入增长持续下降，失业进一步增加。最后受牵累最深的还是社会底层。

民主制度具有两面性，一方面民主像哈耶克指出的那样，是限制政府的最好选择；另一方面，民主又会压迫政府，通过加大社会福利来损害和掏空国家和民众的长远利益。

由民主选举制度决定的政治家为了选票迁就多数选民的"惰性"和"贪欲"，无限扩大政府财政赤字消费，最终导致国家财政破产的现象，我们也许可以称其为"民主的陷阱"。

巴黎经济学院托马斯·皮凯蒂教授，在他的新作《二十一世纪资本论》中提出向富人增税等措施，但转了一圈似乎并没有跳出权衡"平等与效率"的古老难题。通过财政赤字消费增加社会福利支出来改善贫富差距，如果最终会伤及经济增长和就业，这种做法最终会使国家走向坟墓。

资本所有者的投资收益高于非资本所有者（资本家的收入高于职员或工人），是很自然的事情。否则这个世界上就没有人投资，资本主义的巨钟就会停摆。

问题不在于是否需要通过收入再分配来调剂贫富差异，而在于如何把握其中的"度"。世界上没有绝对的公平，资本主义建立的就是一种以资本为标准的相对公平。追求绝对公平就是要在本来不公平（如体能、智能的差异）的个体之间，寻求所谓的表面公平。这实际上意味着人为地制造不公平，其结果甚至会妨害人类进化，反而不利于建立相对公平。

问题不在于资本主义如何不公平，而在于我们是否能够找到一种比资本主义更公平、更有效率的制度。

日本的财政赤字消费率从战后初期的25%提高到2013年前后的约80%。政府债务占政府一般会计支出的比重从1990年的11%不断升高，1995年为28%，2000年为37%。而其中建设国债（国家投资）占国债发行额的比例却每况愈下，从1985年的48.9%，降到2000年的33.8%，2005年的24.8%，2007年的20.6%。金融风暴前的2007年，日本政府国债余额547万亿日元，已经超过了GDP，随后上升到GDP的两倍。

2020财政年度日本财政支出总额为175.7万亿日元，同年发行国债总额单年度首次突破100万亿日元，达到约112.6万亿日元，60%的财政支出靠发债运营。2020年日本债务总额高达1218.4万亿日元，远远超过了日本的储蓄余额35.8万亿日元。平均每个国民身背971万日元国债，接近人均储蓄余额的1057万日元。也就是说，日本人把全部储蓄都拿出来，也就刚刚可以还清全部国债。

日本奉行国债赤字消费至上的经济政策的典型，就是发放消费券。单纯从总量来看，消费券总量约1.3万亿日元（每人1万日元，人口1.3亿），这些钱即便全部成为总消费的增量，也不过相当于1995年GDP的0.25%；按照总储蓄率20%计算，不过相当于总消费支出的0.45%。企业只要开动闲置设备的0.5%就完全可以满足这些增量。因此，发放消费券对经济萧条期促进投资增长、收入增长几乎是隔靴搔痒，增益甚微。

相反，如果将这1.3万亿日元全部用于政府投资，则至少可以换来0.2%以上的GDP增长，同时还可增加65 000人就业（按照平均利润率10%、工薪率40%、资本装备率2000万日元/人计算）。

新加坡政府给公民"派红包"的政策[1]，与2009年美国政府在全球金融风暴期间推出的"劳有所得"（Making Work Pay）退税计划[2]，看起来非常相似，效果却南辕北辙：新加坡政府是将政府财政盈余中的一部分让给国民作为福利，是政府的黑字消费；而美国政府则是通过发放赤字国债来给国民发红包，刺激消费。

---

[1] 2001年亚洲金融风暴后新加坡遭遇30年最严重的经济衰退，政府向国会提出一项达130亿新加坡元（约合650亿元人民币）的经济振兴方案，包括配股给新加坡民众发行总值27亿新加坡币的"新新加坡股票"，每股发行面额1新加坡元，资金从多年财政盈余中拨出；2008年全球金融风暴，新加坡政府又决定拨出18亿新加坡元（按人口均摊到每人为400新加坡元，约合2000元人民币）直接派发给国民以提振经济。此外，对现职或曾为国家服务的人员，介于7岁至20岁的孩子都有特殊照顾。2011年，为了帮助国民克服由大宗商品价格和薪资上涨引发的通胀压力，新加坡政府公布财年预算案，推出66亿新加坡元（约合330亿元人民币）的国民福利计划，包含32亿新加坡元的家庭退税和减税项目以及34亿新加坡元的长期社会投资。

[2] 这笔退税大约占到美国全体民众全年总收入的6.2%。但"退税中近800亿美元变成了永久性的国家债务，仅有不足200亿美元成为消费支出"这项政策，被哈佛大学经济学家马丁·费尔德斯坦评价为"一败涂地"。

因此，这两个国家表面非常相似的刺激消费政策，结果截然相反。美国政策效果是负面的，只会拖累投资和经济增长；而新加坡的政策相当于增加政府消费，对活跃市场起到一定作用。虽然新加坡的做法远不如政府直接投资效果明显，但也确实起到了提振经济的作用。

同理，2008年金融危机爆发后，中国香港地区也向市民派发了红包，但与中国台湾地区像日本那样发放消费券的性质截然不同。中国香港地区动用的是财政盈余的400亿港元；中国台湾地区发放消费券扩大了财政赤字，拖了收入增长的后腿。政府赤字消费本质上意味着增税或预支增税，对萧条期的经济政策而言，可以说是倒行逆施。

政府的财政赤字越庞大，在宏观经济政策方面的调整余地就越小，也就越没有钱通过政府投资或鼓励民间投资来摆脱经济衰退。所谓"安倍经济学"就是实证。

政府赤字国债消费：第一，会让国内实体经济投资不断萎缩，慢慢抽干国民经济的造血骨髓；第二，会让国民对不断增大的社会福利产生依赖性，就像瘾君子越来越依赖毒品，产生"福利向下刚性"；第三，巨额债务缠身让政府失去宏观调控的财源，一旦宏观经济需要拿出真金白银，政府就会捉襟见肘，无力应对。

经济危机时期的财政赤字政策是有积极意义的，它至少可以拆东墙补西墙，通过财政赤字投资拉住经济衰退不至一泻千里。但是，关键是经济危机或萧条时期一旦过去，政府必须收回投资和填补财政赤字，以形成财政蓄水池的正常循环，潮落防水、潮起收回。而不是像现在各国财政赤字一根筋的做法，让政府财政慢慢陷入沼泽泥潭，无法自拔。一旦到了"债多了不愁、虱子多了不咬"的程度，历届政府就会破罐子破摔——反正债不是我一个人执政时期借的，我也不可能一下子还得清，那就只能推着走，反正底线是不能影响选举。

1990年像一道分水岭，蒸蒸日上、日新月异的日本经济，与泡沫崩溃后人心惶惶、朝不如夕地进入冬眠状态的日本经济形成了天壤之别，让人几乎不敢相信这一切发生在同一个国家。

泡沫崩溃后的日本，并非在山崩地裂中坍塌，而是慢慢失去了活力和生命力。东京来来往往的车速慢慢放缓了下来，收费站的长龙越来越短。箱崎曾经是东京首都高速有名的瓶颈，1995年以后堵车现象慢慢得到了缓解，私家用车开始减少，单车排气量不断下降，泡沫时期抢不到的停车场开始出现闲置。

大百货店的销售额在锐减，连往年抢都抢不上的"福袋"，慢慢也不再被主妇们青睐；忘年会的"贷切"（包场）越来越少，人均消费额也越来越低；泡沫时期高价买来的装饰品、摆设品成了跳蚤市场的处理货。很少再有五星级高档饭店像20世纪七八十年代那样拔地而起，原有的高级宾馆也在慢慢老化，东京赤坂著名的王子HOTEL、美国大使馆前的大仓HOTEL、八重洲的帝国HOTEL都面临着年久失修的窘境。浅草祭祀财神的鹫神社的草编祭拜物"熊手"的尺寸越来越小、价格越来越便宜；新年伊始明治神宫的祭拜者投下撒在地面上的"赛钱"也越来越稀薄。

那么，除了政府赤字消费，还有什么因素会对"日本冬眠"产生影响呢？

日本经济的三大出血口

日本经济20多年萎靡不振的核心问题是日本国内净投资的萎缩。泡沫崩溃后的20多年中，将日本经济拖入泥潭的是资本外流、金融投机资本、政府赤字消费。

日本净投资增长率从1960年的24.7%，降到1990年的15.8%，2008年居然下降到1.9%。2008年全球金融风暴后，日本净投资总额竟然连续三年降为负数——2009年下降90 360亿日元、2010年下降73 480亿日元、2011年下降54 160亿日元。这三年净投资缩水的总和约21.8万亿日元，差不多相当于日本2006—2008年净投资的总和。这意味着2006—2011年日本相当于没有任何净投资。

从经济增长的基本原理看，净投资的增长是收入增长的核心要素，没有了净投资的增长，不可能有收入（GDP）的增长。

净投资增长模型：$e' = I(A + W)$，即经济增长率或GDP增长率＝净投资增长率×（投资利润率A＋投资工薪率W）。以上模型可以通过美国、日本等发达国家的统计数据得到验证。该模型意味着：(1) 当投资利润率（企业平均利润率）和投资工薪率不变时，GDP增长率取决于净投资增长率；(2) 当净投资增长率（积累率）和投资工薪率一定时，GDP增长率取决于企业平均利润率。

净投资就像骨髓，担负着国民经济的造血功能。净投资的不断减少，如同一个国家的骨髓被慢慢吸走。皮之不存，毛将焉附？随着造血机能的下降，国民收入增量自然不断减少，直至危及生命。日本泡沫崩溃后的一系列停滞和倒退，均与净投资的锐减紧密相关。

从这个意义上说，日本经济长达20多年的萎缩，很大程度是人为的，是政府财政赤字消费所为，当然也是投机资本兴风作浪所为。

第一，资本外流。日本1990年经济泡沫崩溃后，政府财政支出消费扩大、资本外流和金融投机市场占有更多资金，必然会使经济进入一种慢性失血进而休克的状态。日本资本外流情况如图8-7所示。

日本资本外流的主要原因不外乎：(1) 日本国内成本的迅速提高导

致利润率骤降，国内投资无利可图，相对过剩资本日益增多；（2）海外（如美国）的金融市场投机的利润率大大高于实体经济；（3）中国等海外巨大新兴投资市场的出现，成为全球大规模、高回报投资浪潮的末班车。

促使日本国内资本涌向海外，除了发展中国家的廉价劳动力和较低土地使用费以及中国巨大的市场等因素外，2011年3月日本东北发生里氏9.0级强烈地震摧毁福岛核电站后，缺电、电价攀高成为日本资本外流的新的因素。这使得日本有约40%的企业总裁准备移居国外。日本外务省统计报告显示，截至2018年年底，在国外长期居住的日本人总计达到87万人，其中拥有外国永住资格（绿卡）的人为46.8万余人，与前一年同期相比，长期居住在海外的日本人增长了18.3%。

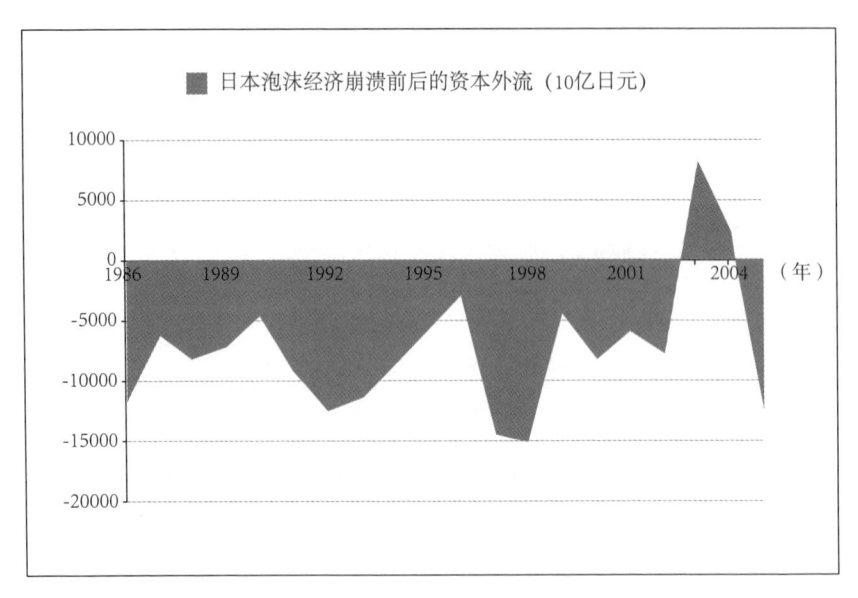

图8-7　日本泡沫经济崩溃前后的资本外流情况

数据来源：日本银行国际局：《国际收支统计月报》。

在无论生活水平还是医疗卫生等方面都处于世界前列的日本，这是一个很高的数字。其中,海外的永住者一下增加了42.6%,时至今天移民潮还在继续。移民潮中还包括一些退休人员,他们微薄的退休金在日本只能勉强够吃饭,而到了东南亚一些发展中国家就可以宽裕很多。这些人的迁出,对日本国内消费减少的影响不可小视。

泡沫时期纷纷涌进日本投机股市和房地产的外国热钱,相继撤离,日本国内的绝对过剩资本也开始向利润更高的海外转移。在1996—2006年的10年间,日本对海外的直接投资净流出总计约3009亿美元;同时日本向海外证券流出的资本总额为2144亿美元。两者合计为5153亿美元(约50万亿日元)。

第二,金融投机资本。股市与股票几乎同时诞生,发行股票是对实体经济发展起着不可替代作用的重要融资手段。但是,首次公开募股(IPO)和股票交易本质上完全是两码事。股票发行到原始股交割完毕属于投资,IPO的资金进入实体经济后的所有股票交易(包括其他金融衍生品交易)大多属于类赌博。金融交易多数是零和博弈(全部利润和全部损失之和等于零),本身并不创造新的价值。金钱进入投资和生产过程属于资本主义,进入投机过程(如赌博)并不属于资本主义,鉴别的标准是看它能否创造出新的价值。

包括期货在内的金融衍生产品的交易,所谓规避风险功能,不过是交易各方之间的反向风险互换,或一批人掏钱填补了另外一些人的风险。金融衍生品规避风险的代价,是必须有人支付规避风险中获益的机会成本。

进入金融交易市场的资本,就像进入了黑洞,很难再回到实体经济中去,因为在实体经济很难找到金融市场那样高的利润率。于是,金融市场无论如何周转、速度如何,总有一部分资本像穿上了红舞鞋,永远在金融交易市场的舞台上旋转起舞,永无休止。

金融市场为实体经济筹集资金后，还会有另外一笔大于这些投资资金的投机资本留在金融市场。事情的本质并不像美联储1984年报告认为的那样：由于金融衍生品可以被抵押，"投资于实体经济的净资本供给不会减少"。事实上，金融投机市场所占用的资金会不折不扣地减少实体经济的净投资。当然，过剩资本进入金融投机市场总比流往海外强，这些钱终归还在国内。

那么，这些投机资金的规模有多大呢？1960年至泡沫崩溃前的1990年股票市值增量为597.5万亿日元。1990年日本股票市值达600多万亿日元，差不多相当于1989年日本固定资本净投资64.9万亿日元的9.4倍。日本股市市值情况如图8-8所示。

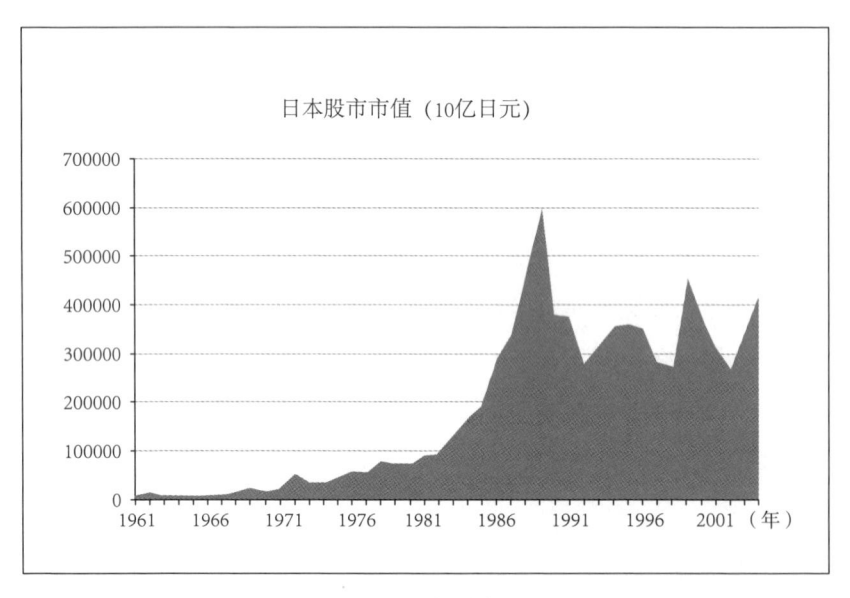

图8-8 日本股市市值

数据来源：日本总务省统计局。

1990年日本股价崩盘后，大量资金撤离股市。但从1993年起不甘寂寞的金融市场又推出了一系列花样繁多的金融衍生品。

如图 8-9 所示，1999 年以后一段时间，日本金融衍生品市场的价值为 20 万亿~30 万亿日元，未平仓部分约占 5%。2008 年一举攀升到约 70 万亿日元，一年间增长了近 3 倍。

日本金融机构本身的衍生品持有率高达 93%~95%（非金融企业和个人的持有率为 5%~6%；美国该比率为 80%~85%）。这说明日本衍生品市场不过是金融界自娱自乐的一块自留地。

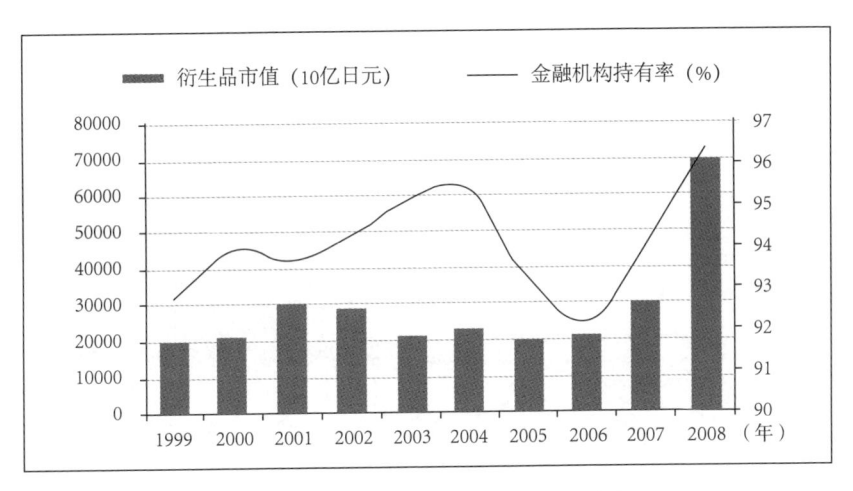

图 8-9　2008 年金融风暴前日本金融衍生品市值

数据来源：日本总务省统计局：《日本统计年鉴》。

金融市场上的投机资本，与房地产市场上的投机资本没有任何区别。在金融市场买卖一个金融产品获利（或亏损），与买卖某个房地产从中获利异曲同工。投资与投机的根本差异在于：投资是利用资本在创造新的价值中获利；投机是通过单纯的倒手、炒作，在对手的失算中获利。

美国 1984 年的非金融企业金融资产率为 27.7%，低于日本的 42.5%

近一半。到日本金融泡沫崩溃后的 1990 年，美日两国该比例达到相当接近的水平。此后美国该比率逐步提高，一直达到 2005 年的最高点的 50.4%。到 2008 年金融风暴前，日美两国的实体经济企业，已经越来越多地卷入金融市场交易。北美衍生市值情况如图 8-10 所示。在全球金融风暴前，这些企业的银行贷款绝大部分都流入了金融交易投机市场，对实体经济投资釜底抽薪的影响可想而知。

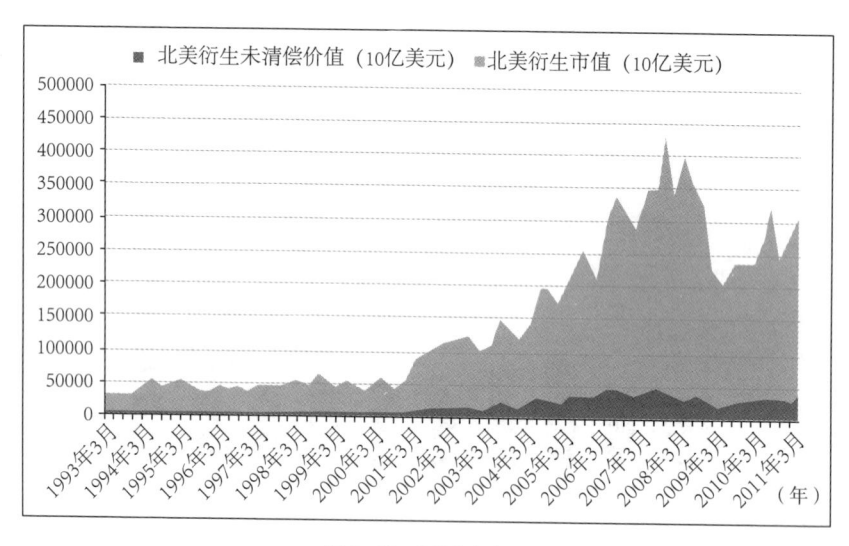

图 8-10　北美衍生市值

数据来源：世界清算银行。

第三，赤字国债消费。当一个"伟大"的经济学家凯恩斯告诉人们：政府借钱消费不仅不会有害，还会对经济增长和收入增加有好处。政府想着甚至可以通过借钱让失业者挖个坑后再把它填上，也能增加就业和收入的时候，正愁着没理由借债的各国政府就开始大开"借戒"。

一开始它们还谨小慎微，后来债多了不愁，越借越多。对于官员来说，反正也是用在了社会福利上，没有中饱私囊。几十年的日积月累下来，债台高筑终于变成了一个巨大"黑洞"。

全部政府财政赤字消费意味着国内有效消费需求的等量膨胀。日本的有效消费需求膨胀率（政府赤字消费/〈国内民间消费总支出－政府赤字消费〉）从1990年的31%，迅速提高到1995年的141%、2000年的618%和2005年的716%。

政府赤字消费的本质，就是从银行拿走本来应该用于投资的钱，在使社会消费总量不断膨胀的同时使投资等量被萎缩。

一个国家的总收入就像一块比萨饼，总是或消费或储蓄（储蓄＝投资）地被分成两半，区别只是不同时期消费和投资的比例不同而已。但在不同国家的不同历史阶段，储蓄的比例是一个固定的常量，轻易人为地改变这个比例或者酿成"拔苗助长"，或者变成"竭泽而渔"。

政府的赤字消费不断增大，其结果并不会像凯恩斯经济理论所描绘的那样美好，收入（GDP）增长会与政府财政赤字消费等比例下降，失业也会相应增加。

政府赤字消费多用掉一分钱，国家的总体投资就会减少一分钱。这部分由于政府支出消费占用的钱与国内总投资的比率，就是国内投资萎缩率：政府债务/（国内总投资＋政府债务）。

日本国内投资萎缩率从1990年的64%提高到2005年的177%。意味着从1990—2005年的15年间政府赤字消费使日本的国内投资萎缩了近两倍。

于是，就会形成如下恶性循环：政府赤字消费膨胀→投资萎缩→收入增长放缓→失业增加→税收下降→财政拮据→新一轮政府借债消费→……

日本原本一片光明的经济增长进程，就在这样的泡沫崩溃的恶性循环中被彻底打乱了。这一过程在几乎所有政府赤字消费的发达国家都存在，最终都会走向"国债危机"（如南欧国家），美国这样的超级经济大国最终也不会幸免。因为，经济（收入）增长是有波动的，有时增加得多，有时甚至是负增长，而赤字国债却是只增不减。甚至GDP增长下降的时候，政府的借债反而会更多。这样，随着时间的推移，政府净负债的雪球自然越滚越大。

总体来看，在政府赤字消费、资本外流、金融投机资本这三大要素中，对日本经济增长影响最大的，还是日本政府财政赤字消费政策。20多年里它断送了日本收入增长和就业增加的可能，葬送了150多年来蒸蒸日上的经济发展势头。

关键不是政府不能干预，也不是赤字国债不好，而是不可以赤字国债消费，而且政府国债只借不还。就是说，即便政府借了大笔赤字国债，只要政府在经济低迷时期拿这些钱去投资兴办实体经济（如修港口、为网络通信提速等），就不会有太大的负面影响。如在1929年大萧条时期的"新政"中，美国政府投资兴建道路、运河等交通设施；中国在2008年全球金融风暴后，追加投资4万亿元人民币加大中国西部开发力度等。只要政府借钱是用于投资，就不会有今天美国、日本或南欧那样的后患。

政府用人民授权给它们的那把"国债"铁锹，打着"社会福利"之类的旗号，挖了一个大坑，埋葬了本国的收入增长和就业，旁边立着一块墓碑，上面写着"凯恩斯主义——政府赤字消费"。因此，只要经济危机或萧条期一过，政府必须偿还旧债，甚至应不惜变卖国有资产。

投资流失量和流失率

资本外流、政府赤字消费和金融投机资本这三个变量的增量集合，构成同期一个国家的投资流失量。投资流失量与净投资增量的比值，构成资本流失率。

日本的资本外流、政府赤字消费和金融投机资本这三大出血口所构成的投资流失总量1980年为88.4万亿日元，同年净投资总量仅43.8万亿日元；1989年投资流失总量为619万亿日元，增加了约7倍，是同期净投资总量65万亿日元的约9.5倍。

1999年，虽然流失量降到502.2万亿日元，但净投资下降更多，只有37.8万亿日元；2008年全球金融风暴前流失量又猛涨到600万亿多日元，净投资总量只剩下8.4万亿日元；2011年投资流失量降到约380.5万亿日元，净投资已经是负增长的−8.4万亿日元。

在1990年日本经济泡沫崩溃前、2000年美国纳斯达克股票价格崩溃前和2008年全球金融风暴前，日本的资本流失量有过三次突发性增长，均与投机市场资本的增加相关。

1991—2011年日本的所谓"失去的20年"中，好似进入冬眠，日本投资流失量累计8612.5万亿日元，约为同期净投资658.2万亿日元的13.1倍。

根据经济增长模型计算，如果这些投资流失量能够减少50%，也至少可以使日本这20年的GDP多增长165.6%。那意味着，日本这20年中的总收入可以增加758.9万亿日元。其间日本信贷投资率（银行贷款总额中实体经济投资的比率）为23.5%，1991年GDP为458.3万亿日元，投资工薪率（投资总额中支付人工报酬所占的比率）为60%，企业平均毛利润率为15%。

日本净投资：悲剧从这里开始

1990年日本经济泡沫的崩溃，在股票和房地产市场同时出现资产价格的暴跌，连证券交易的日本第一人——野村证券公司——也陷入亏损；房地产界的翘首三菱地所等也连连失手。经济泡沫的崩溃，首先摧毁的几乎是所有投资人的信心。无利可图的资本纷纷逃离日本，涌向利润率更高的发展中国家，还想继续留在日本投资的人越来越少。

如图8-11，日本净投资的增长态势，比美国2000年纳斯达克股票崩盘后的情况更糟，可以说是惨不忍睹。

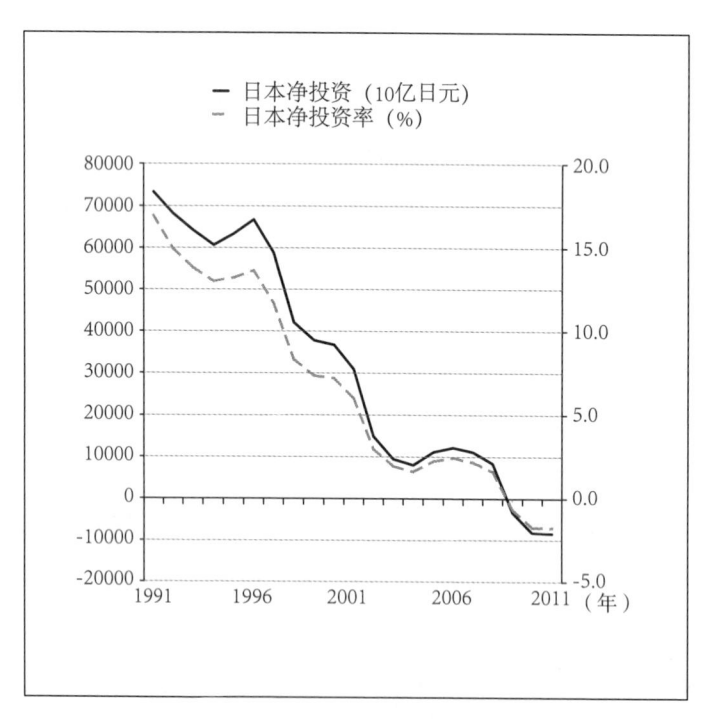

图8-11 日本净投资总额和净投资率

数据来源：根据1968—2012年日本总务省统计局编《日本统计年鉴》统计数据整理。

1964年以前净积累率一直保持在20%左右高水平的日本,净积累占总投资的比例从来没有低过60%,折旧在总投资中的比例从未高过40%。历史上具有代表性年份的净积累占总投资比例分别为:1930年53.3%、1940年73.3%、1950年79.5%、1960年72.6%、1964年64.8%。

如今,曾经在全世界面前展现储蓄大国风采的日本已没有了昨日神采。1940年净积累率16.5%,1950年18.6%,1960年24.7%,1964年21.8%,很少有低于15%的年度。在1990年还保持着15.8%较高水平的投资净增长率(净积累率),到5年后的1995年迅速下降到9.9%;2000年进一步降为5.5%;此后进一步跌到2003年的2.1%;2008年跌到了1.9%,全球金融风暴后,甚至连续三年跌为负数。

虽然金德尔伯格等人还是按照传统理论,把日本经济的萎靡不振归结为"过度投资导致了全社会的生产过剩,超过了市场需求",但日本的现实是:生产并没有过剩,投资却在不断下降。

巧妇难为无米之炊。日本净固定资本投资总额和净投资率的迅速下降,是日本经济长期不振的根本原因。日本净投资的变化曲线就是日本经济的晴雨表。日本净投资的疯狂下滑,导致日本经济这20多年的停滞。

目前日本面临的几乎所有问题:人均国民收入倒退、就业艰难、劳动生产率下降、市场和消费萎靡不振等,最终原因莫过于此。

不仅是日本,几乎所有处于经济起飞阶段国家较快的增长都是靠较高的积累。在1994—2007年,印度的总固定资本形成(积累率)从1997年的23.3%一路上升到2004年的27.5%和2007年的33.9%;巴西1994年为18.5%,2000年为16.8%,2007年为17.5%;中国1994年为34.5%,1997年为31.8%,2004年为40.6%和2012年为52.0%。

那么，投资被减少造成的慢性失血，会给一个国家的经济带来什么问题呢？

设备陈旧、技术停滞

100多年来日本经济增长，靠的是常年投资增长下的技术进步。而在1990年日本经济泡沫崩溃后的20多年中，日本的技术水平和劳动生产率基本都处于停滞状态。日本2011年的劳动生产率相当于人均GDP 370万日元，仅相当于1992年的水平（图8-12）。

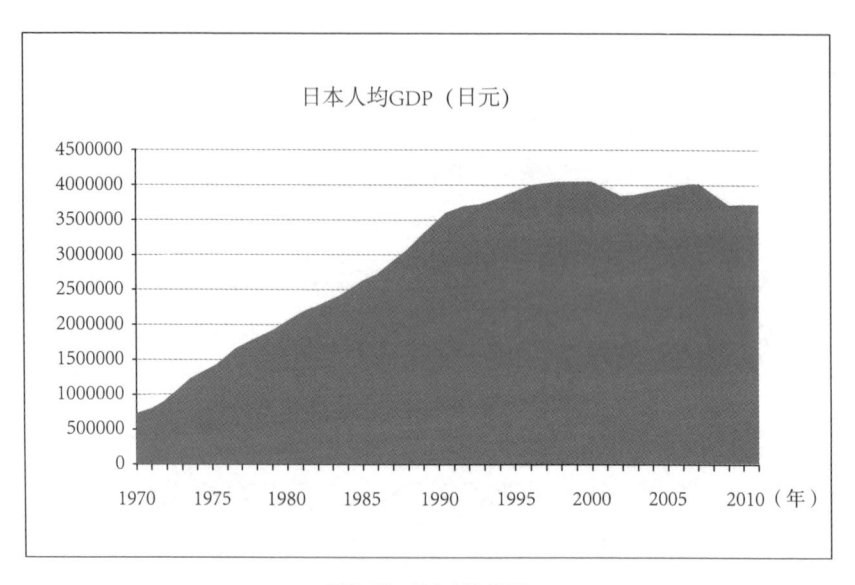

图8-12 日本人均GDP

数据来源：日本总务省统计局。

泡沫崩溃后的日本实体生产企业，总体来说就是在维持现状。设备陈旧的中小企业更是勉强维持。一些订单不足的工厂，不得不将独一无二且技术精湛的"模具""程控精密加工机床"等设备，忍痛廉价卖给中国或东南亚国家的企业，研发和新产品开发部门也随着订单转到了生产国。于是，日本总部的技术力量虽然表面上和以前没有什么两样，实际上尖端或关键技术的研发越来越脱离市场，甚至成为"两张皮"。这就使20世纪90年代以后日本电器产品席卷全球的不可阻挡之势没有了后劲儿。

就连苹果公司前任总裁乔布斯最崇拜的电子企业——最早便携式数码产品开创者——索尼，其前任CEO平井一夫自2013年上任一直在为扭亏为盈奔波。他先后采取了减员、减少开支、卖掉PC业务、拆分电视部门等措施，还在东京成立了房地产部门，目标是三年内该业务上市，五年内实现500亿日元的年销售额。这些措施不免给外人"慌不择路"的感觉。难怪欧美人诧异：当年势不可当的日本电器，这两年怎么销声匿迹了？

1959年东京首都高速道路建设之初，许愿50年后成为免费高速，可到了2009年前后不仅没有免费，收费反而从600日元提高到了750日元。而且，造价相当于用1万日元纸币连接起来的高速公路，如今庞大的维护、翻新、重建费用，几乎到了没有着落的境地。

福岛核电站在地震后发生严重的核泄漏事故，造成如此巨大的核污染的一个重要原因，是机组已经是40多年高龄的老旧设备，东电公司窘于公司财力，迟迟没能更新。此外，直到今天，游弋在墨田川上的游艇，几乎还是40年前的那几艘，偶尔有几条新船，长度也只有以前游艇的一半。

随着投资的萎缩，日本从2005年前后人均GDP开始出现负增长，这至少在理论上意味着一个国家劳动生产率的倒退。

市场萎缩、物价低迷

1989年以前的日本，人们已经习惯了物价随着收入的增长缓慢上升；在泡沫崩溃后，收入缓慢下降的过程中物价也在下降。物价停滞的背后，是收入的停滞。现在日本超市所能看到的商品价格，基本上和20年前没有什么区别，有些在中国制造等商品的冲击下甚至有所下降。

今天，东京的很多物价比上海、北京还低。例如日本的廉价商品"100日元店"，按照今天的汇率每件商品只有6元人民币，而中国"10元店"的商品档次却不如日本。

越来越多的日本主妇不再光顾价格不菲，但商品优质、包装考究的"百货店"；年末、年中的"谢礼"的总量也在萎缩，单价变得更便宜；为了简洁且省钱，"断舍离"成为时髦；住宅的造价也越来越低，你能在城市看到的比较豪华的住宅楼，大多是30年前泡沫时代的建筑。人口高龄化的过程中，高龄者在增加，而养老院却没有增加得那么快，新建的养老院也越来越简易；甚至连墓地的价格都在下降。

年轻人结不起婚的同居者越来越多，于是出生率一直在下降（日本人口自然增长率从2005年以后进入负增长，2011年约为 -1.6% ）；由于人们买不起房，泡沫时期不可想象的分租或合租形式开始流行。

高尔夫球场的费用越来越便宜，球场因没钱装修依然保持着20世纪90年代时的模样。为了维持生存，球场不得不允许非会员也可以随时到会员制球场打球，这让老会员们怨声载道。年轻人光顾高尔夫球场的寥寥无几，在日本球场打球的依然是泡沫时代的那些老客人。球场经理人坐在前台，看着球场、客人一起变老。

奢华愈少、节俭日多

泡沫时期喜欢质优价高的日本人开始改变了消费习惯，哪里东西便宜到哪购物。东京大手町的百年老店"白木屋"（东急百货店）落下帷幕，最后一天闭店处理商品的销售额达到 10 亿日元，使得 CEO 感叹如果每天有这样的业绩也就不会破产了。北海道的"夕张商店街"几乎变成了无人光顾的"鬼街"；2013 年，银座著名的"松阪屋"开始了连续数月的"闭店大处理"。

现在为了减少成本和节电，办公楼有两个灯管照明的地方会关掉其中一个。泡沫崩溃后，最早陷入经营困难之一的是家具店，以前在频繁地更新家具的时代，换下来堆积如山的旧家具每天都会被砸成废木块去做燃料。如今家具店纷纷将一半店面改为生活超市或"百元店"，有的甚至不得不申请闭店。

泡沫时代，大街小巷的垃圾回收点，每天会堆满丢弃的还可以使用的家电和家具，这在全世界几乎成了一大奇观。以至于这些日本人丢弃的旧家电，成了在日中国人的生财之道。听闻在泡沫时期，大宫的一位中国留学生租下 2200 平方米的大厂房，每周向东南亚国家发货 5 个 40 英尺集装箱，常常供不应求。

今天，随着人们钱包的羞涩，新家电的销售在萎缩，小家电商店很难为继，纷纷转行。街上的旧车越来越多，大都市中有车族的比例在下降，许多停车场相继关闭，新建楼盘的停车位在慢慢减少。一些住宅楼原有的车位租不出去，于是将这些空闲车位转为日常公共停车位才找到了商机。

原来每月定期一次清扫的公司，逐渐拉长清扫时间的间隔；保险公司也在不断更新低端保险的价格下限；东京锦系町车站前鳞次栉比的"风俗店"一条街，在泡沫崩溃后一个接一个地关门，差不多已经绝迹了。

泡沫时期，人们手中的钱绝不吝惜拿来"赌马""赌赛车""赌赛艇"，泡沫崩溃后，东京大井竞马场的双层停车场，周末成了"跳蚤市场"，买旧货的人远远超过赌马的人。

失业增加、人才外流

一些有技术、有实力的中小企业破产，不景气行业的实体企业提前让员工退休，使大量日本的技术人员和管理人才失去了生计，许多人不得不转到中国或者东南亚国家自谋生路。在日本的海外公司退职后，留在国外继续工作，以供养日本国内的家庭和偿还房贷的人越来越多。

公司裁员的增加，使许多本来不该退休的人失去了工作；公司无偿加班实际上也是在降低实际工资待遇，增加隐性失业。但在大环境不好的情况下，大家都在忍耐，因为有工作就不错了。一些公园的长椅上，坐着那些失业后不敢回家，无奈地消磨时光的公司职员。

在日本，领取失业保险的上限约为12个月，此后才是真正让人心急如焚的开始。在高速增长时期曾经迎来"集体就职"（整村的青年一起去某公司就业）人潮的标志性建筑——上野车站，周围徘徊着不少寻找工作的人。投资不振不仅让人们的收入增长减缓，还使失业不断增加。

如果，日本能够保持1990年15.8%的净投资率水平，1990—2008年这18年间的净投资总量，将比之后18年间的713.6万亿日元增加约784.3万亿日元。这18年中日本大约减少了3920万个职位，平均每年减少 218 万人就业。

今天，世界比以往任何时候都更为关注失业。今天，许多国家经济政策的目标不仅是 GDP 增长多少，还包括失业率降低到多少。如美联储的政策目标就是失业率降到 6.5% 以下。世界银行认为，2020 年全球需要创造 6 亿个就业机会才能够跟上人口的增长。

"凯恩斯主义失业"像一个幽灵，挥之不去、欲盖弥彰。直到今天，明里暗里实施凯恩斯主义经济政策、肆无忌惮地借钱消费的那些国家，不仅就业没有改善，失业人口的绝对量还在不断增加。

凯恩斯主义让几乎所有发达国家都债台高筑。美国政府的赤字财政不断攀升并一再踩线，甚至到了联邦政府几次关张停摆的程度，随之而来的是失业率的居高不下。特别是 2008 年全球金融风暴之后，美国的失业率从危机前的约 4.5% 骤升了近一倍，最高时超过了 10%，此后也一直在 8% 左右徘徊。

经济学家为此惊诧不已：1929 年有史以来最为严重的大萧条之后，各项经济指标在大约 6 年后恢复到了危机前水平，但是 2008 年金融风暴后美国的"恐慌性需求萎缩"只持续了 3 个季度（2008 年 9 月至 2009 年 6 月），失业率却几年也得不到改善。

日本的情况几乎和美国相似，1980 年以后的 28 年由于政府赤字消费日益增长造成"凯恩斯主义失业"，按照政府财政赤字消费率 90%，资本装备率 2000 万日元/人，折旧占比 50%，1980—2008 年日本中央政府债务余额约 769 万亿日元，同期地方政府债务约 190 万亿日元，总计 959 万亿日元（相当于 1990 年日本 GDP 410 万亿日元的 2.33 倍）来计算的话，理论上至少会减少 2157 万个就业机会，大约相当于 1980 年日本 5650 万就业人口的 38.2%。

从就业人口的实际情况来看，日本经济泡沫崩溃后的 1992—2010

年，日本就业人口净减少112万人。其中，1998—2003年，日本就业人口连续以每年16万人以上的速度持续减少，就业岗位总计在这6年中消失了241万个，大约相当于1998年6514万就业人口的3.7%。

1994年以后日本由于国内净投资的不断萎缩，经济增速开始出现下滑，1998年以后就业人口一直在净减少。1998—2012年，就业人口总数下降了580万人，相当于1998年6514万就业人口的约9%。按照三口之家（1995年=2.82人/户）计算，约有1700万人因失业失去生活来源。

图8-13　日本面试现场

图片来源：视觉中国。

于是，日本的求职人数和就业岗位的竞争不断白热化，只招聘一人的公务员岗位甚至有1600人竞争上岗，"职安所"前领取表格的人排成长龙（图8-13）。此情此景与30年前经济高速增长时代、上野车站前

"集体就职"的年轻人前簇后拥的景象大不相同。

许多身怀一技之长的日本技术工人、技师和企管人员,不得不纷纷跑到中国、东南亚国家寻求工作。

财政赤字消费一时性地刺激内需,增加社会购买和需求,为市场升温打造了表面上的景气热络。其实,这种由政府赤字消费焙烧的"景气"不过是海市蜃楼,对就业改善的作用微乎其微。其中的道理很简单:财政赤字消费所增加的所谓"内需"的绝大部分,会被社会闲置的生产能力一瞬间消化。只要那些本来一直闲置的生产设备稍微多开动一会儿,这些增加的需求(订单)马上就会被满足,基本上不用增加新的设备投资。但是,没有新增投资,就业怎么会增加呢?

美国战后60多年的设备闲置率平均约为15%。即总是会有约15%的生产能力处于闲置状态。有效需求(订单)一旦增加,这些处于闲置状态的设备能力就会被启动,相关人员工作时间的工作量稍微饱和一点,就可以满足这些需求。结果,政府赤字消费所带来的需求,对新增投资,进而对就业总量而言,可以说没有效果。

财政拮据、国力衰退

泡沫崩溃后,执政40多年的自民党不得不将首相宝座拱手让给掌握关键少数的社民党党首村山。选民对经济政策的不满,导致日本成为首相更迭最频繁的国家。政治家竞选时的"许愿"层层加码,使政府的福利开支越来越庞大,而且几乎是完全的"向下刚性"。公务员有增无减,有事没事都坐在办公桌前"泡钟点"。政府投资却在不断压缩,曾经政府参与投资的许多项目连年赤字,有些二线城市廉价航线的票价比高铁还便宜，依然无人问津。

看起来失业增加是市场的事情，但在今天凯恩斯主义经济政策成为主导的时代，怂恿和放纵财政赤字消费使失业增加的是政府，也是民主政体本身。因此，凯恩斯主义失业本身应该说是一个政治问题。

无米之炊的"安倍经济学"

"中国奇迹"带给西方国家紧张感，美国前任总统奥巴马大声疾呼要"重振美国制造业"，日本前任首相安倍晋三也提出了"安倍经济学"。

安倍的"日本再兴战略"，核心是通过"大胆的金融政策"（释放流动性）和"机动的财政政策"（投资减税），摆脱"通缩"（物价下跌）、恢复企业和国民的信心，让日本经济实现"再兴"。计划10年内实现GDP年增长率达到3%（实际年增长率2%）。

安倍的经济政策主张，至少比凯恩斯主义的政府赤字消费政策来得积极。如果仅从强调民间投资和产业结构调整，朝背离凯恩斯主义经济政策的方向转变来看，安倍经济学值得肯定。

但安倍同样面临庞大赤字财政的威胁，要朝财政"健全"的方向走，就必须大幅度削减财政赤字，这意味着持续、长期、大量压缩政府开支。那样，安倍政府不仅没有更多的钱直接投资，更没有钱像中国政府那样减免中小企业的赋税，也没有钱资助民间企业投资的增长。

所以，安倍经济学属于"无米之炊"。

消费税增收3%会怎么样呢？首先，增税本身与投资增长完全背道而驰，没有哪一个国家政府靠增税来刺激经济增长的。当然，如果增收上来的税全部用于政府投资另当别论。日本政府的增税依然是去填补财政赤字消费的窟窿（1万亿日元的消费税增收还不够偿还现有国债余额的利息），虽然可以暂时改变目前95万亿日元财政支出中的借贷比例，但从长期看增税只会加速日本经济的恶化。

安倍为日本经济画了一个大饼，十分诱人，可惜的是安倍却没有做饼的"面"。很显然，日本政府绝无财力，不可能像中国政府那样，暂免月销售额2万元人民币以下的600万家小微企业的增值税和营业税。

国家欠了天文数字的债，本身没有钱，还要削减赤字、健全财政，安倍出路何在？剩下的只能依靠货币政策——通过释放流动性（像政府定量连续购入国债）——增加货币供给。仅就释放流动性而言，安倍经济学不过是一种变相的"货币主义"。问题是，单纯地释放流动性（货币量）的政策，是否奏效值得怀疑。

迄今为止，没有一个国家是靠简单投放货币量等货币主义政策就轻易实现经济增长并取得成功的。即便在美国，实际上货币主义的经济政策也并没有被真正实施过。稍微有一点经济学常识的人都会理解，超额增加货币供应量，也许能在短期内提升物价，推高市场热度，但这种通货膨胀很快就会在CPI的上涨中被抵消。

物价下降只是表象，投资减少带来的收入下降才是本质。1929年大萧条时，美国罗斯福总统头脑就十分清醒，在别人写信建议他，通过大规模扩张货币量来对抗大萧条时，罗斯福在该信的页边上批注道："这也未免太简单了吧？"

货币主义不可能拯救经济危机和经济萧条，否则今天欧洲就不会有什么债务危机；中国1948年倒台前夕的国民政府，也就不会有什么烦恼了。

20世纪90年代泡沫经济崩溃后，日本经济走下坡路长达20多年，其病根不仅是经济泡沫崩溃对国民经济的直接冲击，还包括日本政府莫名其妙的"刺激内需"和"赤字消费"等背道而驰的宏观经济政策，加上日本资本外流和金融投机，导致日本国内投资的日益萎缩。

银行信贷投资率（资本形成/银行贷款）反映流动资本所占的比例，也从侧面反映整体投资效率。同时，该比率也反映了投机资本的活跃度。因此，银行信贷投资率越高，国民经济越年轻、越健康。中国改革开放初期，1980年的信贷投资率高达65.7%，股票市场开始形成的1993年降为43.5%，中国股价熊市前的2006年为32.3%，之后一直维持在这一水平。

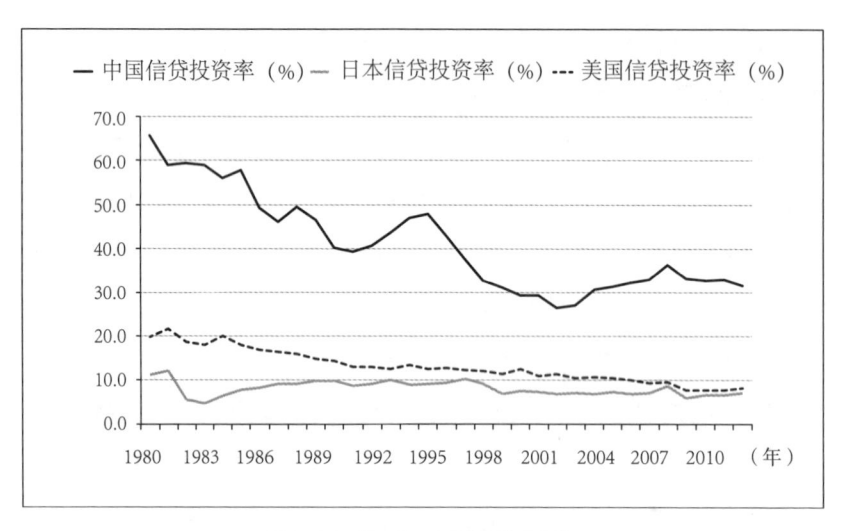

图 8-14 美、日、中信贷投资率比较

数据来源：世界银行。

日本的信贷投资率一直很低，1980年为11.3%，股票市场疯狂的1989年为9.8%，2012年为11.2%。美国的信贷投资率逐年下降，1980年为19.8%，纳斯达克股价崩盘前的2000年降到11.4%，2012年为8.3%

（图8-14）。

日本如果不进行脱胎换骨的财政变革，不彻底摒弃凯恩斯主义经济政策，不杜绝政府赤字消费，不鼓励国内投资，不通过几十年的忍耐和奋斗还清过去几十年的欠账，不能做到洗心革面、重新立国的话，不仅失去过去的20多年，还将失去永远。

日本经济能否摆脱困境，钥匙在日本政府手中，但是财政赤字消费并不仅仅是经济问题，也是政治问题，因此并非单纯的经济理论和经济政策就可以解决。

富裕的贫穷：财富的拖累

如果仅看总固定资本投资，日本在1980—2012年期间固定资本形成总量28.3万亿美元，比中国同期总固定资本形成的24.9万亿美元多约13.7%。但是，奥秘被掩盖在了总投资的背后，扣除折旧之后的净投资，日本仅剩下19.4万亿美元。1980—2012年，日本总折旧多达约2542万亿日元，相当于同期日本国内总投资3763万亿日元的68%。其中1980年总折旧仅31.6万亿日元，到1990年增加到63.9万亿日元，2000年增加到97.8万亿日元，在连续三年净投资负增长后的2012年就高达103.8万亿日元。很难想象，总投资并不落后于中国的日本，却被昔日财富的折旧所拖垮。

那么，美国的情况怎么样呢？美国1980—2012年的总资本形成62.3万亿美元，是中国同期资本形成总量的2.5倍多，但这些新的资本形成一下子就淹没在了同样庞大的资本折旧中。

"大有大的难处"，庞大现有资产的维系和折旧，好比毛驴驮着棉花过河——棉花吸水后越走越重。这不仅是日本，几乎是所有发达国家必然面临的课题。

如笔者在前文中所述，1990年以后日本经济一步步进入"冬眠"，背后是不是也有应激压强的影子呢？

泡沫崩溃后日本经济并没有衰退

虽然泡沫崩溃后，日本经济陷入了低速增长，但还不能说1990年泡沫崩溃后日本经济出现了衰退。经济衰退的特征：经济出现负增长、失业增加（1930年美国失业率25%）、消费突然减少（2008年全球消费下降5万亿美元）、库存增加、物价下跌（滞涨除外）等。

1992—2010年，日本GDP增量合计47.6万亿日元，平均每年增长2.5万亿日元。除了受2008年全球金融风暴的影响，在2008年和2009年出现过GDP下降以外，在1999年和2001年、2002年也出现过GDP的负增长。

也就是说，在泡沫崩溃后的19年中，只有5年GDP出现过下降，其余14年都是增长，只是收入增长率降到了年均0.6%而已。特别是1990年以后的3年，GDP增长了76.3万亿日元、年均增加15.3万亿日元，差不多相当于1981—1985年的增长水平。直到9年后的1999年，日本的GDP才出现第一次负增长，从1998年的514.4万亿日元，下降到1999年的510.7万亿，增长–0.7%。但是，2000年就又恢复到0.9%的增长率。

从倒闭企业的数量，也可以看出1990年以后日本经营环境的状况。1977年前后是日本企业倒闭的第一次高潮期，受尼克松冲击的影响，

1977 年约有 18471 家企业倒闭（负债金额 0.3 万亿日元），第二次高峰是 1984 年的 20841 家（3.6 万亿日元）。但是，在 1990 年股市开始崩盘后的 1991 年，只有 10723 家（8.1 万亿日元），直到 12 年后的 2002 年才达到 19087 家（13.8 万亿日元）。

同期的失业率也是一个重要指标。以上各年的"完全失业率"为：1977 年 2.0%、1984 年 2.7%、1991 年 2.1%、2002 年 5.4%。也就是说，在经过十几年的调整，日本经济从泡沫崩溃中开始回升的 2002 年的失业率，反而比泡沫开始崩溃的 1991 年的 2.1%，高出大约一倍，是 2000 年以来的平均水平。

日本真正可以称为"衰退"的，是 2008 年受全球金融风暴影响后的两年连续出现的经济衰退：2008 年 GDP 增长 -4.6%、2009 年为 -3.7%，两年合计相当于收入下降了约 8.2%。因此，还不能说日本在泡沫崩溃后的 20 年是"长期衰退"或"资产负债表衰退"，最多属于经济增速放缓。

那么，为什么 1990 年以后，日本的经济还能保持正增长呢？就是因为 1990—1997 年，日本国内的最终消费一直保持增长，并没有出现恐慌性的消费突然大面积萎缩，因此没有发生经济危机。没有最终消费的突然恐慌性大面积萎缩，就不会爆发经济危机。而 1997 年日本的最终消费在收入缓慢下降了 7 年后，出现了 3.3 万亿日元的下降，这也就成为 1999 年日本 GDP 出现负增长的诱因。

此外，所谓泡沫崩溃造成日本"资产价格下跌造成了 1500 万亿日元的财富损失"的说法，也只说清楚了事情的一半。因为 1990 年以后，日本的土地和股票价格的下跌，确实让日本的净资产缩水 1761 万亿日元，但这些资产缩水是资产泡沫的萎缩，并不是净资产的损失。

在 1975—1990 年泡沫膨胀的 15 年间，日本净资产增量合计约

2849.4万亿日元,减去总储蓄约1465.8万亿,加上折旧614.8万亿,日本的资产泡沫膨胀了约1998.4万亿日元。在此基础上,减去1990年以后15年日本经济泡沫萎缩的1769.7万亿日元,日本1990年以前的经济泡沫,到2005年至少还残存约228.7万亿日元。或者说,虽然1990年以后,日本经济泡沫持续萎缩,但1989年以前日本净资产中的经济泡沫不仅没有完全消失,而且还有大约228.7万亿日元的泡沫存量(根据日本内阁总务省出版的历年《日本统计年鉴》计算得出)。

另外,其他泡沫(古董文物、艺术品、纪念品、装饰品等)约占泡沫总量的1/4(日本1990年前后约占24%。经济泡沫＝股价泡沫＋楼价泡沫＋其他泡沫)。

因此,仅仅用1990年以后的统计数据,无法证明日本的净资产在泡沫崩溃后损失了多少。因为只有在1990年以前的20年中,日本经济泡沫(资产溢价)的膨胀增量,小于1990年以后的泡沫缩水的差额时,才是日本在泡沫崩溃后净资产的减少或损失。

夸大泡沫崩溃后的财富净损失,虽然有利于引起国家和社会对于资产泡沫过分膨胀的警觉和恐惧,但是如果不能全面考察泡沫崩溃前后资产溢价和缩水的规模,就很难具有说服力,对国家和经济政策的导向恐怕有害无益。

同时,有说法是:"1989年后的资产价格暴跌让日本损失了1500万亿日元的财富,而造成的缺口又让企业和家庭进行了至少15年的净债务偿还,这种资产负债表衰退进而消灭了相当于GDP总额20%的总需求,彻底将日本拖进了萧条的泥潭。"这一判断也并不准确。

泡沫崩溃只是资产价格的下跌,日本的"国富"(资产总额)并不会减少,也不会消失。净资产价格的下跌只是让原来资产价格中的水分(泡沫)被挤出,例如东京的房地产价格只是跌回到泡沫疯狂前的1985

年前后的水平,并没有出现像股市那样的"破发",也就是房地产价格低于造价。如果那样,所有的房地产投资都会停止,直到价格回到房地产企业有利可图的水平。

昔人已乘黄鹤去

二战后,站在一片焦土上的日本人内心十分清楚:他们又一次站在了从零开始的起点上。在美军基地附近,从美国大兵手里抢到的那块巧克力的味道,已经成为在战争中幸存的孩子们舌尖上终生难忘的记忆。饥饿的浪潮席卷几乎所有的城市,自由市场只能物物交换——土豆和鸡蛋换大米,乘着"下乡抢购电车"(買い出し電車)到农村买回来的食品,会因违反"经济统制"的规定而被没收。

在黑市,各类商品被买卖,主要是美军的食品、酒、香烟和各种军用品。黑帮开始在社会上横行。日本战后初期最大的危机是饥荒,饥不择食的民众甚至开始烤食蟑螂。儿童严重营养不良。为了不让孩子饿死,许多人把子女送到了乡下(根据大藏省1946年的调查,当时日本男子的能量摄入只够正常标准的一半)。1946年5月14日,东京百姓举行游行:"比起宪法,我们现在要吃饭",25万人参加了这次粮食游行。日本《每日新闻》社发表的照片"我们饿"如图8-15所示。麦克阿瑟将军在给美国国会的报告中的最后一句话是:运粮食来,或者运子弹来!此后美国每天向日本提供价值100万美元的6000吨大米。

在给平民施舍的粥棚里面,有时煮的是美军的剩饭;美军扔在地上的烟头,捡起来到市场上也能卖个好价钱。各种传染病和虱子开始泛滥,遍布各个角落。当时最好的职业是为美军服务的妓女(其组织称为

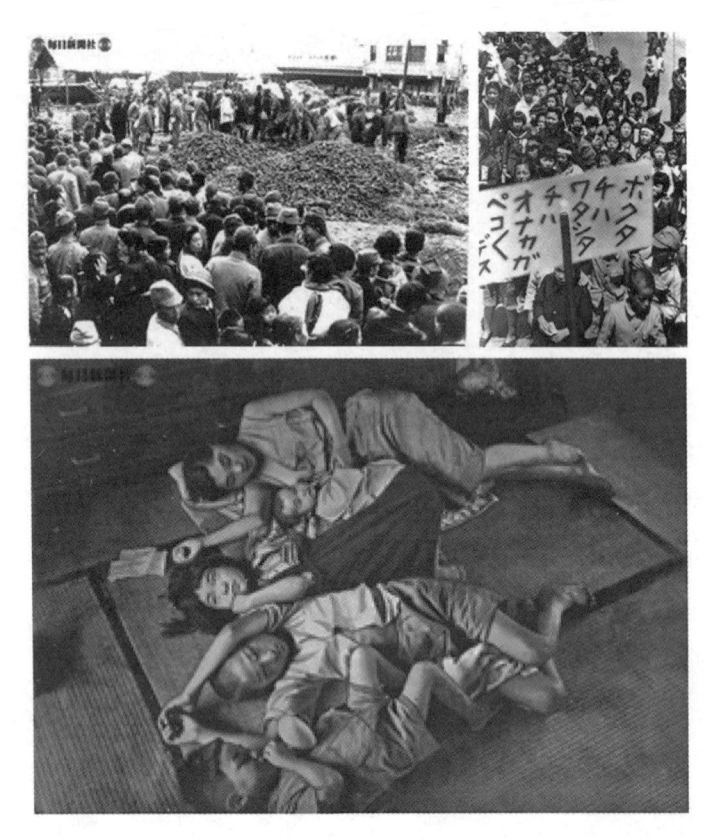

图 8-15 "我们饿!"

图片来源:日本《每日新闻》社。

"特殊慰安设施协会",最初设有 265 个房间),或者为美军擦皮鞋,特别是在美军基地附近和东京六本木附近只许美国人进入的区域。于是,便有了森村诚一的电影《人证》中的日本女性政治家,要杀死自己与美军黑人私生子的悲剧。

战前财阀家的闺秀们,也在战后被没收全部财产后,不得不靠开旧衣店糊口;无家可归的战争孤儿如果不愿忍受孤儿院的虐待而逃离,第二天就变成了街边僵硬的尸体。

在战争中一败涂地几乎失去了一切的日本人，重新站立起来并使日本成为世界第二经济大国，靠的是战后的高积累和高投资，靠的是没日没夜地加班工作。他们每顿饭没有蔬菜和鱼肉，只有一颗酸梅，就连每天早上见面后的第一句问候，也从"早上好"变成了"加油"。这就是战后日本经济高速增长背后的应激压强。

三十年河东，三十年河西。1990年经济泡沫崩溃后，日本人的生存压力发生了彻底蜕变，人均4万美元的GDP收入让日本人不再有战后初期那样的生存危机感。

"3K"（辛苦、危险、肮脏）之类较差的工作开始没人问津；许多年青一代的经营者，不愿意像老一辈那样拼命工作，更不敢承担风险，在墨守成规、坐享其成中错失了许多宝贵的机会；一些大企业的经营者几乎成了类似国营企业的高管，官僚主义作风、循规蹈矩、拖拉敷衍、效率低下等弊病在企业中滋生；继承税的高居不下，让一些像《哈利·波特》的日语译者那样的高收入者纷纷逃离日本，移居瑞士或中国香港地区；那些有抱负、有能力的年轻人，开始考虑到海外创业，寻觅和追求更自由、更有生机、更广阔的发展空间，更多干脆想"躺平"的年轻人，就选择了"引篭"[①]做"隐匿青年"。

长此以往，日本经济怎么能不进入"冬眠"呢？

中国的经济"奇迹"和日本的经济"冬眠"，这就是在东亚上演的第二次日出日落。这一次，是当年日薄西山的中国拔地而起、蒸蒸日上，势不可当；而日本20多年收入增长一直在原地踏步，有些行业的工资甚至今不如昔。这20多年中，东京的主要建筑除了折旧翻新，市容没有什么太大变化，一些中小城市甚至出现退化。

---

① 指不参加工作、不去学校，不与外人接触。

重新审视历史背后的这些逻辑，会让过去许多不容置疑的规律和已经固化在我们内心深处的定论，突然变得陌生起来。这也许正是凤凰涅槃的开始。一旦冻土融化，水落石出，那些普通的河床流石也许会变成一块块奠基未来的和田美玉。

进入 21 世纪 20 年代后，日本似乎已经从 20 世纪 90 年代的泡沫崩溃的巨大冲击中恢复了过来，像一个拳击手，经历了一次狂风暴雨的洗礼，想要重返拳台，跃跃欲试；而中国历经了 40 多年的经济高速增长，也将开始转入平稳增长期。虽然中国楼市曾经像孙大圣般一个筋斗直上云霄，但在"限购令"的紧箍咒下，已经萎缩殆尽。即便可能出现恒大地产净负债约 1.9 万亿元的倒闭冲击，也最终会被处置化解风险，在中国大一统的金融体系中，很难引发威胁金融市场体系的金融危机。

中国的股市泡沫，也仅仅是几次股价的大起大落而已，难以构成对中国金融系统的直接威胁。正像网友们调侃："9·11"过去 20 年还是塔利班；中国足球 20 年还是小组赛；中国股市 20 年还是 3000 点。

根据中国央行公布的数据，2008 年年底中国 M2 余额仅为 47 万亿元人民币（约合 7.3 万亿美元）；同年中国房地产总市值为 4 万亿元人民币（约合 0.6 万亿美元）。也就是说，M2 余额是房地产市值的约 12 倍。

但是，2021 年中国的房地产市值与 M2 的比例出现了倒挂。截至 2021 年 8 月 31 日，虽然中国 M2 余额猛增到 230.2 万亿元人民币（约合 35.6 万亿美元，超过美国、日本和欧盟的货币总和），而中国房地产总市值 430 万亿元（约合 66.5 万亿美元，超过美国、日本、欧盟房地产市值总和 420 万亿元〈约合 64.9 万亿美元〉），已经是 M2 余额的近 1.9 倍。也就是说，房地产业的迅猛发展吸收了中国 M2 的巨额增发。

按照 2020 年中国住户贷款余额 63.2 万亿元、房地产贷款余额 49.58 万亿元计算，仅 2020 年一年房地产开发商就为银行系统提供了约 112.8 万亿元的贷款余额，另外还有大约 35 万亿元人民币的地方土地财政收入。这些钱以"土地转让金"的名义通过影子银行流入了地方政府的口袋里。表 8-2 是中美房地产市场和股票市值对比情况。

至此，人类近代以来的国家的突变像一幅巨型画卷展现在了我们的面前，波澜壮阔、气势磅礴。这些历史告诉我们，只要人们被生存逼到死角，一经"破釜沉舟"，他们都会成为项羽手下视死如归的将士，都能发挥出温泉关希腊勇士般超强的战力，以一当十、以一当百，创造出非凡的人类奇迹。

表 8-2　2020 年中美房地产、股票总市值对比

国家 项目	中国	美国
GDP 总量（万亿美元）	15.5	21
住房总市值（万亿美元）	61.9	33.6
股票总市值（万亿美元）	13	50.8
住房 + 股票（万亿美元）	74.9	84.4
住房市值 /GDP	399.4%	160%
股票市值 /GDP	83.9%	241.9%
（住房 + 股票）/GDP	486.2%	401.9%

资料来源：国家统计局、泽平宏观。

这就是强国崛起背后的深层逻辑——应激突变：它可以让一个国家或者一个民族超常发挥、迅速崛起。古今中外，莫过于斯。

一旦国家成功崛起之后，那些生存危机也会逐渐消遁，整个国家也会慢慢变得不再那么生机勃勃、蒸蒸日上，此后的路如何走，不是又会

让人深思吗？

英国工业革命、日本明治维新、中国改革开放，三个国家重大的"突变"，改变和决定了人类近代史的命运，波澜壮阔、惊心动魄且影响深远。而这些近代国家的突变背后，都有承受了巨大生存压力的相似背景，揭开这些应激突变背后的深层逻辑，并总结其中的经验教训，也许会成为人类进步的宝贵的财富，它们将帮助我们从"自在"走向"自为"，从谷底走向下一个巅峰。

跋

搁笔时才发现,这本书与动笔时的初衷已相去甚远。原本只想从经济规律的角度,对人类和中国近代史上的一些几乎无解的难题,发表些自己的感受,如从中日两国投资总量的巨大差异,来解释国力较量的差异及其结果,直面中国近代百年积弱的深层原因。

但后来发现,仅此收笔还不得终结,因为躲来躲去总还是躲不开"人口超级大国基因",以及横亘在面前的"李约瑟难题""甲午惨败之谜"这样的大山。

挑战李约瑟难题难度之大,统计数据之匮乏,参考资料之稀缺,几乎不可想象,相信可能只有那些愚钝较真到疯狂的同行才会有同感。于是,不得不硬着头皮面对浩如烟海的史料,被精心雕琢过的前辈巨著和令现代人费解的历史事件,困扰得彻夜无眠。

有时搞得自己像进了诸葛亮的八卦阵,急不得策、战不得胜、退不得路。不知道多少次有了放弃的念头。另外,也生怕因自己的无知、寡闻、浅薄或信口开河而导致偏颇。

如果你向100个认真的学者询问:为什么19世纪40年代国力超过日本10倍的中国,甲午战争会输得那么惨?他们会给你100个以上的

跋

答案，且滔滔不绝、振振有词。

如果你向100个执着的学者询问：为什么二战后一直经济高速增长的东亚经济强国日本，在1990年以后持续20多年萎靡不振，仿佛进入了冬眠？他们会给你几个大致相同的答案，你会感到似曾相识。

但是，如果你向100个学者询问：为什么工业革命会在英国爆发，而不是在荷兰、中国或日本？会有100个以上的学者劝你放弃这个念头，因为难度太大。而且，即便给出一个解答，也会有人说你不过是一家之言，因为很可能这道难题没有答案。

且，世界上的绝大多数人，包括历史学家和经济学家，很多会对此类难题不屑一顾。因为似乎英国工业革命离我们已十分遥远，与工业革命的辉煌和璀璨相比，即便留下一些疑问和不解也已无关痛痒，继续此类研究似乎是徒劳无功的。

然而，对这些疑问的好奇始终让我不能释怀，无数次让我彻夜难眠，也支撑着我走到今天。庆幸自己没有因为这种恐惧而退缩，也许倒是这些无知给了我勇气，激励我完成这部书稿。

终于，当某一天凌晨突然在半睡半醒的状态中，察觉到这些难题解答的"结点"时，惊愕让我一下子从床上坐了起来，恍如大梦初醒。

既然历史是一面镜子，那么这面镜子上各种五颜六色的贴膜不被揭去，我们就很难引以为鉴。

当历史的本来面目展现在面前时，我们会在一面更清晰的镜子里看到自己，包括那些丑陋和缺陷，显露得淋漓尽致。虽然心理上多了些羞愧和遗憾，但会因此少些虚无和轻狂。

只要每一位认真思考的学者，都将他们的真实感受，甚至狂妄之想认真地记录下来，留给后代，那么即便是在昨天和今天看来是绝对无解的难题，也终归会被解答，让真相和本质重沐天日。

每每想到此处，都会庆幸自己当初没有轻易放弃。在许多时刻，人还是要逼自己一下的，就像许多国家和民族在历史上被逼迫到山穷水尽的境地之后，反而会绝地逢生、柳暗花明，创造出自己都不敢相信的奇迹。

一般专家学者总是希望通过一般主观设定的"规律"和经验去观察和概括历史，这样往往会让历史上那些更重要的真相变得线条越来越粗，甚至无法辨识。再加上哲学家的诡辩之法，最后会让你感觉，历史不过是屁股决定脑袋、怎么说怎么有理。

一般规律并非不重要，重要的是决定人类命运和发展方向的那些基本规律和逻辑，它们往往是由一些特殊事件和特殊规律决定的。历史多数情况下会像一个被乔装打扮起来的少女，很可能已经被若干专家整过容。

"人类历史的大部分是猜测，剩下的是偏见。"（杜兰特夫妇，原文为：Most of history is guessing, and the rest is prejudice.）当历史的本来面目还不清楚时，从中总结出的那些逻辑和规律，可能不过是无本之木、海市蜃楼。

人类许多重大的历史契机，常常发生在非常事件之中，而历史留给我们的往往是一张"画皮"，去除猜测和偏见之后，才有可能触摸到历史的本来面貌及其背后的逻辑。

天堂是地狱的终极，地狱是天堂的入口。感谢好奇心和责任感给予的勇气、耐心和倔强，把我一步步推入了解答"难题"的玄关入口，迷雾破处，便有那阳光明媚的广漠蓝天。

郝一生

2014 年初夏 初稿于北京

2022 年初秋 终稿于东京

参考文献

皮明勇：《试论清朝的绿营低饷制度》，《军事历史研究》1991年第3期。

陈崇桥：《中国近代军事后勤史的几个问题》，《军事历史研究》1990年第1期。

姜鸣：《北洋海军的经费初探》，《浙江学刊》1986年第5期。

孙毓棠编：《中国近代工业史资料》（第一辑下册、第二辑上册），科学出版社1957年版。

许涤新等主编：《中国资本主义发展史》第二卷，《旧民主主义革命时期的中国资本主义》，人民出版社1996年版。

刘昌黎：《日本对华直接投资的回顾、展望与对策》，《外国问题研究》2011年第3期。

周志初：《晚清财政经济研究》，齐鲁书社2002年版。

张仲礼：《中国绅士的收入》，上海社会科学院出版社2001年版。

李文治、江太新：《中国地主制经济论》，中国社会科学出版社2005年版。

赵冈、陈钟毅：《中国土地制度史》，新星出版社2006年版。

王家范、谢天佑:《中国封建社会农业经济结构试析》,《中国农民战争史集刊》第三辑。

严立贤:《中国和日本的早期工业化和国内市场》,北京大学出版社1999年版。

李文治编:《中国近代农业史资料》第一辑,生活·读书·新知三联书店1957年版。

王倩:《清代至民国时期晋中南地区土地价格的变化趋势及其原因分析》,《华北水利水电学院学报(社科版)》2006年第1期。

旧中国的资本主义生产关系撰写组:《旧中国的资本主义生产关系》,人民出版社1977年版。

翁飞:《曾李交替与湘消淮长》,《军事历史研究》2001年第3期。

中央气象局气象科学研究院编:《中国近五百年旱涝分布图集》,地图出版社1980年版。

岑仲勉:《黄河变迁史》,人民出版社1957年版。

袁长极等编:《山东史志资料》第二辑,《清代山东水旱自然灾害》,山东人民出版社1982年版。

姚鲁峰:《19世纪是我国特大暴雨洪水发生期》,《灾害学》1991年第3期。

李文治、江太新:《清代漕运》,中华书局1995年版。

徐学林:《中国历代行政区划》,安徽教育出版社1991年版。

朱寿朋:《光绪朝东华录》第一册,中华书局1958年版。

张家诚:《地学基本数据手册》,海洋出版社1986年版。

李文海等:《中国近代十大灾荒》,上海人民出版社1994年版。

顾功叙主编:《中国地震目录》,科学出版社1983年版。

陈玉琼、高建国:《中国历史上死亡一万人以上的重大气候灾害的时间特征》,《大自然探索》1984年第4期。

夏明方:《灾害、环境与民国乡村社会》,中国人民大学1997年博士论文附表3-2-2。

刘翠溶、伊懋可主编:《积渐所至——中国环境史论文集》(下册),台北研究院经济研究所1995年版。

黄遵宪:《日本国志》卷16,天津人民出版社2005年版。

郝一生:《经济危机新论》,生活·读书·新知三联书店2013年版。

江秀平:《走向近代化的东方对话》,中国社会科学出版社1993年版。

孙承:《日本资本主义国内市场的形成》,东方出版社1991年版。

李康华编著:《中国对外贸易史简论》,对外贸易出版社1981年版。

日本贸易史研究会编:《日本贸易史的展开》(*日本貿易の史的展開*),三岭书房1997年版。

安藤良雄:《日本资本主义的脚步》(*日本資本主義の步み*),讲谈社现代新书1967年版。

横滨市总务局市史编辑室编:《横滨市史》第2卷,1999年版。

[荷]皮尔·弗里斯:《从北京回望曼彻斯特》,苗婧译,浙江大学出版社2009年版。

[日]矢嶋道文:《近代日本的重商主义思想研究》(*近代日本の重商主義思想研究*),御茶的水书房2003年版。

[日]服部之总:《明治维新的故事·近代日本的原委》(*明治維新のはなし·近代日本のなりたち*),青木书店1990年版。

[英]安格斯·麦迪森:《经济统计看世界经济2000年史》,金森久雄监译,政治经济研究所译,柏书房2004年版。

[美]吉尔伯特·罗兹曼主编:《中国的现代化》,上海人民出版社

1989年版。

［日］长野郎：《中国土地制度的研究》，中国政法大学出版社2004年版。

［日］井上隆一郎编：《亚洲的财阀和企业》，生活·读书·新知三联书店1997年版。

［法］杜赫德：《中华帝国全志》，1735年。

［美］罗兹·墨菲：《东亚史》，世界图书出版社2012年版。

［英］里格利：《延续、偶然与变迁：英国工业革命的特质》，浙江大学出版社2013年版。

［美］何炳棣：《1368—1953年中国人口研究》，上海古籍出版社1989年版。

［英］马戛尔尼：《马戛尔尼使团使华观感》，商务印书馆2013年版。

［日］盐泽君夫、后藤靖：《日本经济史：经济发展规律的验证》，有斐阁1977年版。

［美］西·甫·里默：《中国对外贸易》，生活·读书·新知三联书店1958年版。

［日］石井摩耶子：《近代中国和英国资本》（近代中国とイギリス資本），东京大学出版社1998年版。

［日］稻叶君山：《清朝全史》下卷，第155页。

［日］池田信夫：《失去的二十年》，胡文静译，机械工业出版社2012年版。

［美］查尔斯·P.金德尔伯格、罗伯特·Z.阿利伯：《疯狂、恐慌和崩溃》，中国金融出版社2011年版。

日本银行统计局编：《明治以后本邦主要经济统计》，并木书房1999年版。

参考文献

日本总务省统计局：《日本长期统计系列》。

此外，正文中部分数据来自：CEIC、IMF、世界银行等。

附录

为了方便读者，我将本书要点梳理如下：

⊙英国工业革命爆发的始因，是印度印花布大量涌入给英国毛纺织手工业带来的持续80年的生存危机所催生的"应激突变"。这是对"李约瑟难题"的最新注解。

⊙英国工业革命与猫（大瘟疫）的前世姻缘：13世纪欧洲虐猫招致"黑死病"肆虐、东罗马帝国因人口锐减1/3后国力衰败；1453年土耳其奥斯曼帝国攻破君士坦丁堡灭亡东罗马后，封锁了欧亚商路；为了另辟蹊径"大航海时代"开启；1623年"海上马车夫"荷兰在"安汶岛屠杀"后，大英东印度公司被挤出东印度香料产地、被迫转营印度印花布；70年后英国毛纺织手工业面临印度印花布涌入的灭顶之灾；面临生存危机的英国毛纺织手工业者在拼命研发技术的50年后的1733年，终于发明了"飞梭"，之后造成"纱荒"；1764年"珍妮纺纱机"问世，英国工业革命爆发。

⊙资本主义萌芽、银行和金融的发展、手工工场和行会的发展、重商主义、民主政体等，迄今为止一般被视为英国工业革命土壤者，大多都曾经是阻碍英国工业革命爆发的桎梏。

⊙人类近代以来发生过四次重大的应激突变：英国工业革命、美洲新大陆移民、日本明治维新和中国改革开放，每一次背后都存在着巨大的生死存亡压力。

⊙中国甲午战败的根本原因，是战前中国与日本在工业化投资规模上有 11 倍的巨大差距。中国的工业化进程至少晚于日本 50 年，且这一差距至今仍然存在。

⊙近代中日间工业化投资规模差距的背后，是中国 1843 年被迫开埠通商后受到的"应激压强"过弱，仅相当于日本的约 1/24。

⊙从"中央强权"转为"中央弱权"，是晚清衰弱的要因之一。

⊙清末超低税率的背后是官僚阶层与地主阶级割不断的脐带关系，官吏的"收礼合法化"是清末税收日益枯竭的另一重要原因，其导致"两头穷、中间富"，清廷成为"超穷政府"。北洋水师全军覆没，是大清帝国工业化进程滞后造成国力衰弱的必然结果。

⊙ 中国近代庞大的金字塔形官僚管理体系是由人口超级大国的基因所决定的，别无选择。大国烹小鲜，需用大器。

⊙科举制度是人口大国管理体系之必需，不是中国近代落伍的主因。

⊙作为明治维新前奏的尊王攘夷运动，是一次中下层武士的倒幕运动；明治维新之所以成功，是因为武士阶层在政变后迅速从失败中觉醒，并义无反顾地由"尊王攘夷"转向"尊王仿夷"（全面西化）。

⊙军国主义的前提是军人实际掌控政权并以军事扩张为国策。

⊙后发国家经济腾飞的"三驾马车"：中央强权、市场经济、高度积累。

⊙支撑中国 40 多年来经济持续高速增长的是：市场经济取代计划经济过程中的重投资主义。

⊙可怕的不是泡沫，而是泡沫膨胀过度。日本 1990 年的泡沫经济崩溃，只是导致了一次金融危机，并没有酿成经济危机，因为金融危机并未导致消费的恐慌性大面积萎缩。

⊙生产过剩和有效需求不足都不是经济危机的根源。经济危机是金融危机造成的恐慌性消费萎缩进入恶性循环的结果。因此，在金融危机爆发后通过政府干预阻断消费的恐慌性大面积萎缩，是杜绝经济危机的关键。

⊙"政府干预"的核心使命应是把经济泡沫控制在一定水平、杜绝经济危机。最有效的措施不是救市，而是设置金融危机后阻遏经济危机爆发的防火墙。就像给泡沫戴上紧箍咒。没有泡沫经济会萎靡不振；泡沫太大又会因最终崩溃而引发经济衰退和震荡。

⊙泡沫经济崩溃以来，日本经济持续20多年萎靡不振，逐渐进入冬眠状态的首要原因是，不断膨胀的政府赤字国债消费导致国内净投资萎缩。

⊙楼价不同于股价，日本泡沫崩溃前后房地产价格波动的特征是暴涨缓跌。

⊙日本的经验证明：发放消费券是对抗经济衰退的愚蠢之举。消费券的大部分最终会让这部分财政赤字转化为居民存款，并在投资萎靡的趋势中沉淀为银行存贷差（过剩资本）。

⊙不论美国、日本还是中国，政府赤字国债消费不仅是经济问题，更多是政治问题。最终，巨额财政赤字就像肿瘤，必将成为长期经济增长的隐患。因此，对抗经济危机时可以通过财政赤字拉动投资，但是在危机过后，政府必须收回赤字国债，并形成"蓄水池"。

⊙资本自由化速度过快对后发国家有相当风险，应对不当会有灭顶之灾，如20世纪70年代末的拉丁美洲国家。日本在资本主义化之前预置5年准备期，让企业及社会有足够的准备、喘息和适应的时间。

Contents

Part I Britain: The Glory of Craftsmen

Chapter 1: The Prelude to the Industrial Revolution

Cat slaughtering and punishment

The Black Death (plague)

The obstruction of the Eurasian trade route

The Ambon massacre: EIC's another way to make a living

The "calico fever": The dead blow to the UK textile industry

Chapter 2: The Real Cause of the Industrial Revolution

The flying shuttle: Counterattack of the craftsmen

The soil of the Industrial Revolution

Capital that moves by the wind of profitability

The true push hand of the technological progress

The answer to the Needham puzzle

The logical chain of the industrial revolution

Part II Japan's Rise from the Port Opening Mutation

Chapter 3: The Trap of a Populous Country

Qing's defeat in the first Sino-Japanese War broke the great ancient empire's dream

The Qing army was in no mood to fight

The "Cultural Nationalism" of the Qing Government

The deterioration of the Qing nobility and the absence of professional soldiers

The mixed weapons and equipment of the Qing Army

Physical difference of soldiers

The ironic fate of a populous country

Governing big countries requires heavy instruments

Grievance for the "imperial examination system"

Chapter 4: Qing Empire: A Helpless Super Poor Government

What is the dead knot of the late Qing tax system?

The "absolutely poor" tenant farmers

The tax paradox: The inequality of the equality

Tax evasion is a bottomless pit

"Tax reform" in the Qing Dynasty

The fate of the "ultimogeniture system"

A glass of water can't save a truckload of firewood: the trivial role of landlord capital in the industrialization of the late Qing

    The super-poor government being squeezed dry

    The late Qing: Wealth bleeding

    The Taiping Rebellion that swept through half of China

    Unfinished indemnity

    Natural and man-made disasters

    The total amount of wealth devoured

    War preparation not as wished

    Horses without saddles

Chapter 5: The Great Potential behind the Rise of Japan

    Port-opening pressure behind Meiji Restoration

    Japan: Open-up like a Tsunami

    The fermenting existential crisis

    China: Port opening in silence

Chapter 6: The East Asia Restructuring Triggered by the Sudden Change of Japan

    Japan embarked on the road of militarism

    Weapons research and development and intelligence work

    Japan's promulgation of the "conscription order" and establishment of the standing army system

    Full expansion of arms

    Grabbing the last piece of the pie in "carving up the world"

    An enormous amount of military expenditure

The government took the initiatives

Industrial investment per capita: a huge 11-time gap

"Institution" is not everything

Measuring the "system"

The inescapable central power

The "Troika" for the rise of latecomer countries

Part III The "China Miracle"

Chapter 7: China's Economic Take-off over 40 Years

The fundamental changes

A gloomy starting point: China before its rise

The Great escape to Hong Kong: Pressures behind China's reform and opening up

A bitter glory: China's "investmentism"

Wealth squeezed between the teeth

Township and village enterprises that started a prairie fire

"Northward drifting" and the city-oriented migration tide

The transformation of state-owned enterprises through a "triple jump"

The rise of private enterprises

The state assets were not yet lost

The Chinese style "primitive accumulation"

Mobile phones, internet, electric bicycle

"Wild Growth" in Single-phase Closure

The role of Japanese direct investment in China

Capital liberalization and investment protectionism

China's economic bubble

Does China still have a property bubble?

China's "Keynesian unemployment"

Will China's economy come to a screeching halt?

Chapter 8: The Lost 20 Years of the Japanese Economy

How did Japan's economy go into hibernation?

The madness of hot money

"Gambling" is booming

The bubble burst: When the music stops

The burst of a property bubble does not necessarily lead to an economic crisis

Where did the Japanese government go wrong?

Was the economy misguided?

The "trap" of democracy

Japan's economy is bleeding in three ways

Investment loss: Value and rate

Japanese net investment: This is where the tragedy begins

Outdated equipment and technology outflow

Market atrophy and prices slow down

Less luxury and more thrift

Rising unemployment and brain drain

Financial constraints and national power decline

Abenomics: Cooking without rice

Rich poverty: The drag of wealth

Japan's economy isn't in recession after bubble burst

The swan song: Is all over?

北京大学国家发展研究院教授、日本一桥大学终身教授 伍晓鹰审译

Main points

- The outbreak of The British industrial Revolution was triggered by a "stress mutation" after the 80-year survival crisis of the British wool textile industry caused by the massive influx of Indian prints.
- The superficial "past-life relationship" between the plague-infected cats and the British Industrial Revolution seem to have caused a chain of reactions in human history: beginning in the 13th century, cat abuse in Europe led to the "Black Death" raging, and hence the decline of the Eastern Roman Empire after its population substantially dropped by one third; the Turkish Ottoman Empire's conquer of Constantinople in 1453 blocked the Eurasian trade route, yet it encouraged explorations for alternative routes, which opened the "Great Navigation Age" leading to the "Great Geographic Discovery"; in 1623 the "Sea Coachman" Holland's Ambon Island massacre squeezed the British East India Company out of the East Indian spice trade and force it to switch to the Indian calico trade, which, some 70 years later, caused the British wool textile industry facing the annihilation of the influx of Indian printed cloth; after 50 years of

Main points

desperate technology research and development, the British wool textile handicraftsmen, who faced the crisis of survival, invented the "Flying Shuttle" in 1733, and hence, largely because of the invention induced "yarn shortage", the spinning machine "Jenny" in 1764, which triggered the British Industrial Revolution.

- So far most of those factors that are generally regarded as key elements in giving birth to the British Industrial Revolution, such as the seed of the modern capitalism, the development of banking and finance, the development of handicrafts and guilds, mercantilism, and democratic institutions, etc., were once shackles to the Industrial Revolution.
- There have been four major stress mutations in modern human history: the British industrial Revolution, immigration to the New World, Meiji Restoration in Japan, and China's reform and opening. Behind each case there was a huge existential pressure to survive.
- The fundamental reason for China's defeat in the Sino-Japanese War was the huge gap in the scale of industrial investment between the two countries in which Japan was 11 times that of China before the war. This caused China's industrialization process to be at least 50 years behind that of Japan, and this gap still exists today.
- Underlying such a disparity is that the "stress pressure" that China received after it was forced to open major trading ports since 1843 was too weak, only about 1/24 of that of Japan.
- The transition from "strong central power" to "weak central power" was one of the main reasons for the weakness of the late Qing Dynasty.
- Behind the ultra-low tax rate in the late Qing was the continuous umbilical

cord relationship between the bureaucratic class and the landlord class. The "legalization of gifts" by officials was another important reason for the increasing depletion of tax revenue in the late Qing, resulting in "the poor at both ends (farmers and the government) and the rich in the middle (the landlord class)", and the Qing court became a "super-poor government". The destruction of the Beiyang Navy Fleet was the inevitable result of the huge gap in Qing's national strength caused by its lag in the industrialization process.

- Modern China's huge pyramid-shaped bureaucratic system was determined by the nature of China's huge population size, and there was no choice. Although "governing a big country is like cooking a small but delicate dish", it still needs great tools to do it.
- The widely criticized imperial examination system for the recruitment of public servants is a necessity for the management system of such a country, and it is not the main reason for the backwardness of modern China.
- As a prelude to the Meiji Restoration, the movement of respecting the king and repelling the barbarians was a reactionary military coup; the success of the Meiji Restoration was because the samurai class quickly woke up from the failure after the coup d'état and turned from "respecting the king and repelling the barbarians" to "respecting the king and imitating the barbarians", starting Japan's comprehensive Westernization process.
- The precondition of militarism is that the military actually controls the regime and takes military expansion as the national policy.
- The "three carriages" of economic take-off in latecomer countries: central state power, market economy, and high level of capital accumulation.

- What has sustained China's rapid economic growth over the past 40 years is the heavy investmentism in the process of replacing the planned economy with a market economy.
- It's not the bubble, but the overexpansion of the bubble that's scary. The burst of the Japanese bubble in 1990 caused a financial crisis, but not an economic crisis, because it did not lead to a widespread panic contraction in consumption.
- Neither overproduction nor inadequate effective demand is the cause of the economic crisis. The economic crisis is the result of a vicious cycle of consumption contraction caused by the financial crisis. Therefore, the use of firewalls to block the panic-stricken large-scale shrinkage of consumption after the outbreak of the financial crisis is the key to preventing the economic crisis.
- The core mission of "government intervention" should be to curb economic bubbles and prevent economic crises. The most effective measure is not to rescue the market, but to set up a firewall to prevent the outbreak of the economic crisis after the financial crisis. It's like putting a spell on the bubble. An economy without a bubble will languish; a bubble that is too big to sustain can cause recession when it eventually exploded.
- Since the collapse of the bubble, the Japanese economy has been sluggish for more than 20 years and gradually entered a hibernation state. The main reason is that the ever-expanding government deficit and national debt caused the shrink of domestic net investment.
- Property price is different from stock price. The fluctuation of the real estate price before and after the bubble collapse in Japan is characterized

Main points

by sudden boom and slow decline.

- The experience of Japan proves that issuing consumer vouchers is a retrograde way to fight economic recession. The bulk of the consumption bond will eventually translate into household savings and banks over-deposit or excess capital as investment weakens.
- Whether in the United States, Japan or China, government deficit spending is more of a political problem than an economic one. Ultimately, huge fiscal deficits are like tumors, and will inevitably become a hidden danger to long-term economic growth. Therefore, when fighting the economic crisis, it can drive investment through fiscal deficit, but after the crisis, the government must recover the national debt and prepare a "anti-crisis fiscal fund reservoir" for the future.
- Too fast capital liberalization poses considerable risks to later-developing countries, such as Latin American countries in the late 1970s. Before capital liberalization, Japan set a 5-year preparation period, giving companies and society enough time to prepare and adapt the change.

北京大学国家发展研究院教授、日本一桥大学终身教授 伍晓鹰审译

图字：01-2022-2731

图书在版编目（CIP）数据

国家的突变：崛起背后的经济逻辑 /（日）郝一生 著 . — 北京：东方出版社，2023.5
ISBN 978-7-5207-2436-4

Ⅰ.①国… Ⅱ.①郝… Ⅲ.①产业革命—研究—英国—近代②明治维新(1868)—经济史—研究③改革开放—研究—中国 Ⅳ.① F456.19 ② F131.394 ③ D61

中国国家版本馆 CIP 数据核字（2023）第 004059 号

国家的突变
（GUOJIA DE TUBIAN）

作　　者：	[日]郝一生
责任编辑：	袁　园
出　　版：	东方出版社
发　　行：	人民东方出版传媒有限公司
地　　址：	北京市东城区朝阳门内大街 166 号
邮　　编：	100010
印　　刷：	万卷书坊印刷（天津）有限公司
版　　次：	2023 年 5 月第 1 版
印　　次：	2023 年 5 月第 1 次印刷
开　　本：	660 毫米 ×960 毫米　1/16
印　　张：	17.75
字　　数：	214 千字
书　　号：	ISBN 978-7-5207-2436-4
定　　价：	69.00 元

发行电话：（010）85924663　85924644　85924641

版权所有，违者必究

如有印装质量问题，我社负责调换，请拨打电话：（010）85924602　85924603